中國學術思想 研究輯刊

十二編

林慶彰 主編

第5冊

清儒黃式三、黃以周父子易學研究

項世勳 著

花木蘭文化出版社

國家圖書館出版品預行編目資料

清儒黃式三、黃以周父子易學研究／項世勳 著 — 初版 — 新
北市：花木蘭文化出版社，2011〔民100〕
目 4+216 面；19×26 公分
（中國學術思想研究輯刊 十二編：第 5 冊）
ISBN：978-986-254-647-5（精裝）
1.（清）黃式三 2.（清）黃以周 3.學術思想 4.易學
030.8   100015763

ISBN-978-986-254-647-5

9 789862 546475

中國學術思想研究輯刊
十二編 第 五 冊   ISBN：978-986-254-647-5

清儒黃式三、黃以周父子易學研究

作　　者　項世勳
主　　編　林慶彰
總 編 輯　杜潔祥
出　　版　花木蘭文化出版社
發 行 所　花木蘭文化出版社
發 行 人　高小娟
聯絡地址　新北市永和區中正路五九五號七樓
　　　　　電話：02-2923-1455／傳眞：02-2923-1452
網　　址　http://www.huamulan.tw 信箱 sut81518@gmail.com
印　　刷　普羅文化出版廣告事業
封面設計　劉開工作室
初　　版　2011 年 9 月
定　　價　十二編 55 冊（精裝）新台幣 90,000 元

清儒黃式三、黃以周父子易學研究

項世勳　著

作者簡介

項世勳，國立高雄師範大學國文系學士、國立臺灣師範大學國文研究所碩士。先後曾任彰化縣立二林高中、國立永靖高工、國立彰化師範大學附屬高級工業職業學校國文教師。發表的學術論文有〈試論黃以周如何以「禮」貫串內外之學——以《經訓比義》引述《禮記》部分為討論中心〉（國立高雄師範大學《國文學報》第六期），文藝作品則發表於 98 高雄市「青年文學徵文」散文集與新詩集等。

提　　要

　　清儒黃式三、黃以周父子除了在禮學上有高度成就外，在易學方面，也有多本專書流傳於世。後人易學提要，如胡玉縉《續四庫提要三種》、盧松安《易盧易學書目》、吳承仕《續修四庫全書總目提要》等，都給予肯定評價。而唐文治在〈黃元同先生學案〉也提到：「近世學者但知先生禮學之精邃，未能知其易學之閎深也。」於是筆者就下列幾面向來探究黃式三、黃以周父子的易學內涵。

　　第一章〈緒論〉，說明本論文的研究目的、文獻探討與論文架構。第二章〈黃式三、黃以周父子之生平考述〉，先後介紹黃式三、黃以周的家學、師承與交遊情形，並再介紹黃氏父子精研《周易》的歷程，與黃以周在南菁書院講學的經過。此外，也將黃式三、黃以周與清代浙東學術之淵源關係，作一探討、論述。第三章〈黃式三、黃以周父子之著述要錄〉，簡要列目黃氏父子的所有著作，並考錄其易學著作，以及分析黃氏父子易學著作的體例。

　　第四章〈黃式三易學探析〉，在第一節「釋易方法」，可看出黃式三本於《易經》，而以《易傳》為翼，並再輔以歷代《易》注與經史子集等各家說法的治《易》方法；第二節「易例發凡」，紬繹出黃式三的《易》例見解；第三節「易理闡發」，將黃式三的易學論述，從畫卦之初到最終的天人相貫之境，作一層遞探討；第四節「易學要點」，整理黃式三的治《易》趨向，歸結出「兼具象數義理以釋易」、「善於發揮易傳」、「善以卦變說易」三要點來論述。

　　第五章〈黃以周易學探析〉，第一節「易疏、案語析論」，整理出黃以周共有六類疏證《易》注的方式；第二節「博徵釋易探討」，黃以周廣泛吸收群經、史書、諸子、小學等內容來疏證發揮《易》理，從中可得知黃以周易學的精深與學識的廣博；第三節「易學內涵」，論述黃以周《經訓比義》引《易》部分，並再就其易學著作中的論說要點——「論消息」、「論卦變」，作一闡述。

　　第六章〈黃式三、黃以周父子易學比較分析〉，在第四、五章的基礎上，進一步比較分析黃氏父子的易學內容。第一節「黃式三、黃以周父子易學承繼述證」，除可明黃氏家學的傳授外，亦可對清代家學之興盛、私學之蓬勃，作一家之佐證；第二節「黃式三、黃以周父子易學『實事求是』探討」，從黃氏父子的治《易》方法，可觀得黃氏父子「曷為學分漢宋也乎」的反思。其中由黃氏父子治《易》兼具象數、義理，以及對於前代《易》注的辨析，可見其「實事求是」的治學態度；第三節「黃式三、黃以周父子卦變釋易探討」，黃氏父子治《易》同樣善以卦變來發揮《易》理，兩人在卦變上有承繼的關係；第四節「黃式三、黃以周父子引史述易比較」，黃氏父子受浙東史學影響，同樣善以史學來發揮《易》理，但同中有異——黃式三善以史事來發揮《易》理，黃以周側重在發揮史書中關於《周易》的論述；第五節「黃式三、黃以周父子易禮關係探討」，簡要介紹黃氏父子禮學上的成就，以及探究黃以周引《禮》治《易》的情形。

第七章〈結論〉，總結本論文要點，並且比較黃氏父子治《易》方法與清代浙東學者治經方法，以此顯明黃氏父子治《易》要點以及他們與浙東學術的關係。最後，說明本論文的限制性與發展性，以利後續研究之進行。

　　本論文幸蒙 賴師貴三先生悉心指導，高雄師範大學經學研究所黃忠天先生與中央研究院中國文哲研究所副研究員蔣秋華先生審查、指正，筆者受益甚多。然而限於筆者學力愚拙，尚有許多缺失之處，還盼師長、讀者不吝指教，則筆者可有聞過之喜與學無止境之收穫。

後學項世勳　謹識於國立臺灣師範大學國文研究所
中華民國九十六年八月十七日

目

次

第一章 緒 論

　　本章分爲「研究目的」、「文獻探討」與「論文架構」三節來立說。在「研究目的」的部分，主要是就本論文所欲探討之目的作一論述。在「文獻探討」的部分，則是將目前學者之相關研究作一分別介紹。而在「論文架構」中，則將本論文各章節的研究方向與內容作一說明。

第一節　研究目的

　　黃式三（1788～1862）、黃以周（1828～1899）父子，身處清代末葉，在中國數千年的易學史中，觀覽前人眾多易學經典著作，而其自身也有數本易學著作流傳於世。然而，黃氏父子向來爲人所稱頌的學術成就，多在禮學方面。〔註1〕可是黃式三在〈易釋敘〉中曾自言：

〔註 1〕 如《清史稿・列傳二百六十九・儒林三》提到：「（黃式三）於學不立門戶，博綜群經，治《易》、治《春秋》，而尤長《三禮》。……（黃以周）於《易》、《詩》、《春秋》皆有著述，而《三禮》尤爲宗主。」（趙爾巽等撰、楊家駱主編：《清史稿》（臺北：鼎文書局，1981年），頁13296。）
　　《清史列傳》卷六十九提到：「（黃式三）尤長《三禮》，論禘郊、宗廟，謹守鄭漢學；論封域、井田、兵賦、學校、明堂、宗法諸制，有大疑義，必釐正之。其〈復禮說〉、〈崇禮說〉、〈約禮說〉，識者以爲不朽之作。……（黃以周）治群經，著《讀書小記》，《三禮》尤爲宗主。」（王鍾翰點校：《清史列傳》（北京：中華書局，1987年），頁5660～5662。）
　　譚廷獻〈黃先生傳〉則提到：「先生（黃式三）宗鄭氏，尤長於《三禮》。論郊禘、論學校，謹守鄭學。」（〔清〕繆荃孫纂錄：《續碑傳集》（臺北：文海出版社，1973年），卷七十三，頁十八）同書後文，繆荃孫在〈中書銜處州府學教授黃先生墓誌銘〉記載：「而《三禮》尤爲宗主，凡詳考禮制，晝夜研索，

夫人之著書，非依據乎古人，則不能獨傳；必盡同乎古人，則其書
可以无作。﹝註2﹞

又，胡玉縉（1859～1940）所作《續四庫提要三種》，在〈《易釋》書後〉也
有相關評論：

蓋義理與象數兼參，又融會全經，不泥于一章一句，在《易》說中
最爲通貫。﹝註3﹞

再者，盧松安（1898～1978）在《易廬易學書目》中，〈《易釋》提要〉論道：

此書爲《易》中象爻、同辭多矛盾疑義，故合釋分析以求通解。頗
能掃除漢、宋標榜陋習，自抒獨得。而穿鑿新奇，亦所不免。﹝註4﹞

由上述兩位學者的提要，可見黃式三的易學也有其值得探究之處。而黃以周
在《十翼後錄》自序謂：

以周幼先習《禮》，次讀書，次誦《書》、《詩》，三經既畢，然後受
《易》。﹝註5﹞

由此可見黃氏家學對於易學甚爲注重，視爲精深之學。而黃以周弟子唐文治
（1865～1954）在〈黃元同先生學案〉也有提到：「近世學者但知先生禮學之
精邃，未能知其易學之閎深也。」﹝註6﹞則可見以禮學聞名於世的黃以周，在
易學方面也有一定的造詣。綜合上述之言，可知黃氏父子易學的成就，值得

多正舊說之誤，釋後人之疑。」（卷七十五，頁3）
梁啓超《清代學術概論》：「晚清則有黃以周之《禮書通故》，最博贍精審，蓋
清代禮學之後勁矣。」（梁啓超：《中國近三百年學術史》附〈清代學術概論〉
（臺北：里仁書局，2000年），頁46）而梁氏在《中國近三百年學術史》也
指出：「最後的一部是黃儆季（以周）的《禮書通故》一百卷。儆季爲薇香（式
三）之子，傳其家學，博而能精，又成書最晚（草創於咸豐庚申，告成於光
緒戊寅），先輩所蒐輯、所考證，供給他以極豐富的資料，所以這部書可謂爲
集清代《禮》學之大成。」（同上，頁266、267）

﹝註2﹞ 〔清〕黃式三：《易釋》（臺北：成文出版社，《無求備齋易經集成（122）》，
據清光緒十年廣雅書局刊本影印，1976年），敘，頁4。下文引《易釋》，皆
隨文括弧附註書名、頁數，不再另行加註。

﹝註3﹞ 胡玉縉撰、吳格整理：《續四庫提要三種》（上海：世紀出版集團、上海書店
出版社，2002年），頁408。

﹝註4﹞ 盧松安：《易廬易學書目》（濟南：齊魯書社，1999年），頁62。

﹝註5﹞ 〔清〕黃以周：《十翼後錄》（上海：上海古籍出版社，《續修四庫全書（36、
37）》，1995年），頁6。下文引《十翼後錄》，皆隨文括弧附註書名、頁數，
不再另行加註。

﹝註6﹞ 唐文治：《茹經堂文集》（臺北：文海出版社，1973年），頁172。

探求。然而截至目前為止，幾無專門研究論著問世。因此，筆者擬從黃氏父子的易學著作中作一探討。

　　本研究主要從黃氏父子現存的易學著作中，逐一爬梳探討。黃式三易學專著有《易釋》一書，其它則從《儆居集・經說》中，作易學部分的探究。而黃以周易學專著則有《十翼後錄》、《周易注疏賸本》、《周易故訓訂》，而《經訓比義》、《儆季雜著・群經說》，也有論及易學部分。筆者經由文本的整理與分析研究，以探討黃氏父子易學的精神內涵及理論脈絡，作一完整的特色、新意、貢獻、價值介紹。

　　此外，在經過對黃氏父子易學內容探論後，可再探討黃氏父子家學傳承情形。黃以周在《十翼後錄・序》謂：

　　　昔虞仲翔奏上《易注》，自溯五世之學，而宋蘇氏《東坡易傳》、郭

　　　氏《傳家易說》、趙氏《輯聞》，〔註7〕皆父子相繼，注《易》成書。

〔註7〕潘雨廷《讀易提要》（上海：上海世紀出版股份有限公司、上海古籍出版社，2006年），有論述此四家易學著作與家學承繼情形，茲引如下：
《虞氏易注》九卷，漢虞翻注。翻（170～239）字仲翔，會稽餘姚人。年七十卒。事迹詳《三國志・吳書》本傳。若其《易注》，曾上奏獻帝，且以示孔融，間論及荀爽、鄭玄、宋忠之注。按鄭注成於建安五年，宋注之成當亦相近，而孔融被殺於建安十三年，則虞注之成必於其間。今以建安十年論（205），雖不中亦不遠矣。虞氏曰：「臣高祖父故零陵太守光，少治孟氏易；曾祖父故平輿令成，纘述其業；至臣祖父鳳，為之最密；臣亡考故日南太守歆，受本於鳳，最有舊書；世傳舊業，至臣五世。」然則虞氏之易實有淵源。以時考之，鄭、荀與翻父歆略同時，則鳳與馬融時亦相當，融祖父余當王莽時，故知虞光或亦王莽時人。是時洼丹以世傳孟氏易教授，稍後二三十年，又有酼陽鴻亦以孟氏易教授，此或有與於虞氏者也。若鳳之最密，或取於象、消息等，有所發揮；歆之有舊書，則又能稽合古書；唯歷數世之觀玩，宜乎虞氏易之最可貴焉。（頁 26～27）
《蘇氏易傳》九卷，宋蘇軾著。蘇軾字子瞻，號東坡，眉山人。洵之長子，轍之兄。生於仁宗景祐三年（1036），卒於徽宗建中靖國元年（1101），年六十六。事迹詳《宋史》本傳。初洵作《易傳》，於英宗治平三年卒（1066），書尚未成，命二子述其志。時軾年三十一，後於四十五歲時貶徙黃州，乃著《易傳》，蓋亦憂患學《易》也。成書之時，以離黃州至常州之年論，即神宗元豐八年（1085）。其弟轍亦嘗寄所解於其兄，今書中之蒙卦猶轍所作，故此書實蘇氏父子三人合著，而總成於軾耳。（頁 110）
《郭氏傳家易說》十一卷，宋郭雍。雍字子和，洛陽人，生於徽宗崇寧三年（1104）。南渡後隱居峽州長楊山谷，號白雲。旌召不起，賜號「沖晦處士」，後更封「頤正先生」。孝宗淳熙十四年（1187）卒，年八十四。詳見《宋史・隱逸傳》。此書之成，自序於高宗紹興辛未（1151），其年四十八。然厚齋引

（《十翼後錄》，頁 7）

而且黃以周在《周易故訓訂》自序謂：

> 以周幼承家君儆居子之訓，口講指畫，略有會悟，作《十翼後錄》
> 若干卷，會萃先儒之說，條列之，融貫之，若是者有年。〔註8〕

由上可知黃以周承繼父親黃式三家傳易學之志向。本研究在分別探求黃氏父子之易學成就後，再共究黃氏父子的易學承繼關係，以知黃氏父子易學之同、異，或許可得知黃式三啟發其子易學之功，抑或可知黃以周闡明其父易學隱約之旨。在清代學術中，也多有家學傳授，父子同名於世者，如惠士奇（1671～1741）、惠棟（1697～1758）父子，王念孫（1744～1832）、王引之（1766～1834）父子等人。此研究目的，對於清代家學傳承情形，也可稍知一隅。

此外，黃式三、黃以周父子強調「實事求是」的治學精神。關於中國整體學術的門戶之見，在《四庫全書總目提要・經部・總敘》中，有執簡馭繁之論述：

> 要其歸宿，則不過漢學、宋學兩家，互為勝負。夫漢學具有根柢，
> 講學者以淺陋輕之，不足服漢儒。宋學具有精微，讀書者以空疏薄
> 之，亦不足服宋儒也。消融門戶之見，而各取所長，則私心袪而公

作「辛亥」，其後《周易會通》、《經義考》等，皆從厚齋。辛亥歲郭氏年僅二十八，與序中所謂「惟俱无以遺子孫，於是潛稽易象，以述舊聞，用傳於家」等不稱，當以原書作「辛未」為是。雍父忠孝，字立之，號兼山，受業於程子二十餘年，著有《中庸解》、《易說》、《四學淵源論》、《兼山九圖》等。靖康中為永興軍路提刑，死難，其書今皆無傳。朱子云：「兼山《易》溺于象數之學，未詳其究。」幸有雍書以存其家學，兼山可謂有子矣。（頁145）
《周易輯聞》六卷，宋趙汝楳著。汝楳汴水人，宋宗室，善湘之子，史彌遠之婿。官至戶部侍郎，晚歲以理財進，用失士譽。此書自序曰：「汝楳齒毫學荒，何敢言《易》。猶念先君子自始至末于《易》凡六稿，日進月益，末稿題曰《補過》。汝楳得於口授者居多，外除以來，逾二十載，因輯所聞于篇，庶不忘先君子之教，且以觀吾過。」然則書名《輯聞》者，輯所聞於其父，蓋家學也。考善湘致仕於理宗淳祐二年（1242），旋卒，所著有《周易約說》八卷，《周易或問》四卷，《周易續問》八卷，《周易指要》四卷，《學易補過》六卷，惜皆佚，幸有此書及《易雅》、《筮宗》（皆趙汝楳著，提要另詳），故善湘之《易》猶未亡也。若汝楳於晚年成此三書，今以度宗咸淳元年（1265）論，當淳祐二年後之二十三年，或可近似焉。夫其人可議，然能守其家學，況未可以人廢言，此書中亦有可取者。（頁240）

〔註8〕 〔清〕黃以周：《周易故訓訂》（上海：上海古籍出版社，《續修四庫全書（35）》，1995年），序，頁1。下文引《周易故訓訂》，皆隨文括弧附註書名、頁數，不再另行加註。

理出，公理出而經義明矣。蓋經者非他，即天下之公理而已。〔註9〕
經本無分漢、宋，所以不論漢學、宋學，本來即應摒棄門戶之見，而取其所
長。黃式三在《儆居集‧經說三‧漢宋學辯》中論道漢、宋兼采之旨：

> 儒者誠能廣求眾說，表闡聖經，漢之儒有善發經義者，從其長而取
> 之；宋之儒有善發經義者，從其長而取之。各用所長，以補所短。
> 經學既明，聖道自著。經無漢、宋，曷爲學分漢、宋也乎！〔註10〕

而黃以周在《經訓比義》自敘提到：

> 經者，聖賢所以傳道也。經之有訓詁，所以明經而造乎道也。儒者
> 手披口吟，朝夕無倦，孰不有志於聞道。顧或者辨聲音、定章句，
> 專求乎訓詁之通，而性命之精，仁義之大，一若有所諱而不言。言
> 之者或又離訓詁以談經而經晦，離經以談道而道晦，甚且隱陋乎孔
> 聖，而顯斥乎曾、孟諸子，此豈求道者之所宜爲哉？〔註11〕

漢學所長者，在於訓詁博通；宋學所勝者，在於義理精明。在清代乾嘉考據
興盛之時，漢學者已有兼重義理者，如戴震（1723～1777）、凌廷堪（1755～
1809）、焦循（1763～1820）、阮元（1764～1849）等，是其中佼佼者；理學
家中，亦有取考據之長者，如翁方綱（1733～1818）、姚鼐（1732～1815）、
許宗彥（1768～1818）等人。而從黃氏父子的易學著作中，也可具體探求黃
氏父子如何從易學中發揮「實事求是」的精神，融會易學的象數、義理之長，
捨棄「門戶之見」的藩籬。

在上文中已提到黃氏父子的禮學成就較爲後人所熟知。本論文附探求黃
氏父子易學中的引禮情形，以明禮學聞名的黃氏父子，其《易》、《禮》之關
係。例如黃式三在《易釋》解〈无妄〉卦曰：

> 二「不耕」而「穫」，「不菑」而「畬」，福不求而自至，而以爲凶者。
> 據〈坊記〉則改凶。〔註12〕（《易釋》，頁26）

〔註9〕〔清〕永瑢、紀昀等著：《武英殿本四庫全書總目提要》（臺北：臺灣商務印
　　　書館，1983年），頁1～54。
〔註10〕〔清〕黃式三：《儆居遺書》（清光緒十四年續刊本，現藏於中央研究院傅斯
　　　年圖書館），頁21～22。
〔註11〕〔清〕黃以周：《經訓比義》（臺北：廣文書局，1977年），序，頁11。
〔註12〕《周易‧无妄》原文爲：「六二，不耕穫，不菑畬，則利有攸往。」（《十三經
　　　注疏‧周易》（臺北：藝文印書館，影印〔清〕阮元重刊宋本《十三經注疏》，
　　　1998年），頁67）《禮記‧坊記》則爲：「《易》曰：『不耕穫，不菑畬，凶。』
　　　以此坊民，民猶貴祿而賤行。」（《十三經注疏‧禮記》，頁870）

這是黃式三引《禮》釋《易》的一例。而黃以周在《經訓比義》中論述：

> 《易傳》分道器，以天氣之上下言；〈學記〉分道器，以人品之大小言。形于一，謂之器；不名一器，而流行無間，謂之道。〔註13〕

可見黃以周藉由《易》、《禮》兩者來發揮義理的情形。由上述所舉二例，可知黃氏父子《易》、《禮》關係值得探討。

此外，在上文中已說明黃式三重視前人易學之傳承。黃氏父子為浙江學者，自然容易受到浙東學術的影響。浙東學術重視史學，章學誠（1738～1801）在《文史通義·浙東學術》曾提及：「浙東之學，言性命者必究于史，此其所以卓爾。」〔註14〕黃式三《易釋》一書，屢屢引史佐證《易》理，如在釋〈晉〉卦，黃氏謂：

> 「晉，晝也。明夷，誅也。」〔註15〕是夏商衰、湯武興之象，而以蜀漢諸葛事擬之，于象尤切。〈觀〉四之賓，晉位離五，是為「康侯馬」之「蕃庶」，天「錫」之也，其蜀始立國之象乎？（《易釋》，頁35）

而黃以周亦曾自述：

> 吾郡萬充宗〔註16〕信候名不信氣名，創言古術無二十四氣，我黎洲先生〔註17〕又和其說。以周服膺鄉先賢書有年矣。〔註18〕

〔註13〕〔清〕黃以周：《經訓比義》，頁141。

〔註14〕〔清〕章學誠撰、葉瑛校注：《文史通義校注/校讎通義校注》（臺北：頂淵文化事業有限公司，2002年），頁523～524。

〔註15〕引自《周易·雜卦傳》：「晉，晝也；明夷，誅也。」（《十三經注疏·周易》，頁189）

〔註16〕《清史稿（卷四百八十一）·萬斯大列傳》：「萬斯大，字充宗，鄞縣人。父泰，明崇禎丙子舉人，與陸符齊名。寧波文學風氣，泰實開之。以經、史分授諸子，使從黃宗羲遊，各名一家。斯大治經，以為非通諸經不能通一經；非悟傳注之失，則不能通經；非以經釋經，則亦無由悟傳注之失。其為學尤精《春秋》、《三禮》。於《春秋》，則有專傳論世、屬辭比事、原情定罪諸義；於《三禮》，則有論社、論禘、論祖宗、論明堂泰壇、論喪服諸義；其辨正商、周改月改時，周詩周正及兄弟同昭穆，皆極確實。宗法十餘篇，亦頗見推衍。〈答應搗謙書〉，辨治朝無堂，尤為精覈。根柢《三禮》，以釋《三傳》，較宋、元以後空談書法者殊。然其說經以新見長，亦以鑿見短，置其非存其是，未始非一家之學。」（《新校本清史稿》，頁13170）

〔註17〕《清史稿（卷四百八十）·黃宗羲列傳》：「黃宗羲，字太沖，餘姚人，明御史黃尊素長子。……宗羲之學，出於蕺山，聞誠意慎獨之說，縝密平實。嘗謂明人講學，襲語錄之糟粕，不以六經為根柢，束書而從事於游談。故問學者必先窮經，經術所以經世。不為迂儒，必兼讀史。讀史不多，無以

可見黃氏父子應受浙東學術的影響。本論文藉由爬梳黃式三、黃以周父子易學內容，並以探討黃氏父子與浙東學術的關係與其所受影響。

第二節　文獻探討

此部分共分為四項敘說：第一，「黃式三、黃以周父子易學單篇論文」，主要是目前學界關於黃氏父子易學的研究情形。第二，「黃式三、黃以周父子年譜」，則是目前專門探討黃氏父子之生平傳略的著作情形。第三，「黃式三、黃以周父子單篇論文研究」，則是目前學界關於黃氏父子的研究情形，此部分已扣除上述之易學相關研究。第四，「黃式三、黃以周父子相關研究」，則是除了上述專門討論黃氏父子的研究外，一些涉及黃氏父子的研究情形。

一、黃式三、黃以周父子易學單篇論文

目前學界研究黃式三、黃以周父子易學之論著，僅有賴師貴三在中央研究院中國文哲研究所發表之〈黃式三、黃以周父子《易》學初探〉，〔註19〕此篇探討黃氏父子之傳略、《易》學年表、《易》學著述考錄、《易》學著述序錄等，已經周詳發端、論及黃氏父子易學之研究進路。

證理之變化；多而不求於心，則為俗學。故上下古今，穿穴羣言，自天官、地志、九流百家之教，無不精研。所著《易學象數論》六卷，《授書隨筆》一卷，《律呂新義》二卷，《孟子師說》二卷。文集則有《南雷文案》、《詩案》。今共存《南雷文定》十一卷，《文約》四卷。又著《明儒學案》六十二卷，敘述明代講學諸儒流派分合得失頗詳；《明文海》四百八十二卷，閱明人文集二千餘家，自言與十朝國史相首尾。又《深衣考》一卷，《今水經》一卷，《四明山志》九卷，《歷代甲子考》一卷，《二程學案》二卷，《輯明史案》二百四十四卷，又《明夷待訪錄》一卷，皆經世大政。顧炎武見而歎曰：『三代之治可復也！』天文則有《大統法辨》四卷，《時憲書法解新推交食法》一卷，《圜解》一卷，《割圓八線解》一卷，《授時法假如》一卷，《西洋法假如》一卷，《回回法假如》一卷。其後梅文鼎本《周髀》言天文，世驚為不傳之祕，而不知宗義實開之。晚年又輯《宋元學案》，合之《明儒學案》，以志七百年儒苑門戶。宣統元年，從祀文廟。」（《新校本清史稿》，頁 13102～13106）

〔註18〕〔清〕黃以周：《儆季文鈔》（臺灣大學圖書館 5 樓中文線裝書館藏，清光緒甲午（二十年）江蘇南菁書院刊本），卷三，頁 1。

〔註19〕賴師貴三：〈黃式三、黃以周父子《易》學初探〉（臺北：中央研究院中國文哲研究所，2005 年 12 月 8、9 日）。此篇是「浙江學者的經學研究第二次學術研討會」宣讀論文。

二、黃式三、黃以周父子年譜

至於論述黃氏父子之專書，僅有王逸明所著《定海黃式三黃以周年譜稿》。〔註20〕此年譜詳實收錄、整理黃氏父子之生平，對於本論文有甚大之助益。

三、黃式三、黃以周父子單篇論文研究

有以下十一篇：

1. 李紹戶：〈黃式三論語後案釋例〉，《建設》，1976 年 5 月，頁 33～37。
2. 魏永生：〈黃式三學術思想評議〉，《東方論壇》，2000 年第 3 期，頁 31～35。
3. 林存陽：〈黃式三、以周父子「禮學即理學」思想析論〉，《浙江社會科學》，2001 年第 5 期，頁 127～129。
4. 胡本祥等人：〈黃以周治《內經》〉，《中華醫史雜誌》，2002 年 1 月，頁 29～31。
5. 張壽安：〈黃式三對戴震思想之回應〉，《清代學術論叢》第三輯（臺北：文津出版社，2002 年 11 月），頁 253～281。
6. 程克雅：〈黃以周〈論書院〉與「學校禮」考述〉（臺北：中央研究院中國文哲研究所，發表於「浙江學者的經學研究」第一次學術研討會，2005 年 6 月 23、24 日）。
7. 張涅：〈關於定海黃氏著作的研究資料〉，發表於浙江寧波大學，2005 年 10 月 29 日，頁 1～6。
8. 曹美秀：〈黃式三《尚書啓蒙》平議〉（臺北：中央研究院中國文哲研究所，發表於「浙江學者的經學研究」第二次學術研討會，2005 年 12 月 8、9 日）。
9. 黃海嘯：〈禮理之辯與黃式三、以周父子對清代禮學的總結〉，《蘭州大學學報（社會科學版）》，第 34 卷第 5 期，2006 年 9 月，頁 93～99。
10. 商瑈：〈黃式三對戴震「理氣」思想之繼承與轉化〉（桃園：中央大學中國文學系主辦，第十三屆全國中文研究所學術論文研討會，2006 年 11 月 25 日）。

〔註20〕王逸明：《定海黃式三黃以周年譜稿》（北京：學苑出版社，2000 年）。

11. 商瑈：〈求是與經世——黃式三的《論語》學〉（臺中：中興大學中國
    文學系主辦，2006 經學與文化學術研討會，2006 年 12 月 8 日），頁
    57～77。

上述單篇論文皆未論及黃氏父子之易學，但對於黃氏父子之思想、著作、
禮學、生平概況等，有切實深入之論述。

四、黃式三、黃以周父子相關研究

其它論及黃氏父子的著作，如：

1. 張舜徽：《清儒學記‧浙東學記》（濟南：齊魯書社，1991 年 11 月）。
   其中有兩小節分別介紹黃式三、黃以周（頁 278～287）。
2. 張壽安：《以禮代理——凌廷堪與中葉儒學思想之轉變》（石家莊：河
   北教育出版社，2001 年 11 月）。其中一節論述「黃式三『約禮求理』
   及與夏炘、夏炯之辯難」（頁 143～157）。
3. 劉永翔、王培軍：《家學淵源》（上海：上海人民出版社，2002 年）。
   其中介紹黃氏父子的家學情形（頁 323～326）。
4. 陳祖武：〈晚清七十年之思想與學術〉，《清代學術論叢》第三輯（臺北：
   文津出版社，2002 年 11 月），頁 1～21。其中兩段論述「黃式三的實
   事求是之學」、「黃以周會通漢宋學術的努力」。
5. 程克雅：〈晚清浙學與「漢學」知識系譜——以俞樾、黃以周、孫詒讓
   爲主軸的探究〉（臺北：中央研究院中國文哲研究所，發表於「浙江學
   者的經學研究」第二次學術研討會，2005 年 12 月 8、9 日）。其中藉
   由黃以周的文獻成就與語文闡釋，分析、推溯清浙學所形成的「漢學」
   知識系譜。

此外，研究浙東學術或晚清學術之相關論題，也多有述及黃氏父子之處，
對於他們所處時代、學術背景之了解，頗有助益，然資料甚多，就不逐一列
舉（詳見本論文參考書目）。

第三節　論文架構

本論文主要研究黃氏父子與其易學著作，筆者盡可能以客觀的態度與自
我警惕的方式面對資料，並做適當的分析判斷。在經由對大量資料之找尋、

整理、閱讀、分析、比較、歸納與綜合後，確實地呈現一完整的探討。正如同黃氏父子所強調的「實事求是」，筆者亦秉持此一精神，紮實研究資料。

　　若先入為主地確定一研究方法，難免會有目的論的危險，也就是揀擇某些特有資料，來證成己見。誠如黃進興在《歷史主義與歷史理論‧論「方法」及「方法論」》中所說的：

> 史家不能迷信方法及方法論，因為它們既不是實際歷史研究的充分
> 條件，也不是必要條件，……只有從實際研究工作中逐漸累積經驗，
> 才能真正掌握其間的奧妙。〔註21〕

所以在實際研究過程中，逐一探討處在清代中、末期的黃氏父子的生命歷程與其易學著作，以求能確實、通徹地理解黃氏父子的易學成就。

　　黃氏父子之易學相關研究，目前學界僅有賴師貴三〈黃式三、黃以周父子《易》學初探〉一文。在相關研究還很少的情況下，貿然地借用特殊「方法論」的研究方式，或許能夠帶來一些「洞見」，但這也意味著「不見」與「偏見」隱伏其中，而極可能造成研究之偏失、誤解。所以本研究並不限定何種研究方法，而是根據黃氏父子之生平、易學著作，以及當代之環境，從相關的資料中，整理出黃氏父子易學著作之釋易方式、所發易例、易學思想等，而得知黃氏父子的易學內涵。也期許能將黃氏父子的真實面貌，盡其可能地呈現於讀者面前。

　　各章的研究方向與內容，歸納簡敘如下：

　　第一章〈緒論〉中，敘述本論文〈清儒黃式三、黃以周父子易學研究〉的研究目的，與當前學界對於黃式三、黃以周父子的研究現況，包括了「黃式三、黃以周父子易學單篇論文」、「黃式三、黃以周父子年譜」、「黃式三、黃以周父子單篇論文研究」、「黃式三、黃以周父子相關研究」，與其它相關的論文。

　　第二章〈黃式三、黃以周父子之生平考述〉中，第一節先介紹黃式三家學、師承情形，以知其學術承繼的情形，接著介紹其交遊情形，並再介紹黃式三研讀《周易》的求學背景，以明其治《易》梗概。第二節則是論述黃以周的家學與交遊，以及治《易》的求學背景，此外，也論述其在南菁書院講學的歷程。第三節則是探討、論述黃氏父子與清代浙東學術之淵源關係。關

〔註21〕黃進興：《歷史主義與歷史理論》（臺北：允晨文化實業股份有限公司，1992年），頁 281～283。

於黃氏父子生平情形，主要參考清代史略對於黃氏父子之記載，以及王逸明之《定海黃式三黃以周年譜稿》。筆者將參考所得資料，以分述之方式，介紹其求學背景、交遊情形等，以期更有系統地認識黃氏父子。

第三章〈黃式三、黃以周父子之著述要錄〉，在第二章明其人之後，再介紹、探討其著作內容。第一節、第二節的各自第一部分「著作列目簡介」，羅列黃氏父子的全部著作，主要參考王逸明《定海黃式三黃以周年譜稿》文後所收錄的「黃氏父子著述版本考」與張涅〈關於定海黃氏著作的研究資料〉。而第一節、第二節的各自第二部分「易學著作考錄」，則是介紹黃氏父子易學著作的版本、館藏收錄情形，此一部分主要參考賴師貴三所撰〈黃式三、黃以周父子《易》學初探〉的「三、黃式三、黃以周父子《易》學著述考錄」。而在第一節、第二節的各自第三部分「易學著作體例分析」，則是介紹黃式三、黃以周父子的易學專著與易學相關著述之體例。除了直接檢閱各書自序與著作內容外，並參考前輩學者之提要，如《續修四庫全書總目提要》、《易廬易學書目》、《許廎經籍題跋》等，以求更能了解黃氏父子易學著作的體例特色。

第四章〈黃式三易學探析〉，則是探討黃式三易學著作之內容。在第一節「釋易方法」，可看出黃式三本於《易經》，翼以《易傳》，再輔以後代《易》注與經史子集等各家說法的治《易》方法。而第二節「易例發凡」，則是紬繹出黃式三在治《易》上的《易》例見解。第三節「易理闡發」則是將黃式三的易學論述，從畫卦之初到最終的天人相貫之境，層遞探討。第四節「易學要點」，則是整理黃式三的治《易》趨向，歸結出「兼具象數義理以釋易」、「善於發揮易傳」、「善以卦變說易」三要點來論述。

第五章〈黃以周易學探析〉，則是探析黃以周的易學著作內容。在第一節「易疏、案語析論」，由於黃以周的易學著作，主要是以疏證、案語等方式寫作而成，所以分類論析黃以周整理、發揮前代《易》注之內容，以明其述《易》方式。第二節「博徵釋易探討」，黃以周在釋《易》中，廣泛吸收群經、史書、諸子、小學等來發揮疏證《易》理，從中可得知黃以周在治《易》上以及學識上的廣博精深。第三節「易學內涵」，則是論述黃以周《經訓比義》的引《易》部分，並再闡述其易學著作中的論說要點「論消息」、「論卦變」。

第六章〈黃式三、黃以周父子易學比較分析〉，在第四、五章的基礎上，作一擴展的分析探討。第一節「黃式三、黃以周父子易學承繼述證」，除可明黃氏家學的傳授外，亦可佐證清代家學之興盛、私學之蓬勃。第二節「黃式

三、黃以周父子易學『實事求是』探討」，從黃氏父子的治《易》方法，可觀得黃氏父子主張「曷為學分漢宋也乎」的反思。其中由黃氏父子在釋《易》上以象數、義理發揮情形，以及對於前代注《易》學說的辨析，可見其「實事求是」的治學精神。第三節「黃式三、黃以周父子卦變釋易探討」，可看出黃氏父子在治《易》上，同樣都善以卦變來發揮《易》理，兩人在卦變說上，有著承繼的關係。第四節「黃式三、黃以周父子引史述易比較」，黃氏父子受浙東史學影響，同樣善於以史學來發揮《易》理，但兩者著重點還是同中有異，黃式三善以史事來發揮《易》理，而黃以周則是側重發揮史書關於《周易》的論述。第五節「黃式三、黃以周父子易禮關係探討」，則是管窺黃氏父子禮學上的成就，以及黃以周引《禮》治《易》的情形。

第七章〈結論〉中，總結本論文黃氏父子的《易》學要點；並且比較黃氏父子治《易》方法與清代浙東學者的治經方法，以明黃氏父子與清代浙東學術的關係。在第二章第三節「黃式三、黃以周與清代浙東學術之淵源關係」，主要比較黃氏父子與清代浙東學術的整體特色，而在第七章〈結論〉的第二部分，再進一步論述兩者在治學方法上的關係；最後，說明本論文的限制性與發展性，以利後續研究之進行。

第二章　黃式三、黃以周父子之生平考述

本章介紹黃氏父子之生平。第一、二節分別考述黃式三、黃以周的生平，第三節則是專門討論黃氏父子與清代浙東學術的淵源關係。第一、二節生平考述部分，參考清代史關於黃氏父子的記載，並參閱黃氏父子的著述內容，以及王逸明所作《定海黃式三黃以周年譜稿》。筆者以分述方式，介紹師承家學、交遊情形等，以及考述黃氏父子易學歷程，以期能更有系統地認識黃氏父子。

第一節　黃式三之生平考述

黃式三（1789～1862），字薇香，號儆居，浙江定海人，生於乾隆五十四年，卒於同治元年。《清史稿・儒林傳》記載：

> 黃式三，字薇香，定海人。歲貢生。事親孝，嘗赴鄉試，母裴暴疾卒於家，馳歸慟絕。父老且病，臥床第數年，衣食饘洗，必躬親之。比歿，持喪以禮，誓不再應鄉試。於學不立門戶，博綜群經，治《易》、治《春秋》，而尤長《三禮》。論禘郊宗廟，謹守鄭學。論封域、井田、兵賦、學校、明堂、宗法諸制，有大疑義，必釐正之。有〈復禮說〉、〈崇禮說〉、〈約禮說〉。嘗著《論語後案》二十卷，自爲之序。他著有《尚書啟懞》四卷、《詩叢說》一卷、《詩序說通》二卷、《詩傳箋考》二卷、《春秋釋》二卷、《周季編略》九卷，《儆居集》〈經說〉四卷、〈史說〉四卷。同治元年，卒，年七十四。子以周，從子

以恭，俱能傳其學。〔註1〕

上述傳略除了記載一般的生平與著作，尤可注意的是黃式三孝心、德行的實踐。黃式三事父母極爲恭謹，上述引文即提到黃式三孝親至恭，而施補華〈定海黃先生別傳〉更是補充說明：

> 先生自赴省試，母暴卒於家，歸而號慟幾絕，時父茂才君老矣。先生依侍寢服，終不適私室。茂才君臥病數年，衣食釁洗，一以身親。比卒，持喪以禮。其後每值祭日，涕泣不能自已，行之終身，常如一日。至其彌留告別，欲以定省疏缺，補之泉壤閒，其言絕痛。先生蓋古之誠孝人也。〔註2〕

由傳略可見黃式三事親至孝的品德。而在待人處世上，同樣見於施補華〈定海黃生先別傳〉，也有補充說明：

> 凡親戚僚友之有問者，子弟之請業請益者，告之一出於誠，故鄉人服其義，而後生之造就尤眾。〔註3〕

從上可知黃式三在學術上的研討，不是閉門造車、紙上談兵的腐儒，而是眞能躬身實踐、知行合一的君子，這是研究黃式三著作前，可先行注意的部分。

而黃式三的治學歷程在《光緒定海廳志》有簡要介紹：

> 於學無所不窺，并包六藝，斟酌諸儒，不域於門戶之見。總覈平生所學，三十以前，汎覽經史諸子百家。三十後，治《論語》。四十後，考求先王禮制及後世沿革，爲經濟之學。五十後，治《尚書》、《春秋》。六十以後，以《易》之陰陽消息，内驗身心，謂事之吉凶，不待卜筮而後知，以《易》理占世事，不爽毫末。晚年益好言禮，以爲禮秩自天出，於性之烏可已。古人窮理盡性之學，不外乎是。〔註4〕

黃式三晚年，除了由禮學來探討天人關係與人性論相關學說外，易學則是其另一關注的重心。而譚廷獻（1832～1901）〈黃先生傳〉中稱道：「江東稱經師者，必曰黃氏先生。」〔註5〕可見黃式三除了自身品德的秉持要求外，在當

〔註1〕 《清史稿‧列傳二百六十九‧儒林三》，頁13296～13297。

〔註2〕 〔清〕施補華〈定海黃先生別傳〉，收錄於〔清〕繆荃孫纂錄：《續碑傳集》（臺北：文海出版社，《近代中國史料叢刊（第九十九輯）》，1973年），頁19。

〔註3〕 同上。

〔註4〕 見〔清〕史致馴、陳重威、黃以周修纂：《光緒定海廳志》（上海：上海書店，《中國地方志集成（38）‧浙江府縣志輯》，1993年），頁97～98。

〔註5〕 〔清〕譚廷獻：〈黃先生傳〉。收於〔清〕繆荃孫編：《續碑傳集》，頁18。

時也有一定的學術稱譽。黃式三對於學問追求的用心，《清儒學案》也有記載：

> 先生少嗜書，書之外無它好，生平以一超頓悟爲非學之道，而務學
> 必以積累，積累必由專與勤。於先儒道德、經濟、忠節、孝友、文
> 章、武毅、幽隱之類，並蓄兼收，通貫其書，一字不少假。意苟未
> 徹，思之，或終夜不寢，或寢而不寐，或研考數日而明，或數月而
> 明，必得其解而後止。〔註6〕

可見黃式三追求學問的縶實，能要求自我逐步累積而有所成。

觀黃式三一生，並未任居大官，也沒有像其子黃以周曾任南菁書院院長
等職。但是黃式三安貧樂道，一簞食、一瓢飲，不改其樂。除了自身的力學
不倦外，在教育子弟、造福鄉里上，多所貢獻，至今也有多部著作流傳於世。

以下分家學、師承、交遊情形、易學蒙壯等，來探求黃式三的生平梗概。

一、家學、師承

（一）家　學

黃式三在八歲（1796）的時候進入家塾就讀，父親黃興梧（1743～1824）
是他的啓蒙老師。黃式三在〈族譜敍〉說道：

> 式三束髮受書，夙聞家學，經史雜文，露抄雪纂，夙夜黽皇，冀承
> 先志，而愛博不專。〔註7〕

而黃以周在〈敕封徵仕郎內閣中書先考明經公言行略〉也提到：

> 明經公（黃式三）自幼入塾讀書，善識字，舉經中一難字以問，而
> 能知其所出，默誦其上下文，茂才公（黃式三的父親黃興梧）嘗篤
> 愛之，教讀諸經，期成遠大器。〔註8〕

可看出黃式三從小即對學問有濃厚的興趣。而黃式三在〈先考屏山府君事實〉
中，對於其父黃興梧有所傳述：

> 先考諱興梧，字鳳來，號屏山。年二十四遊庠，銳志于學，旋獲病。
> 年四十餘病瘁，亦遂報舉子業，無志于用世矣。然事之切于身心，

〔註6〕 徐世昌：《清儒學案（一百五十五）・儆居上・附錄》（臺北：國防研究院、中
　　　　華大典編印會，1967年），頁2674。

〔註7〕 〔清〕黃式三：《儆居集・雜著》（臺灣大學圖書館5樓中文線裝書館藏，清
　　　　道光戊申（二十三年）刊本），卷三下，頁2。

〔註8〕 〔清〕黃以周：《儆季雜著・文鈔》（臺灣大學圖書館5樓中文線裝書館藏，
　　　　清光緒甲午（二十年）南菁書院刊本），卷五，頁1。

關于風教，有益于宗族、于鄉里、于姻友者，力所能為，毅然以自

任。〔註9〕

從中可看出黃興梧儒者的風範，這對於黃式三的身教、言教自然都會有影響。

而黃以周〈敕封征仕郎內閣中書先考明經公言行略〉中提到：「（式三）考諱

興梧，以《易》、《詩》著名庠序。」〔註10〕則黃興梧對於黃式三的易學啓蒙

有相當的影響。此外，黃式三〈春秋釋敍〉提到：

式三少時愛讀《左傳》，先君子既以杜《注》及姜氏《補義》授之，

且告之曰：「姜氏注《左》而駁《左》，是可疑耳。姜氏之學豈勝于

左氏？」式三既聆訓，不敢忘。及長，搜求各書有能解左氏疑義者，

得一義如得異寶。久之，乃知左氏之于《春秋》，信乎傳授之不差也。

〔註11〕

也可得知黃式三受其父在《左傳》學方面的啓迪。

而母親裘氏對黃式三的影響，在〈裘氏先妣事實〉中記載著：

嘗教式三曰：「女讀書論古，及處世事、待交游，毋矜才，毋使氣，

毋溢怒，毋叢怨，毋揭人之非，毋顯人之短，謙而讓，乃克有成。

不然，學儒而賈禍，不如不學儒之免禍也。」此足以知先妣持身之

懿柔，與所以教子之謹慎矣。〔註12〕

母親裘氏著重在黃式三的身教，從其中所說的「毋溢怒」、「謙而讓」等立身

處世道理，可見她對黃式三的愛護與期許。

（二）師 承

黃式三在十一歲時，受業於楊際和。黃以周〈敕封征仕郎內閣中書先考

明經公言行略〉提到：「十一歲出就外傅，學舉業，能作典麗文。」〔註13〕而

黃式三在〈楊感庭先生家傳〉提到：

夙承家學，說經論文，具有師法。門人黃式三之始受業也，先生誘

之曰：「時文有必中之技，善學之無怠，命可敓（奪）也。」式三自

少好讀經，因問之，先生曰：「士之以說經傳者，固有命焉。」驚問

〔註 9〕〔清〕黃式三：《儆居集·雜著》，卷四，頁21。

〔註10〕〔清〕黃以周：《儆季雜著·文鈔》，卷五，頁1。

〔註11〕〔清〕黃式三：《儆居集·雜著》，卷一，頁11。

〔註12〕〔清〕黃式三：《儆居集·雜著》，卷四，頁23。

〔註13〕〔清〕黃以周：《儆季雜著·文鈔》，卷五，頁1。

其故，則曰：「人有飢餓憂，不能專心考校以著述名也。或能之，及
身不刊諸梓枲，子孫不善守，卒滅沒而名不彰。吾嘗見其人矣。」
越數年後，先生乃正告式三曰：「科第，命也。能實力績學，或治經，
或治史，或治古文，精于是，皆可不朽。爾其專心爲此也。」〔註14〕

從其中可看出業師楊際和對黃式三治經立命的啓發與影響。而《光緒定海廳
志（卷十）・人物・楊際和傳》則提到：

楊際和字感庭，夙承家學，說經論文，具有師法，爲制舉文，奇正
雜出，慷慨以任氣，磊落以使才。其高者，學方望溪苞之所爲，而
得其神似，古文宗法劉子政，亦有法度可觀。〔註15〕

從中可見楊際和的寫作風格。黃式三在十五歲的時候，與友人傅夢占師事楊思
繩，黃以周〈敕封徵仕郎內閣中書先考明經公言行略〉提到：「（黃式三）十五
歲作經解，昭然分黑白，時據其特見，以屈座人，業師嘆賞不容口。」〔註16〕
而傅夢占爲《儆居集》作序也提到：「余與薇香同受業於楊鏡山夫子之門。時薇
香年少，已能分黑白，論出而屈其座。」〔註17〕而黃式三在〈楊鏡山先生家傳〉
曰：

楊鏡山先生字亦糾，思繩，其諱也。家貧，善屬文，以教授自給，
免飢寒而已。……以副拔貢中省試，屢就進士試荐，不售。歷任分
水、開化教職。……卒于開化署。士哀之，立祠以祀。門人黃式三
曰：「先生之功績不著於世，然遇分水、開化之士，與言先生教育之
德、廉正之操，皆嘖嘖稱道不衰。然則先生苟得顯仕功績，安可量
哉？」〔註18〕

從這可看出楊鏡山的德行與教學，對於黃式三都有影響。
　　此外，黃式三也受到金履祥〔註19〕（1232～1303）所作書的影響，他在

〔註14〕〔清〕黃式三：《儆居集・雜著》，卷四，頁8～9。
〔註15〕〔清〕陳致馴、陳重威、黃以周修纂：《光緒定海廳志》，頁89。
〔註16〕〔清〕黃以周：《儆季雜著・文鈔》，卷五，頁1。
〔註17〕〔清〕黃式三：《儆居集》，敘，頁2。
〔註18〕〔清〕黃式三：《儆居集・雜著》，卷四，頁7～8。
〔註19〕《元史（卷一百八十九）・列傳・儒學一》：
　　元金履祥字吉父，婺之蘭溪人。其先本劉氏，後避吳越錢武肅王嫌名，更爲
　　金氏。履祥從曾祖景文，當宋建炎、紹興間，以孝行著稱，其父母疾，齋禱
　　于天，而靈應隨至。事聞于朝，爲改所居鄉曰純孝。
　　履祥幼而敏睿，父兄稍授之書，即能記誦。比長，益自策勵，凡天文、地形、

〈讀金仁山文集年譜〉提到：

> 憶自癸酉（嘉慶十八年，1813年，黃式三年二十五歲）赴省試，始得金仁山先生（金履祥）《大學章句疏義》、《論語孟子集注考證》，讀之，奉爲圭臬。甲午（道光十四年，1834年，黃式三年四十六歲）至金華，售得其《文集》、《年譜》，益了然其著述之大旨。丙午（道光二十六年，1846年，黃式三年五十八歲）復于慈溪成氏見何北山、王魯齋、金仁山、許白雲四先生《論》、《孟》之說，合刊爲一書。有何北山、王魯齋說與朱子異者，金仁山以爲是；有金仁山說與朱子異者，許白雲以爲是。此數子皆謹守朱子之學，而意在明道，不在偏護，心有悟會，不諱所異，正如朱子《易本義》之不能盡同《程傳》耳。……其學不拘一家，如是可以爲法。〔註20〕

從中可以看出黃式三讀金履祥書的情形，並且可看出其對古人心儀之處，正是由於爲學能不拘一家，而「意在明道」，這正與黃式三「實事求是」的爲學宗旨相互切合。

二、交遊情形

（一）傅夢占

從傅夢占爲黃式三《易釋》、《儆居集》作序，可知兩人有深厚的情誼與學術交流。黃式三在〈傅君肖巖家傳〉曰：

> 肖巖學于鏡山夫子之門，終身不易師。性行淳一，風度端凝，師甚器重之。當時同門之友極盛，志趣或各不同，而于肖巖俱无閑言。年二十三，蜚聲庠序。時余與同學，年十五矣，聽同堂談經，上下論議，余亦自擴己見，肖巖勛余曰：「如子將可以經學名世，勉之无怠。」余辭其稱譽，受其規戒而兄事之。余在館中有過，肖巖聞之，必有言教誨之，時與同坐，靜對久之，不必嚴相規切，覺私意爲之

禮樂、田乘、兵謀、陰陽、律曆之書，靡不畢究。及壯，知向濂、洛之學，事同郡王柏，從登何基之門。基則學于黃榦，而榦親承朱熹之傳者也。自是講貫益密，造詣益邃。……

履祥居仁山之下，學者因稱爲仁山先生。大德中卒。元統初，里人吳師道爲國子博士，移書學官，祠履祥于鄉學。至正中，賜諡文安。（《新校本元史》，頁4316～4318）

〔註20〕〔清〕黃式三：《儆居集・子集》，卷二，頁27、28。

頓消，是眞益友也。〔註21〕

從「眞益友也」可看出兩人在道德、學問上，是彼此切磋琢磨而相互增進。
而且傅夢占在《易釋》爲黃式三作序，對於該書各卷的體製、用意，敘說得
非常切合。如其中提到：

> 夫自先儒注《易》，隨文曲衍，或象與爻悖，如〈履〉以不咥爲亨，
> 而于三不言應上之志；〈同人〉以于野爲亨，而于二轉言應五之吝。
> 或爻與爻悖，如〈屯〉初賢侯于二五，則以初爲姦寇，〈蒙〉二賢師
> 于三，則以二爲金夫。彼此卦義難明，此象爻合釋之不能不作也。（《易
> 釋》，頁1）

傅夢占經由各爻辭體例不一的引例，指出黃式三所作象爻合釋的重要性。可
看出傅夢占對於易學也有所鑽研。兩人在易學的見解、體察，是相互增進、
討論並且影響著。

（二）劉　燦

黃式三在〈劉君星若家傳〉曰：

> 劉友星若先生，諱燦，道光己酉年七十，卒于家。其子庠，請式三
> 作傳，式三于乙巳書先生《續廣雅》後，而未徧讀其著述，不敢遽
> 爲文。癸丑冬季，赴其家，閱《詩緝補義》後定本，并見其所鈔朱
> 子《大學中庸章句》、《論語孟子集注》，各有所校正，益歎先生之實
> 事求是，能化偏執也。〔註22〕

可知劉燦（1779～1849）實事求是的精神與黃式三的學術宗旨正切合。而王
逸明在《定海黃式三黃以周年譜稿》道光二十年（1840）條指出：「六月八日，
英軍陷定海。英軍頭目嘗禮羅式三，不就，避走鎮海。或由鎮海舊友劉燦幫
助安置於縣城關東南柴橋鎮。」〔註23〕並隨文附注：「民國二十年刊《鎮海縣
志》卷三十二〈寓賢傳〉第六頁：『黃式三……來鎮與劉燦善，遂卜居於邑南
柴橋，課其子以愚、以周，能世其學。』式三寓柴橋後與燦往還更密，嘗序
燦書。」〔註24〕可見兩人除了在學問的相互砥礪外，在生活上也彼此扶持與
往來。

〔註21〕〔清〕黃式三：《儆居集·雜著》，卷四下，頁9～10。
〔註22〕〔清〕黃式三：《儆居集·雜著》，卷四，頁15。
〔註23〕王逸明：《定海黃式三黃以周年譜稿》，頁22。
〔註24〕同上。

（三）嚴可均

《清史稿》曰：

> 嚴可均（1763～1843），字景文，烏程人。嘉慶五年舉人，官建德縣教諭，引疾歸。可均博聞強識，精考據之學，與姚文田同治《說文》，爲《說文長編》，亦謂之《類考》。有天文、算術、地理類，草木、鳥獸、蟲魚類，聲類，《說文》引群書、群書引《說文》類，積四十五冊。又輯鐘鼎拓本爲《說文翼》十五篇，將校定《說文》，撰爲疏義。孫星衍促其成，乃撮舉大略。就毛氏汲古閣初印本別爲《校議》三十篇，專正徐鉉之失。又與丁溶同治唐石經，著《校文》十卷，……嘉慶十三年，詔開全唐文館，可均以越在草茅，無能爲役，慨然曰：「唐之文，盛矣哉！唐以前要當有總集。斯事體大，是余之責也。」乃輯上古三代秦漢三國六朝文，使與全唐文相接，多至三千餘家，人各系以小傳，足以考證史文，皆從蒐羅殘賸得之，覆檢群書，一字一句，稍有異同，無不校訂。一手寫定，不假他力。唐以前文，咸萃於此焉。又校輯諸經逸注及佚子書等數十種，合經、史、子、集爲《四錄堂類集》千二百餘卷。〔註25〕

由上述傳略中，可知嚴可均的學術成就主要是在小學輯校方面。至於黃式三與嚴可均的交情，則在黃式三所著的《春秋釋》，嚴可均爲之作敘可見。嚴氏謂：

> 定海清貧好學之士，有黃薇香其人者，甲午甫見之。叩所學，有《論語後案》二十卷。已而（式三）來驥村，又以《尚書啓蒙》四卷示。余謂二者，《書》說爲精，薇香自謂：「《論語後案》之所繫者大也。」今又以《春秋釋》示，何撰著之不倦能如是？蓋其所蘊者眾矣！〔註26〕

而之後黃式三也致書嚴可均，〈與嚴鐵橋書〉提到：

> 鐵橋先生閣下，式三自甲午與同館節署，……及今六載，復謁臺座，非有別求，覬先生指示得失耳，……先生學力精博，安敢輕議，敬陳所知，以示不欺而已。〔註27〕

〔註25〕《清史稿（卷四百八十二）‧列傳‧儒林三》，頁 13254～13256。

〔註26〕〔清〕黃式三：《春秋釋》，敘。收錄於《續修四庫全書（148）》（上海：上海古籍出版社，1995 年），頁 127。

〔註27〕〔清〕黃式三：《儆居集‧雜著》，卷四，頁 31。

此外，黃式三在〈答夏韜甫書〉也提到嚴可均。黃氏謂：

> 憶己亥歲到湖州，謁嚴鐵橋先生。嚴先生斥式三經說多回護朱子。
> 式三聞之而喜者，喜鄙說雖有異於朱子，與今之專爲漢學者或不同
> 也。〔註28〕

由上述作敘與書信內容，可知嚴可均對黃式三而言，是學術上的前輩，嚴可均常給予黃式三一些評論與指導，而且也可看出黃式三虛心受教，並追求實事求是的精神。

（四）方成珪

方成珪〔註29〕（1785～1850）在《清儒學案》中有相關傳記：

> 方成珪，字國憲，瑞安人，嘉慶戊寅舉人，官甯波府教授。研精小
> 學，尤勤於校讎。藏書數萬卷，丹黃殆遍，至老不倦。嘗以晉干寶
> 《易注》，亡於北宋，其學原本孟京，輔翼奉六情十二律、風角之占，
> 而證諸人事，則專以殷、周之際，水衰土王，反復推闡，以明經義，
> 蓋《易》之興於殷末世，周盛德，當文王與紂之事。聖言足徵，搞
> 有依據，因採摭佚文，詳爲疏釋，爲《干常侍易注疏證》二卷。……
> 又謂古韻書之存者，莫善於《集韻》，因據宋槧本，及近時段玉裁、
> 嚴杰、汪遠孫、陳慶鏞諸家校本，正曹刻之誤。復以《方言》、《說
> 文》、《廣雅》、《經典釋文》、《玉篇》、《廣韻》諸書，正宋槧本及景
> 祐元修之誤，爲《集韻考正》十卷。吳氏鍾駿與儆居欽其書，深推
> 其精博。〔註30〕

可知方成珪對於晉代干寶（？～336）的易學著作有所研究，並著有《干常侍易注疏證》，這對於與黃式三易學往來研討，當有相互交流的作用。此外，方成珪在音韻方面也有《集韻考正》一書，他並請黃式三爲該書作跋，黃式三謂：

〔註28〕〔清〕黃式三：《儆居集・雜著》，卷四，頁35。

〔註29〕王逸明《定海黃式三黃以周年譜稿》提到：「余自首都圖書館檢得民國三十八年前後鉛排本《瑞安縣志》，爲未刊竣本，以印樣、手稿、校樣合訂一書。其卷十九第10頁有〈方成珪傳〉：『嘉慶十三年戊辰科舉人。丁丑（嘉慶二十二年）考取景山官學教習，道光中歷任海寧學正、寧波府學教授……。以爲韻書莫詳於《集韻》……，同時黃式三甚賞異之。瑞安治考據之學，自成珪始。……爲教官數十年，清貧樂道，陋巷老屋，圖史外別無長物。生乾隆五十年乙巳九月，卒道光三十年庚戌六月，年六十六。葬北門外聖壽寺側。』」（頁29）。

〔註30〕徐世昌：《清儒學案》，頁2698。

方雪齋先生淵博有識，因《集韻》之所引，尋求原本各善本以校
之，……訂其譌謬，補其奪漏，而名之曰《集韻考正》。書成於乙巳
以前，續改於丙午以後，用功勤而校讎精，《集韻》自此成完書矣。
而小學家之引用，庶幾免于謬乎。式三皮膚末學，不能仰測高深。
書成命讀，敬識數言。〔註31〕

兩人交遊，除了黃式三為方成珪書作跋外，方成珪也曾為黃式三校讀書作，
黃式三在〈周季編略書後〉提到：「《周季編略》稿再易，幸得方雪齋先生校
讀一周，後四五更改，欲就正有道，未遇其人。今謄寫已畢，惜方先生已為
古人。」〔註32〕由著作的題敘與校讀的往來，可見兩人在學問上的交流情形。

（五）王約

王約（1787～1850），字簡夫，號西嶼，慈谿人。黃式三〈王君西嶼家傳〉
曰：

王君卒于（道光）庚戌，……式三于是歎知心之友為少，而力維古
學者之不易得也。……君生平讀書，於漢儒，酷信馬、鄭，而不偏
護鄭君之失，無論馬；於宋儒，酷嗜程、朱，而不偏護朱子之失，
無論程；於近儒，酷信段注《說文》，鈕非石之妄駁段氏，一一申之，
而段書之闕者、誤者、歧出者，欲刪不刪者，一一釐正之。此豈指
摘古今儒說以自表襮哉，心祇求是而已。〔註33〕

從中可知黃式三的交遊，都有一個明顯特質——能夠不執門戶。黃式三不盲
目崇古，也不執意一家之說，在眾多學說中能實事求是，這可說是黃式三與
志同道合的學友們共同的目標。

而王逸明《定海黃式三黃以周年譜稿》在道光二十六年（1846年）條記
載「式三與好友劉燦、時與蘭為王約祝壽」，〔註34〕其中壽詞提到：

「不以己之所是拒人之所是，聞人有不是，諄諄然，必使之共歸於
是。心既虛且公，而急於成人之美。晚近學者無是也。」丙午歲式
三以斯言壽君，劉君星若、時君乃庵皆以為實錄，則君以是為可傳

〔註31〕〔清〕黃式三：《儆居集‧雜箸‧書《集韻考正》後》，卷一，頁19。
〔註32〕〔清〕黃式三：《儆居集‧雜箸》，卷三下，頁1。
〔註33〕黃式三：《儆居集‧雜箸》，卷四，頁18～19。
〔註34〕王逸明：《定海黃式三黃以周年譜稿》，頁27。

也已。〔註35〕

從這可看出黃式三與學友們的實事求是、虛心向善、教學相長的精神。

三、易學蒙壯

　　關於黃式三易學蒙壯〔註36〕情形，依前言所敘，黃式三的父親黃興梧在易學方面已有一定的造詣，而黃式三自小即入家塾，並在志學的年紀，遍讀群經。在而立之年，努力於易學方面的鑽研，黃式三在《易釋》敘中記言：

> 式三于讀《易》而親驗之，年三十，發家所藏之《易》書盡覽之，漢、魏及唐、宋、元、明不敢有所偏棄，懼其隘也。无如大道多歧，南轅北轍，往往分道揚鑣。先儒各是其是，不知誰爲實是。（《易釋》，敘，頁3）

可看出黃式三一如致力求學的士人般，對於廣大易道都有著歧路亡羊之嘆。而到了五十二歲的時候，則開始撰寫易學專書——《易釋》，同樣在《易釋》敘提到：

> 歲庚子（道光二十年，1840，黃式三年52歲）避兵鎮邑之甘溪，行篋祇有李氏《集解》、王《注》孔《疏》、《程傳》、《本義》及舊所鈔叢說，繙閱之、討論之、思之又思之，融會彖爻傳之所合，得其綱領，而後推各爻之所變，于是私有所去取，作《易釋》焉。而私心之所自悟與諸書有不能強同者，未嘗不心以爲殆，恨无由質正于先儒也。（《易釋》，敘，頁3）

面對眾家《易》注的黃式三，有著無能與先賢諸子討論易學之正的遺憾。對於誰是誰非的真理追求，一如他在同年所寫的〈求是室記〉，該文記載言：

> 由今思之，前之所謂求是者，是耶，抑非耶？今有自知其非者矣，有前之非而不盡知者，不能強也。然則今之所謂是者，安知其實是？今之所謂非者，安知其實非？天假我一日，即讀一日之書，而求其是。求之云爾，其是與非，俟後人定之，己不能定也。〔註37〕

黃式三以謙虛的態度、努力求是的精神，寫下《易釋》一書。而在五十二歲

〔註35〕同上。
〔註36〕筆者取《周易》〈蒙〉與〈大壯〉之名義，來表示黃式三學習《周易》由初蒙到後壯的歷程。
〔註37〕〔清〕黃式三：《儆居集・雜著》，卷四，頁26～27。

到六十歲成書的過程中，也有受到他書的影響，如黃式三〈任氏禮說跋〉裡寫道：

（式三）向愛任氏鈞台（任啟運〔註38〕（1670～1744））之文。……乙巳館慈溪，坊友以呂氏（呂祖謙）《大事記》及任氏《易》（《周易洗心》）、《禮》（《禮記章句》）、《四書注》（《四書約旨》）強委之，因得《大事記》而撰《周季編略》，固喜之，任氏書竟未暇深覽。戊申（道光二十八年）季子以周撰《十翼後錄》，命取其說，以為任氏《易》注謬誤既多，後將不傳。其中精識確見，有經十日思而不能獲者，今必收錄，庶幾不失前儒之苦心。〔註39〕

則黃式三以獨到眼光賞識任啟運《周易洗心》中精華確見之處，雖本身未及深讀，但對於他的易學，當有一定程度的影響，並且他命黃以周將該說收錄於《十翼後錄》。之後，黃式三到六十歲時，在傅夢占為之撰敘與自敘的寫定，完成《易釋》一書，也將畢生的易學見解流傳於世。

　　除了上述易學成書的學術成就，還有一事可看出黃式三將易學視為生活

〔註38〕《清史稿（卷四百八十一）·列傳·儒林二》：

任啟運，字翼聖，宜興人。少讀孟子，至卒章，輒哽咽，大懼道統無傳。家貧，無藏書，從人借閱。夜乏膏火，持書就月，至移牆不輟。事父母孝以聞。年五十四，舉於鄉。雍正十一年，計偕至都，會世宗問有精通性理之學者，尚書張照以啟運名上。特詔廷試，以「太極似何物」對，進呈御覽，得旨嘉。會成進士，遂於臚唱前一日引見，特授翰林院檢討，在阿哥書房行走。上嘗問以「朝聞夕死」之旨，啟運對以「生死一理，未知生，焉知死」。上曰：「此是賢人分上事，未到聖人地位，從此作去，久自知之。」逾年抱疾，賜藥賜醫，越月謝恩，特諭繞廊而進。面稱：「知汝非堯、舜不敢以陳於王前。」務令自愛。令侍臣扶掖以出，且遙望之。

高宗登基，仍命在書房行走，署日講起居注官，尋擢中允。乾隆四年，遷侍講，晉侍講學士。七年，擢都察院左僉都御史。八年，充三禮館副總裁官，尋升宗人府府丞。九年，卒於賜第，年七十五。賜帑金治喪具，賜祭葬。……《儀禮》一經，久成絕學，啟運研究鉤貫，使條理秩然，不愧窮經之目。又《禮記章句》十卷，以〈大學〉、〈中庸〉，朱子既成章句，則〈曲禮〉以下四十七篇，皆可釐為章句。但所傳篇次序列紛錯，爰倣鄭康成序《儀禮》例，更其前後，併為四十二篇。其有關倫紀之大，而為秦、漢、元、明輕變易者，則著其說，以俟後之論禮者酌取。外有《周易洗心》九卷，《四書約指》十九卷，《孝經章句》十卷，《夏小正注》、《竹書紀年考》、《逸書補》、《孟子時事考》、《清芬樓文集》等書，其《周易洗心》則年六十時作，觀象玩辭，時闡精理。（頁13184～13185）

〔註39〕〔清〕黃式三《儆居集·雜著》，卷三下，頁9。

圭臬的佐證。在黃以周爲黃式三弟子劉芬作的〈劉君芷人別傳〉，黃以周提到：

> 鎮海芷人諱芬，性樸誠好學。初從姚丈梅伯習辭章，既從吾先君儆居
> 子講經學。思之不得其解，輒蹙額兀坐，似有深憂。然儆居子一抉其
> 疑，啞啞失笑，以爲本文原來如此，後人自誤會之耳。一日，有鬼馮
> 君身，知人間曖昧事爲貧，故揶揄之，示以取富貴之法。君信其言，
> 奔告其師儆居子。儆居子曰：「此心病也。勸君日讀《周易》〈无妄〉
> 卦，倦則默念我《易釋》語。事非理義而思之，爲邪念；事之吉凶不
> 可必而預謀之，爲妄念。」君歸，從師言，鬼自去。〔註40〕

從中可知黃式三告誡弟子應心存正念，而以《周易》中〈无妄〉卦作爲警言，
並告其以《易釋》來自我持守。由此可知黃式三讀《周易》，著易學之書，都
與日常行守相切合著。

　　而到了七十一歲高齡時，〈周季編略書後〉有述及其自身學《易》的感觸：

> 今年六月初旬，（式三）日讀《易》一卦，或數日一卦。繹思舊義，
> 少有新得。精力疲于前，知向日之所論著，無能自糾正矣。〔註41〕

則一方面可知黃式三學海無涯的感嘆，同時也可以得知其《易》學的見悟已
達到成熟與穩固的高度。

第二節　黃以周之生平考述

　　清儒黃以周（1828～1899），初名以同，字經纂，後改名以周，字元同，
號儆季。浙江定海人。生於道光八年，卒於光緒二十五年，年七十二。由大
挑教諭特旨升用教授，欽賜內閣中書銜。曾出任江陰南菁書院院長，主講經
學，歷十五年之久。《清史稿（四百八十一）・列傳（二百六十七）・儒林傳三》
記載：

> 以周，本名元同，後改今名，以元同爲字。同治九年優貢。旋舉於
> 鄉，大挑以教職用，補分水縣訓導。以學臣奏加中書銜，以教授升
> 用，旋選處州府教授，而年已七十，遂不就。以周篤守家學，以爲
> 三代下之經學，漢鄭君、宋朱子爲最；而漢學、宋學之流弊，乖離
> 聖經，尚不合於鄭、朱，何論孔、孟？有清講學之風，倡自顧亭林。

〔註40〕　〔清〕黃以周：《儆季雜著・文鈔》，卷六，頁 14。
〔註41〕　〔清〕黃式三：《儆居集・雜著》，卷三下，頁 1。

顧氏嘗云：「經學即是理學。」乃體顧氏之訓，上追孔、孟之遺言，於《易》、《詩》、《春秋》皆有著述，而三《禮》尤爲宗主。所著《禮書通故》百卷，列五十目，古先王禮制備焉。又以孟子學孔子，由博反約，而未嘗親炙孔聖。其間有子思子，綜七十子之前聞，承孔聖以啓孟子，乃著《子思子輯解》七卷。而舉子思所述夫子之教，必始於《詩》、《書》，而終於《禮》、《樂》，及所明仁義爲利之說，謂其傳授之大恉，是深信博文約禮之經學，爲行義之正軌，而求孟子學孔聖之師承，以子思爲樞軸。暮年多疾，因曰：「加我數年，《子思子輯解》成，斯無憾！」既，書成而疾瘥，更號咷生。江蘇學政黃體芳建南菁講舍於江陰，延之主講。以周教以博文約禮、實事求是，道高而不立門戶。宗源瀚建辨志精舍於寧波，請以周定其名義規制，而專課經學，著錄弟子千餘人。卒，年七十有二。〔註42〕

上述中，黃以周篤守父親黃式三的教誨，實事求是，不拘守門戶之見。在《清史列傳》中也有述及：「生平以明經傳道爲己任，辨虛無，辨絕欲，而以執一端、立宗旨爲賊道。」〔註43〕可見他專職於經學並以發揚儒學爲己任，而在此大原則下，以求能不固執己見、不拘守一說。在經學著述外，並擔任南菁書院院長一職，下文會再詳加述說。以下分述黃以周的家學、交遊情形、易學蒙壯、書院講學歷程。

一、家　學

　　黃以周在六歲的時候入家塾就讀，〈愛經居雜著敘〉提到：「六歲同入塾（黃以周與堂哥黃以恭），兄質敏，逸而功多，吾質鈍，勞而功少。」〔註44〕而繆荃孫〈黃以周墓志銘〉也有記載：

> 少承家學，與兄儆孟、儆仲相砥礪。六歲入塾，識《說文》部首字，遂讀經。先《禮》，次《詩》、《書》，次《春秋》、《易》。每一業畢，輒條分節目，疏通大義。〔註45〕

由此可見黃以周在家塾中，立下深厚的經學基礎。此外，黃以周弟子唐文治

〔註42〕《清史稿》，頁 13297～13298。

〔註43〕王鍾翰點校：《清史列傳》，卷六十九，頁 5663。

〔註44〕〔清〕黃以周：《儆季雜著・文鈔》，卷二，頁 17。

〔註45〕〔清〕繆荃孫：《續碑傳集》，卷七十五，頁 2。

在〈黃元同先生學案〉也記載著：「先生幼承家學，七歲讀《禮記》，旋受《士禮》、《周官》諸經，依次終業。」〔註46〕黃以周受父親黃式三家學甚深，在其著作《十翼後錄》自序提到：

> 以周幼先習《禮》、次讀書、次誦《書》、《詩》，三經既畢，然後受《易》。年既長，已能彙萃諸說而問所疑矣。及研討既久，略有會悟，乃承家君命，廣搜《十翼》之注，不拘時代，擇其醇者而錄之，名曰《十翼後錄》。（《十翼後錄》，序，頁 6）

黃以周年長之後，依舊受父親黃式三的教導，而黃式三在《易釋》敘也提到：「今歲，子以周廣搜《易》注，編爲《十翼後錄》，朝夕問難，因爲之校閱而考定。」（《易釋》，序，頁 3）可見父子間教導、問學頻仍。而唐文治在〈黃元同先生學案〉也有提到：「（黃以周）事儆居子（黃式三）數十年，未嘗離左右。」〔註47〕可證知兩人朝夕教導、問學的情形。

　　而在上述中，已提及黃式三力主爲學應具有實事求是、不拘門戶的精神，所以縱然黃以周深受家學影響，也可避免流於門戶自限的弊病。黃氏父子之間的易學傳承，將在第六章再詳加述明。

二、交遊情形

（一）俞　樾

　　俞樾〔註48〕（1821～1906）較黃以周年長七歲，雖然《清儒學案・儆居

〔註46〕唐文治：《茹經堂文集》，頁 163。

〔註47〕唐文治：《茹經堂文集》，頁 165。

〔註48〕《清史稿（卷四百八十二）・列傳・儒林三》：

俞樾，字蔭甫，德清人。道光二十年進士，改庶吉士。咸豐二年，散館授編修。五年，簡放河南學政，奏請以鄭公孫僑從祀文廟，聖兄孟皮配享崇德祠，並邀俞允。七年，以御史曹登庸劾試題割裂罷職。樾歸後，僑居蘇州，主講蘇州紫陽、上海求志各書院，而主杭州詁經精舍三十餘年，最久。課士一依阮元成法，游其門者，若戴望、黃以周、朱一新、施補華、王詒壽、馮一梅、吳慶坻、吳承志、袁昶等，咸有聲於時。東南遭趙寇之亂，典籍蕩然，樾總辦浙江書局，建議江、浙、揚、鄂四書局分刻二十四史，又於浙局精刻子書二十二種，海內稱爲善本。

生平專意著述，先後著書，卷帙繁富，而《群經平議》、《諸子平議》、《古書疑義舉例》三書，尤能確守家法，有功經籍。其治經以高郵王念孫、引之父子爲宗。謂治經之道，大要在正句讀，審字義，通古文假借，三者之中，通假借爲尤要。王氏父子所著《經義述聞》，用漢儒「讀爲」、「讀曰」之例者居

學案》將俞樾列爲黃以周的交遊列中，而《清儒學案・曲園學案》則是將黃以周列名於「曲園弟子」中，不過黃以周弟子唐文治在〈黃元同先生學案〉中指出：

> 俞蔭甫先生主講杭州詁經精舍，先生上書自言其志，頻獻所著以就正，俞先生優禮答之，不敢以師自居也。〔註49〕

兩人開始往來是在俞樾主持杭州詁經精舍，並兼任主持杭州浙江書局，當時黃以周正任職於浙江書局，在此機緣下，黃以周寫〈上俞蔭甫先生書〉，其中道：

> 周檮昧不才，妄自撰述，俱見怪于當世，輒藏棄之，不示人。今年四十矣，恐以痼蔽，終身無發蒙日，幸遇有道，敢不就正，所呈《禮經通詁》（此書後改名爲《禮書通故》）兩冊，覬求指示紕繆，俾得改正。果蒙惠教，周將執弟子禮，奉全書以拜門下。〔註50〕

而之後俞樾即爲黃以周《禮書通故》作序曰：

> （黃以周）曾以所撰《禮書通故》數冊示余，余不自揣，小有獻替。至今歲又以數巨編來，則戞然成書，又得見其十之六七。而余精力衰頹，學問荒廢，流覽是書，有「望洋向若而嘆」而已。承不鄙棄，問序於余，余何足序此書哉。惟禮家聚訟，自古難之。君爲此書，

半，發明故訓，是正文字，至爲精審。因著《群經平議》，以附《述聞》之後。其《諸子平議》，則仿王氏《讀書雜志》而作，校誤文，明古義，所得視《群經》爲多。又取九經、諸子舉例八十有八，每一條各舉數事以見例，使讀者習知其例，有所據依，爲讀古書之一助。

樾於諸經皆有纂述，而易學爲深，所著《易貫》，專發明聖人觀象繫辭之義。〈玩易〉五篇，則自出新意，不拘泥先儒之說。復作《艮宦易說》、《卦氣值日考》、《續考》、《邵易補原》、《易窮通變化論》、《互體方位說》，皆足證一家之學。晚年所著《茶香室經說》，義多精確。古文不拘宗派，淵然有經籍之光。所作詩，溫和典雅，近白居易。工篆、隸。同時如大學士曾國藩、李鴻章，尚書彭玉麟、徐樹銘、潘祖蔭，咸傾心納交。日本文士有來執業門下者。

樾湛深經學，律己尤嚴，篤天性，尚廉直，布衣蔬食，海內翕然稱曲園先生。光緒二十八年，以鄉舉重逢，詔復原官，重赴鹿鳴筵宴。三十二年，卒，年八十有六。著有《群經平議》三十五卷，《諸子平議》三十五卷，及《第一樓叢書》、《曲園雜纂》、《俞樓雜纂》、《賓萌集》、《春在堂雜文》、《詩編》、《詞錄》、《隨筆》、《右台仙館筆記》、《茶香室叢鈔》、《經說》，其餘雜著，稱《春在堂全書》。（頁 13298～13299）

〔註49〕唐文治：《茹經堂文集》，頁 163～164。

〔註50〕〔清〕黃以周：〈上俞蔭甫先生書〉，轉引自唐文治：《茹經堂文集・黃元同先生學案》，頁 168～169。）

不墨守一家之學，綜貫群經，博采眾論，實事求是，惟善是從……，
至其宏綱巨目，凡四十有九。洵足究天人之奧，通古今之宜。視秦
氏《五禮通考》，博或不及，精則過之。〔註51〕

可見俞樾對於黃以周《禮書通故》之推崇與兩人學術往來情形。

（二）黃以恭

黃以恭（1828～1882）是黃以周的堂兄。在《光緒定海廳志》中，黃以
周為其作傳略：

黃以恭，字質庭，紫微莊人。幼慧，從伯父式三，讀經能知大義。
伯父鍾愛之，如其子。長，好博覽，力益敏，雪鈔露纂，所書，字
如蠅頭，稿積尺餘，自以為不足傳，旋棄之。既專志於《尚書》，上
參《史》、《漢》、馬、鄭之義蘊，下拾王、江、段、孫之義證，而以
其伯父之言為依歸，作《尚書啟蒙疏證》二十卷。既又專志于《毛
詩》，別《傳》、《箋》之異同，而務求合于本經。故間下己意，不拘
守於毛、鄭，作《詩學管見》三十卷。學問愈深，意氣愈平，居恆
靜默寡言，望之若秋霜，即之若春風，經明行修，人無間言。光緒
乙亥年，以拔貢生領鄉薦，就禮部，試不售，歸理舊業，益恣志於
詩古文，所著《愛經居集》，多雅潔之作。晚應聘修廳志，刊舊編新，
不辭勞瘁，〈大事志〉諸篇，大半出其手，辭簡事詳，尤得史體，為
學使者霽亭張公所擊賞。《廳志》刊未及半，而疾亟，猶拳拳以馬焉
互誤為己憂。同事者哀其志，爰附於諸傳之後。〔註52〕

黃以恭與黃以周兩人從小即一起向黃式三學習。一直到黃以周十三歲時，因
家鄉定海受英軍侵略，黃式三攜黃以周避走鎮海，才與黃以恭分離。黃以周
為黃以恭《愛經居雜著》作敘，提到：

定海遭兵燹，吾先考挈家眷避鎮海。自此遂與兄長別離。……時兄
居海之東，我居海之西，相去百數十里。約兄作經課，月必各寄文
互相質。集中有與吾雜著文同題者，皆此時作也。而兄自以為未足，
凡我有所纂述，兄必取而錄之。兄之作，我時好之，不克錄，是我
不及兄之勤。……廳同知某耳吾兄弟名，邀同修志。吾時仍在書局，

〔註51〕〔清〕黃以周：《禮書通故》（台北：華世出版社，1976年），序，頁1、2。
〔註52〕〔清〕陳致馴、陳重威、黃以周修纂：《光緒定海廳志》，頁99、100。

往返其間，吾兄弟得聚首者又二年。〔註53〕

兩人自小一起學習，之後分離仍有書信往來勵學，並作文互評。而為了修纂《光緒定海廳志》，兩人又有機會共事相處。

（三）李慈銘

李慈銘〔註54〕（1830～1894）與黃以周曾在浙江書局一同共事。〔註55〕在《越縵堂讀書記》中，李慈銘曾經評論過黃以周《儆季雜箸》，謂：

> 定海黃元同秀才，《儆季雜箸》兩冊，稾本未成，多所塗改，中皆考據之作，實事求是，多前賢所未及。……聞其書皆已成，洵一時之樸學矣。……儆季稟承家學，自己酉落解後，窮經十年，不應試。近寓湖上，肄業詁經精舍中，聞今年可得優貢，浙東經生，蓋無與此，以竝世二百里內之人，姓名泯然，無人樂道，可謂不求聞達者矣。〔註56〕

李慈銘對於黃以周的著作以及為人有一定的了解，這足以見其兩人應有著不淺的交遊情誼，而且兩人共事於浙江書局，在學術、文章上，也當有所往來。

（四）譚廷獻

譚廷獻〔註57〕（1832～1901）與黃以周及李慈銘同任職於浙江書局。譚

〔註53〕〔清〕黃以周：《儆季雜著‧文鈔‧愛經居雜著敍》，卷二，頁17、18。

〔註54〕《清史稿（卷四百八十六）‧列傳‧文苑三》：
李慈銘，字愛伯，會稽人。諸生，入貲為戶部郎中。至都，即以詩文名於時。大學士周祖培、尚書潘祖蔭引為上客。光緒六年，成進士，歸本班，改御史。時朝政日非，慈銘遇事建言，請臨雍，請整頓臺綱。大臣則糾孫毓汶、孫楫，疆臣則糾德馨、沈秉成、裕寬，數上疏，均不報。慈銘鬱鬱而卒，年六十六。慈銘為文，廣博絕麗，詩尤工，自成一家。性狷介，又口多雌黃。服其學者好之，憎其口者惡之。日有課記，每讀一書，必求其所蓄之深淺，致力之先後，而評騭之，務得其當，後進翕然大服。著有《越縵堂文》十卷，《白華絳跗閣詩》十卷、詞二卷，又日記數十冊。弟子著錄數百人，同邑陶方琦為最。（頁13440～13441）

〔註55〕王逸明《定海黃式三黃以周年譜稿》在同治六年條有相關記載。而同樣在該年記載中，王逸明整理出黃以周在浙江書局時所主持校勘的重要書籍，包括如下：一、《二十二子》中的《晏子春秋》。二、《二十二子》中的《黃帝內經素問》。三、五局分刻二十四史中浙局之《晉書》約為以周主持校勘。以周有《晉書校文敍》。四、《續資治通鑑長編》，并主編《續資治通鑑長編拾補》。（頁47）

〔註56〕〔清〕李慈銘：《越縵堂讀書記》（臺北：世界書局，1961年），頁1232～1233。

〔註57〕《清史稿（卷四百八十六）‧列傳‧文苑三》：

廷獻曾爲黃以周的父親黃式三作傳。〔註 58〕而譚廷獻在《復堂日記》也提及：

> 閱定海黃薇香先生《儆居集》稿本，元同（黃以周字）上舍之先德
> 也，海濱力學，窮經茀史。〔註 59〕

而黃以周在〈與譚仲修書〉也提到與譚廷獻的交誼：

> 秋試榜揭，多士忭舞。兩浙骨董，搜羅殆盡。以周蒲柳弱質，長棄
> 海濱，亦固其所。而南皮張公（張之洞）猶垂念及以周，是何多情
> 也。吾兄（譚廷獻）湛深小學，時抒特見。〔註 60〕

雖然只是簡短的記述與書信往來，但從長期共事於浙江書局，以及譚廷獻爲
黃以周父親黃式三作傳，可知兩人的情誼應當匪淺。

（五）胡洪安

黃以周曾爲胡洪安作傳，在〈胡君莊庵家傳〉述及：

> 胡君，譚洪安，字禹甸，別字莊庵，晚年自號素履，世居鎮海泰鄉之
> 朱塘村。……一日，來告其友以周曰：「吾師（黃式三）見背數年矣。
> 當今之世有志講學者，襄我二人，汝有合哉？」以周曰：「然。然子
> 之學，禪學也，〔註 61〕安有合？」君勃然不悅，遂相與縱言義理。以

譚廷獻，字仲修，仁和人。同治六年舉人。少負志節，通知時事。國家政制
典禮，能講求其義。治經必求西漢諸儒微言大義，不屑章句。讀書日有程課，
凡所論著，櫽栝於所爲日記。文導源漢、魏，詩優柔善入，惻然動人，又工
詞，與應銘友善，相唱和。官安徽，知歙、全椒、合肥、宿松諸縣。晚告歸，
貧甚。張之洞延主經心書院，年餘謝歸，卒於家。（頁 13441）

〔註 58〕 見〔清〕譚廷獻：〈黃先生傳〉，收錄於〔清〕繆荃孫編：《續碑傳集》，頁 18。

〔註 59〕 〔清〕譚廷獻：《復堂日記》（臺灣大學圖書館 5 樓中文線裝書區收藏《半厂
叢書》，第十四、十五冊爲《復堂日記》，清光緒間仁和譚氏刊本。），卷二，
頁 5。

〔註 60〕 〔清〕黃以周：《儆季雜著‧文鈔》，卷三，頁 3。

〔註 61〕 胡洪安曾問學於黃以周父親黃式三，同樣在黃以周〈胡君莊庵家傳〉提到：「（胡
洪安）自幼……輟學，性倜儻，不少羈。……日與諸少年遊，以爲功名可立，
既而曰：『此非治家之道也。』乃董理產業，得數百金。……後家日以起，既
而曰：『此非治身之道也。』乃購朱子《小學》、《近思錄》諸書讀之，勵志力
行，痛改前日所爲，居喪致祭，一依家禮。時吾先君子明經公（黃式三）寓
居紫石村，閉戶課子若孫以樸學，世之人咸以爲無華，無過而問之者。君聞
而欣然曰：『是吾師也。』無人爲介紹，突執贄前來，明經公嘉其有志，而苦
其早失學，告之曰：『子歸讀《論語》，以植其體，讀《戴禮》以踐其實，斯
可矣。』居數年，文字適、訓詁通，又來請益。明經公曰：『治經學非子所及
也，讀有宋諸子書以充其識，斯可矣。』於是瀏覽宋、元、明儒先書，而心
悅陸象山之言。」 詳見〔清〕黃以周：《儆季雜著‧文鈔》，卷六，頁 15。

周輒舉經義折之。君終不服，曰：「子之訓詁優於我，我之道理自足
於子。」以周曰：「經外之學，非敢知也。上海龍門書院掌劉君庸齋
（劉熙載），近之深於宋學者也，子能往從之，學庶有成。」君遂欣
然走滬上，問業二載。劉君亦屢以「歸寂守空」戒，乃覺平日專內而
略外、好簡而畏繁、喜大而藐小，有偏重之病。……於是恍然有悟，
著《滬上問業》二卷、《履冰錄》一卷，皆卓然可傳。〔註62〕

由上文可知兩人在學術上曾有所辯論。胡洪安曾向黃式三請益爲學之道，當
時黃式三給予指示，建議他可以研讀宋、明理學相關書籍。而黃式三過世之
後，胡洪安向黃以周討教切磋，黃以周認爲胡洪安所學爲禪學，與其所習的
經學有所不同，在經過相互問難後，則各有擅長之處。從中可看出黃以周不
以自己所習爲尊，還是能夠同其父黃式三的諄諄善誘，指引胡洪安可以就學
於當時以宋學成名的劉熙載，從這也可看出黃以周治學的胸襟與氣度。

（六）胡培系

胡培系〔註63〕的學術成果主要在禮學方面。黃以周曾與胡培系書信往
來，在〈復胡子繼書〉中述及：

子繼仁兄閣下，睽違教益，十易寒暄。以我時思君，知君亦時思我
也。國朝禮學，首推君家。項接尊翰，知哲嗣詒孫以商籍入錢塘學。
績溪之教，流入浙西，吾浙與有光焉。曩者同事諸公，衮衮出山，
弟株守此席，所著《禮書通故》，至今尚未脫稿，歲月蹉跎，難爲知
己者告。〔註64〕

胡培系與其兄胡培翬主要都是在禮學上有所成就，而黃以周與胡培系主要也
是在禮學上相互交流心得，並相互贈與書籍。

三、易學蒙壯

關於黃以周的易學進展歷程，在他十八歲的時候，開始撰寫《十翼後錄》，

〔註62〕〔清〕黃以周：《儆季雜著・文鈔》，卷六，頁15、16。
〔註63〕《清儒學案・胡匡衷樸齋學案》有〈胡先生培系〉傳略：「胡培系，字子繼，
　　　繩軒之孫，於竹村（胡培翬）爲從昆弟，貢生，官盩厔國府教諭。生平沈浸《三
　　　禮》。」收錄於徐世昌：《清儒學案》（臺北：世界書局，1966年），卷九十四，
　　　頁29。
〔註64〕〔清〕黃以周：《儆季雜著・文鈔》，卷三，頁7。

《十翼後錄》敘提到：

> 以周幼先習《禮》，次讀書，次誦《書》、《詩》，三經既畢，然後受
> 《易》。年既長，已能彙萃諸說而問所疑矣。及研討既久，略有會悟，
> 乃承家君命，廣搜《十翼》之注，不拘時代，擇其醇者而錄之，名
> 曰《十翼後錄》。（《十翼後錄》，敘，頁 6）

在眾家學說中，黃式三還特命黃以周參取任啟運《周易洗心》的易學注說，他在〈任氏禮說跋〉提到：「季子以周撰《十翼後錄》，固喜之。命取其（任啟運）說。」〔註 65〕並且在《十翼後錄》最後「引用姓氏」中也可看到任啟運《周易洗心》的列名（《續修四庫全書（37）》，《十翼後錄》，頁 726）。

　　而在二十一歲時，黃以周完成《十翼後錄》的編纂，黃式三《易釋》同樣是在該年（道光二十八年，1848 年）定稿。黃以周在〈上俞蔭甫先生書〉中提到：

> （以周）年二十餘，好讀《易》，病先儒注說于畫（指〈象傳〉）、象
> （指〈象傳〉）、爻（指〈爻傳〉）下，自騁私說，揆諸聖傳，往往不
> 合，于是有《十翼後錄》之作。〔註 66〕

經由搜羅各家注說、比較各家說法，而整理成《十翼後錄》，從這可見黃以周易學工夫的紮實根基。黃以周二十四歲時，其父黃式三在〈講易圖記〉記載：

> 辛亥在郡城修族譜，子以周侍側問《易》，適售得楊用修所刊蘇《易
> 傳》諸書，校正《十翼後錄》，遂繪《講易圖》，明所好也。抑思司馬
> 溫公疑孟，而公休善孟，作解二卷；蘇老泉〈洪範論〉不取〈五行傳〉，
> 而子瞻以爲漢儒此說廢，而後世不知敬天之道。父子至親而不苟同，
> 君子取其不阿所好。以周玩《易》祇求聖經之明而已。〔註 67〕

黃式三再爲《十翼後錄》作一校定，並進而繪製《講易圖》。從中也可看出黃氏父子二人旨在追求聖經之明，而能避免家學承繼之錮蔽。之後，黃以周二十八歲時，著手寫《經訓通詁》（後出刊改名爲《經訓比義》），〔註 68〕他在〈上

〔註 65〕〔清〕黃式三：《儆居集・雜著》，卷三下，頁 9。
〔註 66〕〔清〕黃以周：〈上俞蔭甫先生書〉，轉引自唐文治：《茹經堂文集》，頁 167。
〔註 67〕〔清〕黃式三：《儆居集・雜著》，卷四下，頁 23、24。
〔註 68〕由於《經訓比義》是黃以周六十八歲（光緒二十一年，1895 年）才由南菁書院的弟子集資出刊。而該書自序中提到：「秘藏家塾四十年，南菁講舍諸生聞有是書，……後學請早付梓以公同好。」由此逆推，《經訓比義》當是黃以周二十八歲之作。

俞蔭甫先生書〉中寫道：

> 嗣後，（黃以周）喜觀宋儒書，又病其離經談道，多無當於聖學，甚
> 且自知己說之不合於經，遂敢隱陋孔聖，顯斥孟子。心竊鄙之，於
> 是有《經訓通詁》之作。〔註69〕

《經訓比義》一書，綜括群經，對於《易》學也多有闡述，從該書中可見他
在《十翼後錄》的紮實研討後，將《易》學與其它群經作一義理的發揮，以
期能達到既深求又麗涉的綜合工夫。

　　而之後黃以周又著有《周易故訓訂》與《周易注疏賸本》，這二書都是黃
以周未完成的易學著作。《周易故訓訂》在自序中題「咸豐乙卯」（1855 年，
黃以周二十八歲），而其弟子唐文治在《十三經讀本》的《周易》部分中的跋
曾指出：

> 光緒戊子夏（1888 年，黃以周六十一歲），文治與先生論易學詳晰、
> 漢宋義例。先生欣然出此二卷（《周易故訓訂》、《周易注疏賸本》）。
> 〔註70〕

這二書是黃以周在年少所作《十翼後錄》的基礎上，再將易學約取、發揮的重
要作品。吳承仕（1884～1939）在《續修四庫全書總目提要》中的《周易故訓
訂》提要指出：「頗疑周氏以《十翼後錄》為少作，故約為此編。」〔註71〕而在
《周易注疏賸本》提要指出：「《故訓訂》自序，在咸豐乙卯之歲，此書即約取
《故訓訂》而成。」〔註72〕可知黃以周的易學著作——《十翼後錄》、《周易故
訓訂》、《周易注疏賸本》三書，有承續寫作之次。而最後值得再一提處，黃以
周弟子唐文治在〈黃元同先生學案〉中，引述介紹《十翼後錄》與《周易故訓
訂》，並在該段落的結尾作一案語：「近世學者但知先生禮學之精邃，未能知其
易學之閎深也。」〔註73〕可知以禮學聞名的黃以周，在易學方面也當有甚高的
造詣。

四、書院講學歷程

〔註69〕〔清〕黃以周：〈上俞蔭甫先生書〉，轉引自唐文治：《茹經堂文集》，頁 167
　　　　～168。
〔註70〕唐文治：《十三經讀本（一）》（臺北：新文豐出版公司，1980 年），頁 242。
〔註71〕《續修四庫全書總目提要》（北京：中華書局，1993 年），頁 165。
〔註72〕同上。
〔註73〕唐文治：《茹經堂文集》，卷二，頁 172。

　　黃以周五十二歲時（清光緒五年，1879 年），寧波知府宗源瀚興辦寧波辨志精舍，並請黃以周訂定規制，分學科為六門，其中黃以周主講漢學門，其餘還有宋學、史學、輿地、算學、詞章五門科目，各聘請專人講述。〔註 74〕而到了光緒八年（1882 年），江蘇學政黃體芳倡議創立南菁書院，〔註 75〕在光緒十年（1884 年），南菁書院正式開課，聘請黃以周出任南菁書院院長，並且擔任經學門的主講，黃以周時年五十七歲。〔註 76〕章炳麟〈黃先生傳〉中記載：「江蘇學政黃體芳就南菁書院延先生（黃以周）講，主書院十五年，江南諸高材皆出其門。」〔註 77〕

　　黃以周曾藉由「南菁」之名來闡發其教化治學的理念，〈南菁講舍論學記〉提到：

> 瑞安黃侍郎督學江蘇，創講舍，命以南菁，語出李延壽《北史》，予竊以為侍郎命名之意，當別有在。李之言曰：「南人約簡，得其英華，北學深蕪，窮其枝葉。」夫英華者，斂其全物之精氣而發於枝葉間者也，去其枝葉，有何英華？一言以為不知，此之謂矣。朱子作〈常熟吳公祠記〉，以為吳會之學開自子言子，而子言子敏於聞道，不滯於形器，因引李語，曰：所謂南方之學，得其菁華，蓋自古已然。侍郎命名之義，當此不在彼。且亦思子言子之為學乎！……蓋謹守

<hr>

〔註 74〕詳見洪煥椿：〈定海黃以周的經學著作〉，《浙江文獻叢考》（杭州：浙江人民出版社，1983），頁 249。

〔註 75〕〈南菁書院大事記〉：「本校原名南菁，位於江蘇江陰城內。清光緒八年，江蘇學政瑞安黃公漱蘭（黃體芳）督學江蘇，駐節江陰學轅。科舉時代常州府八縣童生齊集江陰會考，公餘退息，必來江陰，故在江陰之時期特長。倡議設立書院，調取全省高材生肄業其中，專課古學、經學，以求時文之弊。乃捐廉為倡，一時同官咸起響應，將集成之款，易錢三萬三千串，分存常州府屬八縣各典中，取月息一分，以為課生膏火，拔水師營協鎮、游擊兩署故址，建立院舍七進，為課生齋舍及掌教住宅。始於八年九月，成於九年六月。……按南菁之名命，據書為碑記所載，乃取自朱子〈子游祠堂記〉『南方之學，得其菁華』之義。使來者不忘其初。」詳見陳谷嘉、鄧洪波主編：《中國書院史資料》（杭州：浙江教育出版社，1998 年），頁 2155。

〔註 76〕《浙江文獻叢考·定海黃以周的經學著作》記載：「以周自光緒九年（《南菁書院大事記》記載為：「（光緒）十年秋，（南菁書院）方開課」）至書院任教，歷十五年之久，……一時東南俊彥，著籍為弟子者，先後達千餘人。」詳見洪煥椿：〈定海黃以周的經學著作〉，頁 249。

〔註 77〕章炳麟：《太炎文錄·黃先生傳》（上海：上海書店，1992 年），頁 53。

博文約禮之教者也。今去古已遠矣，學者欲求孔聖之聖言大義，必
先通經，經義難明，必求諸訓詁聲音，而後古人之語言文字乃能瞭
然於心目。不先博文，能治經乎？既治經矣，又當約之以禮。文章
者，華身之物；經濟者，澤民之具；義理者，淑性陶情之資。而不
以禮爲權衡，文章雖工，亦鄭、衛淫哇之聲也；經濟雖長，亦雜霸
刑法之治也；義理雖明，亦莊、老虛無之談也。〔註78〕

黃以周認爲當先博文，並再約禮，兩者不可偏廢；要通經義，得知訓詁；同
時文章、經濟、義理，三者不可偏廢。而黃以周弟子唐文治在〈黃元同先生
學案〉也有述及：

南方弟子從之者千餘人，先生壹本孔、孟之教，以爲教。嘗取《易》
靜、專二字，〔註79〕以訓南菁諸生，曰：「學問必由積累，初無頓悟
之方，而積累全在靜、專，亦無襲取之道。人有終日讀書而掩卷輒
忘者，病在不靜；有終身讀書而白首不名一藝者，病在不專。靜則
記性強，專則學術有成。」又曰：「昔之儒者尚專經，故能由一經以
盡通諸經，今之學者，欲無經不通，乃至一經不通。」其篤實如此，
文治自光緒乙酉歲受業先生門下，忽忽已三十餘年矣，追先生之訓，
恆自警惕。〔註80〕

從這篇黃以周對南菁書院學生的訓示中，可見其對學生的期勉，並且可以看
出黃以周的治學方法。而在黃以周任職院長期間，也有多本專著刊行問世，
如《禮書通故》、《禮說》、《群經說》、《經訓比義》、《子思子輯解》等書。七
十一歲時，黃以周從南菁書院退休，歸隱於杭州半山下。〔註81〕

第三節　黃式三、黃以周與清代浙東學術之淵源關係

本節探討黃式三、黃以周父子與清代浙東學術之關係。首先，說明現今
學界對於清代浙東學術傳承情形的看法。其次，整理、突顯出清代浙東學術

〔註78〕〔清〕黃以周：《儆季雜著・文鈔》，卷六，頁 22～23。
〔註79〕《周易・繫辭上》：「夫乾，其靜也專，其動也直，是以大生焉。」（《十三經
　　　　注疏・周易》，頁 148）
〔註80〕唐文治：《茹經堂文集》，頁 166～167。
〔註81〕詳見繆荃孫〈黃以周墓志銘〉：「光緒戊戌（1898），去江陰，歸隱於仁和（杭
　　　　州）半山之下，卒於光緒己亥十月十七日，年七十有二。」收錄於繆荃孫纂
　　　　錄：《續碑傳集》，卷七十五，頁 4。

的治學特色，以此比較黃氏父子的治學特色，探究其中的淵源關係。

一、清代浙東學術之體系

章學誠（1738～1801）在《文史通義・浙東學術》提到：

> 世推顧亭林氏爲開國儒宗，然自是浙西之學。不知同時有黃梨洲氏，
> 出於浙東，雖與顧氏並峙，而上宗王、劉，下開二萬，較之顧氏，
> 源遠而流長矣。〔註82〕

指出清初即有顧、黃二人各爲一代宗師。而後章炳麟（1869～1695）在〈清
儒〉提到：

> 然自明末有浙東之學，萬斯大、斯同兄弟，皆鄞人，師事餘姚黃宗
> 羲，稱說《禮經》，雜陳漢、宋，而斯同獨尊史法。其後餘姚邵晉涵、
> 鄞全祖望繼之，尤善言明末遺事。會稽章學誠爲《文史》、《校讎》
> 諸《通義》，以復歆、固之學，其卓約過《史通》。而說《禮》者羈
> 縻不絕。定海黃式三傳浙東學，始與皖南交通。其子以周作《禮書
> 通故》，三代度制大定。唯漸江上下諸學說，亦至是完集云。〔註83〕

除簡要說明清代浙東學術的情形，並指出黃式三、黃以周是「浙東之學」的
後勁。黃式三、黃以周爲清代浙東定海人士，在地緣上，應受清代浙東學術
的影響。周積明（1949～）曾分析清代浙東學派譜系謂：

> 「浙東學派」的譜系呈現三種序列：
> 其一：黃宗羲、萬斯同、萬斯大、全祖望、邵晉涵（章學誠主張）
> 其二：黃宗羲、萬斯同、萬斯大、全祖望、邵晉涵、章學誠、黃以
> 周、黃式三（章太炎主張）
> 其三：黃宗羲、萬斯同、萬斯大、全祖望、邵晉涵、章學誠（梁啓
> 超之主張，爲目前學界主流觀點）〔註84〕

其中黃式三、黃以周父子是否應畫歸爲清代浙東學派，尚有疑義。

至於清代「浙東學派」（或「浙東學術」）的情況應如何界定，三位學者
看法如下：

〔註82〕 〔清〕章學誠撰、葉瑛校注：《文史通義校注／校讎通義校注》（臺北：頂淵
文化事業，2002年），頁523。

〔註83〕 章炳麟撰、徐復注：《訄書詳注》（上海：上海古籍出版社，2000年），頁149。

〔註84〕 周積明：〈清代浙東學派學術譜系的構建〉，收錄於陳祖武主編：《明清浙東學
術文化研究》（北京：中國社會科學出版社、寧波出版社，2004年），頁109。

（一）何冠彪（1953～）在〈清代「浙東學派」問題平議〉詳述近代學者對於浙東學派傳授脈絡的質疑，並總結謂：「筆者不是說清代浙東地區的學者沒有共同的『治學精神』，筆者要強調的祇是：浙東『沒有一個組織嚴密而延續不斷的『學派』』。」〔註85〕

（二）方祖猷（1932～）在〈章學誠對清初浙東學派思想的繼承和發展管窺〉謂：「明、清之際的學派，其性質應不同於兩漢經學的師法和隋、唐以後佛教的宗派，不能完全以師承、燈傳關係來說明，應以探究其學術思想的傳遞著眼。」〔註86〕

（三）鄭吉雄（1960～）在〈浙東學術名義檢討——兼論浙東學術與東亞儒學〉指出：「實齋從來沒有設立一個框框，機械地將一切生於浙東、籍貫浙東的學人納入『浙東學派』，並將他們的學術思想納入『浙東學術』。他也沒有任意地擴張、引申地域風氣的觀念，用分支分派的講法，描述浙東學術的成長與發展。他只是提出一條線索、一種信仰、一項精神、一個主張：浙東有一批學者，彼此間有一個共同點，就是治學切合時代需求，而有特殊創造發明與成就。實齋認為學者能『切人事』而有所成就，不論他是否有留下不朽的巨著，都能夠具有歷史意識和歷史價值。這才是真真正正的『史學』。」〔註87〕

由上可見，大體學者是主張清代「浙東學術」並非一嚴格師法承繼的學派，而是在治學精神上有其共同的特色。以下先分別探討清代浙東學術的治學特色，再以之與黃氏父子治學特色作一比較，以探討黃氏父子與清代浙東學術的淵源關係。

二、清代浙東學術與黃氏父子之治學特色與淵源關係探討

以下分別就「重視史學」、「發揚禮學」、「不拘門戶」，檢視清代浙東學術與黃氏父子的治學特色與淵源關係。

〔註85〕何冠彪：《明末清初學術思想研究》（臺北：臺灣學生書局，1991年），頁377。

〔註86〕方祖猷：《清初浙東學派論叢》（臺北：萬卷樓圖書有限公司，1996年），頁473。

〔註87〕鄭吉雄：〈浙東學術名義檢討——兼論浙東學術與東亞儒學〉，收錄於陳祖武主編：《明清浙東學術文化研究》（北京：中國社會科學出版社、寧波出版社，2004年），頁28。

（一）重視史學

章學誠在《文史通義・浙東學術》提到：

> 天人性命之學，不可以空言講也。故司馬遷本董氏天人性命之說，而爲經世之書。儒者欲尊德性，而空言義理以爲功，此宋學之所以見譏於大雅也。夫子曰：「我欲託之空言，不如見諸行事之深切著明也。」此《春秋》之所以經世也。聖如孔子，言爲天鐸，猶且不以空言制勝，況他人乎？故善言天人性命，未有不切於人事者。三代學術，知有史而不知有經，切人事也。後人貴經術，以其即三代之史耳。近儒談經，似於人事之外，別有所謂義理矣。〔註88〕

清代浙東學術強調經學要切合人事，將聖賢經傳與歷史的事實教訓相互結合，以明瞭天人性命之說。楊太辛認爲：

> 明末清初的浙東學術雖由史學著手，但究其旨歸仍在明道經世。黃、全、萬、章等大師不是不講「天人性命」之學，而是不離開歷代事迹而言義理。他們『究於史』的目的還是爲了更好地「言性命」，即切於人事言義理。他們注意究史，因此成爲造詣極深、有口皆碑的史學家。但是，他們研究是爲了明道，明道是爲了經世，因而他們決不僅是史學家。〔註89〕

可以知道浙東學者是以史學來切合人事義理。至於黃氏父子的史學特色，黃式三有《春秋釋》、《周季編略》、《儆居集・史說》、《儆居集・讀通考》等與史學相關的專著。而楊昌濬（?～1897）爲《周季編略》作敘謂：「定海鄉賢黃儆居先生，承浙東學脈之正，兼綜體用，著書百卷，得哲嗣以周昆弟，傳其家學。」〔註90〕而黃式三在解《易》中也常輔以史事來注解。如《易釋》釋〈大過〉提到：「三剛不中而不往上，故『凶』。咎在三不在上也。三其魏曹、晉司馬歟！上則諸葛之功不成，而遽逝歟！」（《易釋》，頁29）其中以三國歷史人事來述說〈大過〉九三、上六，可以看出黃式三重史學以研經的特質。而黃以周著有《史說略》、《續資治通鑑長編拾補》等史學相關的專著，並參與編纂《光緒定海廳志》。張舜徽(1911～1991)指出黃以周的史學成就：

〔註88〕　〔清〕章學誠撰；（民國）葉瑛校注：《文史通義校注／校讎通義校注》，頁523。

〔註89〕　楊太辛：〈浙東學派的涵義及浙東學術精神〉，《浙江社會科學》，1996年第1期，頁91。

〔註90〕　〔清〕黃式三：《周季編略》（臺北：國防研究院、中華大典編印會，1967年），敘，頁9。

黃以周既長於史部考證，不獨發表在《史說略》中的多篇，至為精闢；且於漢代制度復多發明。論及秦漢唐宋田制異同，洞明得失，有裨治道。……在他擅長史部考證、纂輯的基礎上，還替史學界做了很大的貢獻，那就是對《續資治通鑑長編》進行了校補。〔註91〕

也是對黃以周的史學成就推崇備至，可見黃以周在史學方面的精深。以上足見黃氏父子精研史學，發揮了清代浙東學術重視史學的特色。

（二）發揚禮學

除了對於史學人事的重視外，清代浙東學術也重視「禮學」。章炳麟在〈清儒〉中提到浙東學術「說《禮》者羈縻不絕」。〔註92〕就狹義的禮學來說，萬斯大著有《學禮質疑》、《周官辨非》、《儀禮商》、《禮記偶箋》等禮學專著，而萬斯同則為尚書徐乾學纂《讀禮通考》二百卷餘；就廣義的禮學來說，《禮記》的〈中庸〉、〈大學〉、〈樂記〉、〈禮運〉等篇章對於性命之學多有所論述，而浙東學者多博通六經、注重性命之學。如黃宗羲在《明儒學案（卷二十九）‧北方王門學案‧侍郎楊晉菴先生東明》就曾提到：

> 夫不皆善者，是氣之雜揉，而非氣之本然。其本然者，可指之為性；
> 其雜揉者，不可以言性也。〔註93〕

而章學誠在《文史通義‧博約》也提到：

> 功力必兼性情，為學之方，不立規矩，但令學者自認資之所近與力
> 能勉者，而施其功力，殆即王氏良知之遺意也。〔註94〕

可見其在性命、性情的討論。清代浙東學術學者不論在專門的禮學研究上，或廣義禮學的性命討論，多有深厚鑽研與關注。而禮學包含修己德性的內涵與社會人世的禮儀形式，這正與章學誠主張的「故善言天人性命，未有不切於人事者」相切合。所以浙東學者的治禮可說是其特色之一。

而黃氏父子發揚禮學的表現，《清史列傳》指出黃式三善於三禮：

> （黃式三）尤長《三禮》，論禘郊、宗廟，謹守鄭學；論封域、井田、
> 兵賦、學校、明堂、宗法諸制，有大疑義，必釐正之。其〈復禮說〉、

〔註91〕 張舜徽：《清儒學記》（濟南：齊魯書社，1991年），頁287。

〔註92〕 章炳麟著、徐復注：《訄書詳注》，頁149。

〔註93〕 （明）黃宗羲：《明儒學案‧北方王門學案》（臺北：河洛圖書出版社，1974年），頁19。

〔註94〕 〔清〕章學誠撰；（民國）葉瑛校注：《文史通義校注／校讎通義校注》，頁165。

〈崇禮說〉、〈約禮說〉，識者以爲不朽之作。〔註95〕

有〈復禮說〉、〈崇禮說〉、〈約禮說〉等禮學專篇。而張壽安在《以禮代理——凌廷堪與清中葉儒學思想之轉變》也論及黃式三的禮學指教：

> 式三崇禮，並是第一個直接且詳盡地對廷堪〈復禮〉三篇作出回應的學者，此一回應包括矯正廷堪言論之過激處和進一步闡揚此一復禮思想之內在基礎。〔註96〕

至於黃以周更有多本禮學專著問世，如《禮說》、《禮書通故》、《軍禮司馬法考徵》等書。俞樾就曾爲《禮書通故》作序曰：

> 惟禮家聚訟，自古難之。君爲此書，不墨守一家之學，綜貫群經，博采眾論，實事求是，惟善是從……，至其宏綱巨目，凡四十有九。洵足究天人之際奧，通古今之宜。視秦氏《五禮通考》，博或不及，精則過之。〔註97〕

而章炳麟〈黃先生傳〉也推崇《禮書通故》曰：「蓋與杜氏《通典》比隆，其校覈異義過之。諸先儒不決之義，盡明之矣。」〔註98〕此外，張舜徽也指出《禮書通故》的價值所在：

> 學術界同聲贊許他的這部著作，不是沒有原因的。今觀其書內容有駁正鄭義處，也有發揮鄭義處。自來研究《三禮》之學的，莫不以鄭注爲宗，而《禮書通故》駁鄭義處卻不下百條。可知他不偏袒，不曲從，實有大過人處。所貴乎通人之學，便在這裡。〔註99〕

可見黃以周禮學辨析的精到，而此評價也與下段「不拘門戶」相關。黃氏父子在禮學方面的成就，正說明了其與清代浙東學術的淵源承繼。

（三）不拘門戶

至於「不拘門戶」，清代浙東學術的精神是要能平章學術、不持門戶之見。如有一代的學術史之作，首推黃宗羲的《明儒學案》，而其後凝結黃宗羲、黃百家、全祖望心力的《宋元學案》，也同樣是對於各學派、學源詳細梳理。在這樣的成績下，可見浙東學者是有著恢宏的胸襟與博大的學識，能夠全盤了

〔註95〕《清史列傳》，頁 5660。
〔註96〕張壽安：《以禮代理——凌廷堪與清中葉儒學思想之轉變》（石家莊：河北教育出版社，2001 年），頁 146。
〔註97〕〔清〕黃以周：《禮書通故》（台北：華世出版社，1976 年），序，頁 1～2。
〔註98〕章太炎：《太炎文錄初編》（上海：上海書店，1992 年），頁 52。
〔註99〕張舜徽：《清儒學記》，頁 286。

解各學說的長處與限制，也因此能以更客觀的立場去批判各家學術。黃宗羲
在《明儒學案》凡例中提到：

> 學問之道，以各人自用得著者為真。凡倚門傍戶、依樣葫蘆者，非
> 流俗之士，則經生之業也。此編所列，有一偏之見，有相反之論，
> 學者於其不同處，正宜著眼理會，所謂一本而萬殊也。以水濟水，
> 豈是學問？〔註100〕

學問之道廣大，若是以自己的門戶見解，蔽塞其他真知灼見，這無異於井底
之蛙，終不知大海之廣妙。而後，在浙東學者中有承先啟後地位的邵廷采（1648
～1711），在〈答蠡縣李恕谷書〉中有一段直截有力的論說：

> 夫設一格以名儒者，拒千百世之英傑于理學心性之外，道之所以不行
> 不明，蓋為此也。若此類豈敢為宋儒諱，又何獨為陽明護乎！〔註101〕

此正強調浙東學者不限門戶、博大恢宏的學術精神。而黃氏父子「不拘門戶」
的特色，黃式三在〈漢宋學辯〉指出：

> 儒者無職，以治經為天職，荀子所云：「不求而得之，謂天職也。」
> 儒者誠能廣求眾說，表闡聖經。漢之儒有善發經義者，從其長而取
> 之；宋之儒有善發經義者，從其長而取之。各用所長，以補所短。
> 經學既明，聖道自著。經無漢、宋，曷為學分漢、宋也乎！自明季
> 儒者疏于治經，急于講學，喜標宗旨，始有漢學、宋學之分。輕漢
> 學者曰：「漢學雜圖讖，即訓詁、聲音、文字、制度、名物、事蹟，
> 孳孳考核，而聖人之道不在是，盡零碎也。」是直以漢學皆支離也。
> 輕宋學者曰：「宋儒無極太極、先天後天之辯，于經外多叢談；即考
> 驗身心，推闡誠正，亦空言耳！」是直以宋學皆支離也。不知漢、
> 宋學各有支離，支離非經學也。既為經學，漢、宋各有所發明，後
> 儒沒所長，攻所短。至叩其墨守之說，則明知有害于經而故諱之，
> 是鬷戾家臣不敢知國者也。〔註102〕

黃式三強調「支離非經學也」，各派學術都有長、短，若以己長來攻他短，則
無法汲取對方的優點，終將遠離學問大道。李慈銘對於黃式三「不拘門戶」
的治學態度也有論述，〈《論語後案》讀後〉提到：

〔註100〕（明）黃宗羲：《明儒學案》（臺北：河洛圖書出版社，1974年），凡例，頁2。
〔註101〕〔清〕邵廷采：《思復堂文集（下）》（臺北：華世出版社，1977年），頁625。
〔註102〕〔清〕黃式三：《儆居集‧經說》，卷三，頁21～22。

先列《集解》，次列《集注》，而後引諸儒說以補益證佐之，不專主漢、宋，而悉心考據，務求至當。其詮釋義理，亦深切著明，絕去空疏詰曲之談。〔註103〕

可見黃式三所寫《論語後案》在「不拘門戶」上的貫徹。至於黃以周在《經訓比義》自敘提到：

經者，聖賢所以傳道也。經之有訓詁，所以明經而造乎道也。儒者手披口吟，朝夕無倦，孰不有志於聞道。顧或者辨聲音、定章句，專求乎訓詁之通，而性命之精，仁義之大，一若有所諱而不言。言之者或又離訓詁以談經而經晦，離經以談道而道晦，甚且隱陋乎孔聖，而顯斥乎曾、孟諸子，此豈求道者之所宜爲哉？〔註104〕

黃以周認爲精於訓詁的漢學與鑽研義理的宋學，應該要合其兩長，而成雙美，不應該有門戶之見。而在《胡適口述自傳》中也指出：

吳先生（吳稚暉）曾就讀於江蘇「南菁書院」。當吳氏第一次拜謁該院山長名儒黃以周先生時，他看到黃先生書齋上掛著一大幅使他難忘的格言：「實事求是，莫作調人！」這句格言如譯成英語或白話，那就是「尋找真理，絕不含糊！」這些也都說明了我國十九世紀，一些高等學府裡的治學精神。〔註105〕

從上述都可看出黃氏父子不拘門戶、實事求是的治學態度，正與清代浙東學術相呼應著。

　　由上述清代浙東學術治學特色與黃氏父子學說的相互對應，可知黃氏父子與清代浙東學術應有承繼關係。黃以周也曾自稱受浙東學術諸賢的影響，在〈答俞蔭甫先生書〉提到：「吾郡萬充宗（萬斯大）信候名不信氣名，創言古術無二十四氣，我黎洲先生（黃宗羲）又和其說。以周服膺鄉先賢書有年矣。」〔註106〕可見其受學清代浙東學術的態度。

〔註103〕〔清〕李慈銘：《越縵堂讀書記》（臺北：世界書局，1961年），頁17。
〔註104〕〔清〕黃以周：《經訓比義》，敘，頁11。
〔註105〕胡適口述；唐德剛譯註：《胡適口述自傳》（臺北：遠流出版事業股份有限公司，2005年），頁34。
〔註106〕〔清〕黃以周：《儆季雜著・文鈔》，卷三，頁1。

第三章　黃式三、黃以周父子之著述要錄

　　本章分別探討黃式三、黃以周父子著作，別立兩節。各節中第一部分先羅列所有著作；各節第二部分「易學著作考錄」，則引用賴師貴三所撰〈黃式三、黃以周父子《易》學初探〉之「三、黃式三、黃以周父子《易》學著述考錄」，[註1] 考釋其現存的易學著作流傳情形以及版本；各節第三部分則是介紹黃式三、黃以周父子的易學專著與易學相關著述體例。研究參考資料主要有：各書之自序；後人之提要，如《續修四庫全書總目提要》、《易廬易學書目》、《許廎經籍題跋》……等；直接從內容上說明體例。由本章之著述要錄，可通盤地了解黃氏父子易學著作的體例內容。

第一節　黃式三之著作簡介與易學著作體例分析

一、黃式三之著作列目簡介

　　本節據王逸明《定海黃式三黃以周年譜稿》其後所收錄的「黃氏父子著述版本考」，[註2] 以及張涅〈關於定海黃氏著作的研究資料〉[註3] 而成。王氏搜羅了《中國叢書綜錄》、《定海黃氏所著書》、王重民《清代文集篇目分類

[註1] 賴師貴三：〈黃式三、黃以周父子《易》學初探（稿）〉（臺北：中央研究院中國文哲研究所，2005年12月8、9日），頁10～14。

[註2] 王逸明：《定海黃式三黃以周年譜稿》（北京：學苑出版社，2000年），頁83～85。

[註3] 張涅：〈關於定海黃氏著作的研究資料〉（寧波：寧波大學，發表於2005年10月29日），頁1～4。

索引》及張舜徽《清人文集別錄》等書所列之書目。而張氏則是根據對中國
國家圖書館、上海圖書館、浙江圖書館、浙江大學圖書館的調查，以及王逸
明〈黃式三黃以周著述考〉的著錄內容整理而成。現將黃式三刊行與未刊行
的著作羅列如下：

1. 《易釋》四卷。光緒十四年黃氏家塾刊本，又嘗收入民國九年番禺徐氏
   重印本《廣雅書局叢書・經類》。

2. 《尚書啓幪》五卷。署「光緒十四年夏五黃氏家塾開雕」。

3. 《春秋釋》四卷。未署刊期。清光緒十四年定海黃氏家塾刻本，清光緒
   十五年上海蜚英館石印本。

4. 《論語後案》二十卷。清道光二十三年活字印本，清道光二十四年活字
   印本，清光緒九年浙江書局本，清光緒木活字本。

5. 《周季編略》九卷。署「同治十二年浙江書局刊」。

6. 《儆居集》〔註4〕二十二卷。清光緒二年黃氏家塾刻本，清光緒十四年
   續刊本。其中有：
   （1）《經說》五卷
   （2）《史說》五卷
   （3）《讀通考》二卷
   （4）《讀子集》四卷
   （5）《儆居雜著》六卷
   （6）《外集》四卷（《叢書綜錄・儆居遺書》列有此目，《定海黃氏所
        著書》闕此。）

7. 《音均部略》四卷。（《叢書綜錄・儆居遺書》列有此目，蕭一山《著述
   表》稱此書未刊行，《定海黃氏所著書》闕此。）

8. 《炳燭錄》二卷。未刊行。（《叢書綜錄・儆居遺書》列有此目，蕭一山
   《著述表》稱此書未刊行，《定海黃氏所著書》闕此。）

9. 《黃氏塾課》三卷。又名《經外緒言》。清同治二年刻本，清光緒間黃

〔註4〕 傅夢占爲《儆居集》作敘：「（式三）所著書如《易釋》、《尚書啓蒙》、《春秋
釋》、《論語後案》、《周季編略》、《鄭君粹言》、《朱呂問答》，皆各自成書。復
以《詩傳箋考》之未成，撥爲《詩說》；《禮叢說》之未成，撥爲《禮說》。並
列于集中爲《經說一》。復以讀《史》、讀《通考》之文有關於經濟之學爲《史
說二》、《讀通考三》。復以歷世子集之醇駁，可以考見前世之得失，爲《讀子
集四》。雜著類則應用之文。共若干卷。」（黃式三：《儆居集》，敘，頁2）

氏家塾刻本。

10.《鄭君粹言》一卷。(《叢書綜錄・儆居遺書》列有此目，蕭一山《著述表》稱此書未刊行，《定海黃氏所著書》闕此。)

11.《朱呂問答》一卷。(《叢書綜錄・儆居遺書》列有此目，蕭一山《著述表》稱此書未刊行，《定海黃氏所著書》闕此。)

12.《古體詩》一卷。未見。(《光緒定海廳志》有此目)

13.《詩叢說》一卷。未見。(蕭一山《著述表》有此目)

14.《黃氏宗譜》。未見。此書黃式三主修。有道光、光緒間刻本。

15.《詩序說通》一卷。未見。(《光緒定海廳志》稱此書一卷，蕭一山《著述表》稱此書二卷未成。)

16.《詩傳箋考》二卷。未見。(蕭一山《著述表》稱此書未成)

17.《孔子年譜》一卷。未見。(謝巍《中國歷代人物年譜考錄》第十七頁著錄:「《孔子年譜》一卷，黃式三撰，光緒年間刊本《學宮景仰編》卷首。」)

18. 五言古詩三首:〈薺苨，寄胡生伯寅〉、〈歲暮〉、〈讀賈子〉。(潘衍桐編《兩浙輶軒續錄》(光緒十七年浙江書局刊本) 卷二十二第三十頁收錄黃式三五言古詩三首。)

而黃以周在〈敕封徵仕郎內閣中書先考明經公言行略〉中介紹其父黃式三的生平著作:

（黃式三）著述之有關于經史，具見《十略》。《十略》之一曰《易略》，所著《易釋》是也。……《十略》之二曰《尚書略》，今古文皆有之。遍采江艮庭（江聲）、王西莊（王鳴盛）、段懋堂（段玉裁）、孫淵如（孫星衍），參王伯伸（王引之）、莊葆琛（莊述祖）諸公之書而注之，名曰《啓蒙》。……《十略》之三曰《詩略》，論《詩》有《叢說》，既而作《序說通》，作《傳箋考》，皆中《古序》、《傳》、《箋》，以駁後儒叢雜之談。後自謂「此未成之書，不足存也」。而其實正有可采者，如「刪詩」之說，或據《論語》爲疑，辨之曰:「《論語》言:《詩》三百，思無邪。未刪之前有邪，思刪之。」……《十略》之四曰《春秋三傳略》，《春秋釋》是也。杜氏作《釋例》，後人多攻之，辨之曰:「謂杜例未盡精，可也。謂《春秋》之無例，則因噎廢食也。……」以總核經例，訂杜氏

之訛，以成其是。於近儒方氏《通論》（方苞《春秋通論》）、顧氏《大事表》（顧棟高《春秋大事年表》）、姜氏《補義》糾正爲多……《十略》之五曰《三禮略》。……《十略》之六，《論語後案》是也。凡經史中引《論語》正文，及經史注中引《論語》舊說，采掇綦備，……近儒陸稼書（陸隴其）、李厚庵（李光地）、江慎修（江永）、王予中（王懋竑）、惠半農（惠士奇）、戴東原（戴震）、錢竹汀（錢大昕）、程易疇（程瑤田）、段懋堂（段玉裁）諸公之說，各采所美。……《十略》之七，《周季編略》是也。書始於《左傳》末年，終於秦稱皇，所以紀周季之事實也……《十略》之八曰《小學略》。小學之書如邵氏（邵晉涵）郝氏（郝懿行）《爾雅疏》、段氏《說文注》，素所深服……《十略》之九曰《經濟略》。一介士，經濟無所表見，其說見諸《讀馬氏通考》，……然核諸事實者，生平一應學使者分校之聘，所取多名士。一應軍幕之聘，當路以外寇問，作《備外寇議》以答之，問者色沮，則正告之曰：「不依此議，數年後必有大寇事。」果驗。軍中有慕名約以共籌者，不就。……《對振軍氣問》、《對倭寇海戰問》、《對浙江海防問》、《平外寇議》、《殛兕說》，皆慨然言之，……又謂，朝廷者，本根之地，故稱「本朝」。每遇士子自京師回者，必詳問朝廷政事。聞有德政之舉，不勝忻喜。雖或老病臥床第，亦必起坐而談，若不知病痛在身，知石隱非其素志也。……《十略》之終曰《文學略》。論文，愛周、秦、西漢，而唐文愛韓子……所作之文，意取閎博，雖《列》、《莊》，有取者，亦取之。惟不用釋氏言，非其意所愜也。……此《十略》也，明經公七十歲辭慶壽，而門弟子及諸子輩所輯者也。〔註5〕

由黃以周對父親黃式三著作的提要，可知黃式三對於經、史的重視，在經學方面，《周易》、《尚書》、《詩經》、《春秋》、《三禮》、《論語》都有研究，並撰文傳世；在史學方面，則著有《周季編略》；在小學方面，研讀乾嘉學者的著作；在經世濟民方面，除了著述，也時時關心時局變化與朝政作爲；在文學、諸子學方面，也多有所涉獵。可看出黃式三學識的淵博豐富。

〔註5〕〔清〕黃以周：《儆季雜著‧文鈔》，卷五。

二、黃式三之易學著作考錄

　　據賴師貴三〈黃式三、黃以周父子《易》學初探〉該篇論文中的「三、黃式三、黃以周父子《易》學著述考錄」，〔註6〕詳細考錄黃氏父子的易學著作版本，以下引用賴師貴三該篇著述內容：

　　1.《易傳通解初稿》不分卷，稿本。

　　北京圖書館（今易名爲「中國國家圖書館」）藏。著錄於《中國古籍善本書目·經部一·易類》。〔註7〕案：此稿爲《易釋》初稿。

　　2.《易釋》不分卷，稿本。

　　浙江天一閣文物保管所藏。著錄於《中國古籍善本書目·經部一·易類》。

　　3.《易釋》四卷，刊本。〔註8〕

　　盧松安（1898～1978）編《易廬易學書目》，〔註9〕著錄成書時代爲：「清朝道光二十八年戊申，公元一八四八年」（案：黃式三時年六十歲）；而所藏版本爲：「清光緒廣雅書局木刻，民國9年（1920）番禺徐紹棨匯編重印本。」4卷訂2冊，序者：「1.傅夢占序。2.黃式三自序。」目錄：「卷一，象爻合釋。卷二，同辭合釋。卷三，疑義分析。卷四，通釋。」盧氏提要云：

　　　　此書爲《易》中象爻、同辭多矛盾疑義，故合釋分析以求通解。頗
　　　　能掃除漢宋標榜陋習，自抒獨得。而穿鑿新奇，亦所不免。

其餘傳刊版本四種如下：

　　（1）《無求備齋易經集成·122》（臺北：成文出版社，1976年），據清光緒十年（1884）廣雅書局刊本影印。

　　（2）《叢書集成·續編·哲學類·第29冊》（臺北：新文豐出版公司，1989年臺一版），據廣雅書局叢書本排印。

　　（3）《叢書集成·續編·3》（上海：上海書店，1994年）。

〔註6〕見本章註1。

〔註7〕中國古籍善本書目編輯委員會：《中國古籍善本書目·經部》（上海：上海古籍出版社，1986年6月線裝本一函五冊，1998年4月精裝本一冊），頁49。按：下一稿本同著錄於此頁。

〔註8〕盧松安（1898～1978）編：《易廬易學書目》（山東圖書館整理，濟南：齊魯書社，1999年12月第1版），頁62，「易廬書號126」。又著錄是書於頁541，「易廬書號1100」（案：書目誤作「1011」），著錄成書時代爲：「清朝光緒十四年戊子，公元一八八八年。」版本爲：「清光緒14年（1888）定海黃氏家塾刻《儆居遺書》本。」卷冊爲：「4卷訂，2冊。」

〔註9〕此書復錄見於《易廬易學書目》，頁618，「易廬書號1251」。

（4）《續修四庫全書‧經部‧易類‧30》（上海：上海古籍出版社，1995年，精裝），據上海圖書館藏清光緒十四年（1888）定海黃氏家塾刻《儆居遺書》本影印，原書版框高一八一、寬二六四毫米。

4.《經說》五卷

清光緒十四年（1888）續刊本，錄於《儆居遺書‧1～2冊‧儆居集》，中央研究院傅斯年圖書館有線裝典藏本可參，並可檢閱於該館「善本古籍全文影像檢索系統」。《經說》與《雜著》中與《易》學相關者有：〈經說四〉錄有〈釋五行配屬〉、〈五行配屬圖〉、〈釋鬼神〉等。〈雜著一〉錄有〈《易釋》敘〉，〈雜著三〉錄有〈對王仲任〈雷虛〉問〉，〈雜著三下〉錄有〈對「三元九宮」問〉、〈對《周易葬說》〔註10〕問〉，〈雜著四下〉錄有〈講易圖記〉、〈聽雷書屋記〉等。

三、黃式三之易學著作體例分析

黃式三的易學著作主要為《易釋》，而《儆居集‧經說》也有易學相關內容，以下分別就二書的體例加以述說：

（一）易學專著——《易釋》

《易釋》是黃式三唯一的易學專著，也是其晚年的著作，可說是黃式三一生易學精要的集成。後人提述該書內容，如胡玉縉〈《易釋》書後〉論述：

> 蓋義理與象數兼參，又融會全經，不泥于一章一句。〔註11〕

而盧松安〈《易釋》提要〉指出：

> 此書為《易》中象爻、同辭多矛盾疑義，故合釋分析，以求通解。頗能掃除漢、宋標榜陋習，自抒獨得。而穿鑿新奇，亦所不免。〔註12〕

其中「穿鑿新奇，亦所不免」，《續修四庫全書提要》舉其例：

> 惟書中間標獨得之義，有失於穿鑿附會者。如〈需〉之入于穴，謂即涉坎之大川。〈履〉之大君，謂即宗廟之主，如今稱先帝。武人為于大君，為猶應也。需之需于血，坎為豕、為血。需于血，養陰也；

〔註10〕《周易葬說》為端木國瑚（1773～1837）所撰。端木國瑚，浙江青田人，字子彝，一字鶴田，號太鶴山人，又有《地理元文》、《周易指》、《周易圖》、《易斷辭》、《周易上下經》與《太鶴山人集》等書。

〔註11〕胡玉縉撰、吳格整理：《續四庫提要三種》，頁408。

〔註12〕盧松安：《易廬易學書目》，頁62。

需于酒食，養陽也。坤之正位居體，謂正其臣位。蹲屈其股肱，所
謂擊踞曲拳，人臣之禮。凡此皆自創新奇，亟當訂正者矣。〔註13〕

其中具體指出《易釋》過於穿鑿新奇的部分，但也可見黃式三獨到的見解。
同時〈提要〉也給予極正面的評價：「其書貫穿經義，辨析是非，一掃標榜漢、
宋之陋習。」〔註14〕將黃式三「實事求是」的治學特色點出。

　　黃式三《易釋》共分為四卷，以下藉由傅夢占為黃式三作序的內容，來
探討黃式三《易釋》各卷的旨意：

第一卷　象爻合釋

傅夢占在《易釋》序言：

夫自先儒注《易》，隨文曲衍，或象與爻悖，如〈履〉以不咥為亨，
而于三不言應上之志；〈同人〉以于野為亨，而于二轉言應五之吝。
或爻與爻悖，如〈屯〉初賢侯于二五，則以初為姦寇；〈蒙〉二賢師
于三，則以二為金夫。彼此矛盾，卦義難明，此象爻合釋之不能不
作也。（《易釋》，序，頁1）

其中傅夢占舉出《周易》中卦辭與爻辭相矛盾之處。如他提到〈履〉卦辭「履
虎尾，不咥人。亨」，而六三爻辭「眇能視，跛能履，履虎尾，咥人凶。武人
為于大君」。〈履〉卦辭中以虎「不咥人」所以「亨」，但是到了六三爻辭，則
轉為「咥人」於是「凶」。於是黃式三在《易釋》卷一釋〈履〉卦，說明指出：
「〈象〉傳『說而應乎乾』，爻『武人為于大君』，『為』猶『應』也，三為成
卦之主，得應乎乾之上，則凶變吉，所謂履以和行也。」（《易釋》，頁13）黃
式三以為六三能應乎上九，終將轉凶為吉，所以才出現象辭與爻辭的變化不
同。經過黃式三的解釋，則可以知道爻辭與整體卦辭的配合呼應。

　　而傅夢占也指出《周易》爻辭與爻辭間相互出入的部分。他指出〈屯〉
卦初九爻「利建侯」，有助於二、五爻，但是六二爻卻以初九爻為姦寇。而黃
式三指出：「有陽大之宜建侯者，貞屯之，則凶能建侯，初、五均利矣。二、
四皆乘初馬，二之般如，以五屯膏，欲乘初馬以進，而不亂邅進，非寇視初
之婚媾也。」（《易釋》，頁7）則初爻與二爻當是婚姻關係，若能相結合，則
可以有「建侯」之利。

〔註13〕柯劭忞：《易釋》四卷提要。收錄於《續修四庫全書總目提要》（北京：中華
　　　　書局，1993年），頁135。

〔註14〕同上。

從上述可知黃式三《易釋》第一卷「象爻合釋」，主要在於使各卦象辭、爻辭，能理意通貫而不前後矛盾，以求得《易》理之明。賴師貴三在〈黃式三、黃以周父子《易》學初探〉已有明論：

> 卷一〈象爻合釋〉，融攝《周易》六十四卦卦辭、三百八十六爻（含乾用九、坤用六）爻辭義理，並與《易傳》中〈象傳〉、〈彖傳〉、〈文言傳〉與〈繫辭傳〉等合釋，可見黃氏經傳一體同觀，總會義旨的用心；又多說以史事，詮釋《易》理，清明條達。〔註15〕

十分切合黃式三《易釋》首卷要旨。

　　第二卷　同辭合釋

　　傅夢占在《易釋》序言：

> 同一有它，于〈比〉則以本爻爲它，于〈大過〉、〈中孚〉則以正應爲它；同一中行，于〈師〉、〈泰〉則以二五爲中，于〈復〉、〈益〉則以三四爲中。前後矛盾，《易》例何存？此同辭合釋之不能不作也。
> （《易釋》，序，頁1）

傅夢占提出《易經》各卦中相同語詞，往往難以一貫述說。像同是〈比〉中的「有它」與〈大過〉、〈中孚〉的「有它」，理應有相同意義，可是後代注家卻往往難以一貫解釋。而黃式三歸納整理出「凡曰他者，非卦主、非正應」的條例。〔註16〕諸如此類，黃式三在卷二將《周易》中相同詞語，作一通貫的解釋。黃式三在卷二「同辭合釋」中，共分爲〈釋大人〉、〈釋用九用六〉、〈釋往來〉、〈釋元吉大吉〉、〈釋大小〉、〈釋乘剛〉、〈釋貞〉、〈釋應〉、〈釋血〉、〈釋大君〉、〈釋小人勿用〉、〈釋有他〉、〈釋西郊〉、〈釋征〉、〈釋笑號〉、〈釋介〉、〈釋當位失道〉、〈釋涉大川〉、〈釋中行〉、〈釋孚〉、〈釋柔上行〉、〈釋用拯馬壯〉、〈釋言不信〉、〈釋羊易牛易〉、〈釋惕出逖出〉諸條。黃式三藉由《周易》中各相同之辭的探求，務證《周易》爲體系之書，各卦爻辭皆有其一貫之義。而《清史列傳》在黃式三傳略中指出：「（黃式三）治《易》言卦辭一意相承，六十四卦爻辭同者，亦一意相承。」〔註17〕可證知其追求辭語條例一致的用心。

　　第三卷　疑義分析

〔註15〕賴師貴三：〈黃式三、黃以周父子《易》學初探〉，頁15～16。
〔註16〕詳見本論文第四章第二節「五、凡曰他者，非卦主、非正應」。
〔註17〕《清史列傳》，頁5660。

　　傅夢占在《易釋》序言：

> 說「見羣龍无首」者，忘「首出庶物」及「乾爲首」之本義；說「龍
> 戰血玄黃」者，昧「震爲龍、爲玄黃」之由來。管窺天小，全體不
> 明，此疑義分析之不能不作也。(《易釋》，序，頁1)

第三卷主要闡釋經文中有疑義的地方。如論述〈乾〉用九，黃式三曰：「羣龍者，
上下各以剛德相見也。剛爲天德，羣龍盡見天德之盛，无以上之，首上也。不
可爲首，言尤有駕其上者也，非謂乾剛不可爲物首也。不可爲物首，則非天矣。」
(《易釋》，頁106～107) 黃式二言「无首」是指「无有駕其上者」言，也就是
萬物以〈乾〉爲首之意。接著，黃式三再加強〈乾〉六爻爲剛、爲天的重要性，
黃氏曰：「天下之治，由于天德之爲首也，故『乾爲首』，[註18]曰『首出庶物』。」
[註19] (《易釋》，頁107) 這裡可見黃式三在第三卷「疑義分析」中，主要是
爲了解決一些經傳上的疑義。其中共分爲〈上篇經傳〉、〈下篇經傳〉、〈繫辭傳〉、
〈說卦傳〉、〈序卦傳〉、〈雜卦傳〉。黃式三就《周易》經傳所發疑義處，一一證
舉、論述、分析，以求得《周易》通達之義理。

　　第四卷　通釋

　　傅夢占在《易釋》序言：

> 不信「八卦成列，因而重之」之文，而伏羲六十四卦方圓之圖，由
> 斯以作；不信「乾坤二策，當朞之日」之文，而焦、京六日七分卦
> 氣之說，由斯以行。術數蔓滋，經傳益晦，此通釋之不能不作也。(《易
> 釋》，序，頁1～2)

傅夢占指出後代解《易》者，爲了解釋八卦重疊而演成六十四卦的過程，故
作〈伏羲六十四卦方圓之圖〉，[註20]然而這反使《周易》更加晦澀難解，偏
離《易》道。黃式三在《易釋·釋重卦》中，說明八卦成六十四卦之理，一
一陳述，列圖詳示，釐正《周易》之理。[註21]黃式三在《易釋》第四卷「通
釋」中，分爲〈釋重卦〉、〈釋卦變〉、〈釋觀變〉、〈釋觀象〉、〈釋玩占〉、〈釋

[註18] 見《周易·說卦傳》：「乾爲首，坤爲腹，震爲足，巽爲股，坎爲耳，離爲目，
　　　　艮爲手，兌爲口。」

[註19] 見〈乾〉彖傳：「乾道變化，各正性命，保合大和，乃利貞。首出庶物，萬國
　　　　咸寧。」

[註20] 詳可參見朱伯崑《易學哲學史》第二卷，有詳細介紹邵雍八卦和六十四卦方
　　　　位圖。朱伯崑：《易學哲學史 (二)》(臺北：藍燈文化事業，1991年)，頁153
　　　　～171。

[註21] 可參考本論文第四章第三節「二、釋重卦」。

陰陽先後〉、〈釋旁通〉、〈釋卦爻十二辰〉、〈釋反比卦義〉、〈釋上下經卦義遙
對〉、〈釋上下兩篇〉、〈釋筮〉、〈釋八〉、〈書惠氏《周易述》後〉，主要就歷來
《易》學的重大課題，通盤解釋，以明《易》體之源。

　　黃式三《易釋》一書，有逐一就《周易》經傳內文，詳加說明者；有就
全書相同詞語，追求一貫者；有就部分經文，或就整體的重要課題，加以發
揮。這些都可見黃式三探求《周易》的用心與《易釋》一書議題開展的豐富。
這在本論文第四章會再探討。

（二）易學相關著述——《儆居集・經說》

　　黃式三《儆居集》共分為《經說》五卷、《史說》五卷、《讀通考》二卷、
《讀子集》四卷、《雜著》六卷、《外集》四卷。以單篇成卷方式，將生平著
述、心得，搜羅成冊。其中與易學相關者，在《經說》部分有〈釋一二〉、〈釋
五行配屬〉、〈釋鬼神〉等。至於在《雜著》部分則有〈對王仲任〔註22〕〈雷
虛〉問〉、〈對「三元九宮」問〉、〈對《周易葬說》〔註23〕問〉、〈講易圖記〉、
〈聽雷書屋記〉等。這些可作為《易釋》以外的黃式三易學補充或再發揮的
研究材料。

第二節　黃以周之著作簡介與易學著作體例分析

一、黃以周之著作列目簡介

　　本小節同樣據王逸明《定海黃式三黃以周年譜稿》所收錄的「黃氏父子
著述版本考」與張涅的〈關於定海黃氏著作的研究資料〉，整理而成。以下即
條列黃以周的著作資料：

　　1.《儆季雜著》。清光緒二十年南菁講舍刻本。

　　　（1）《禮說》六卷

　　　（2）《群經說》四卷

　　　（3）《史說略》四卷

〔註22〕按：王充字仲任，會稽上虞人，生於東漢建武三年（西元 27 年），卒於永元
　　　　中（約西元 97 年），享年約七十餘歲。

〔註23〕按：《周易葬說》為端木國瑚（1773～1837）所撰。端木國瑚，浙江青田人，
　　　　字子彞，一字鶴田，號太鶴山人。

（4）《子敘》一卷

（5）《文鈔》六卷〔註24〕

2.《儆季集外文》二十三篇。〔註25〕清光緒二十年南菁講舍刻本。

3.《軍禮司馬法考征》二卷。清光緒十八年四月黃氏試館刊。

4.《經訓比義》三卷。清光緒二十二年三月初刊於南菁講舍，光緒二十四年重刊。

5.《子思子輯解》七卷。清道光十六年江陰南菁書院刻本，光緒二十二年南菁講舍刻本。

6.《禮書通故》一百卷。清光緒十九年黃氏試館本，重校後印本。

7.《周易故訓訂》上卷。清咸豐五年無錫國學專修館刻本，民國十一年太倉唐文治刻本，民國十三年吳江施肇曾刊本。

8.《周易注疏賸本》一卷。民國十一年太倉唐文治刻本，十三年施肇曾刊本。

9.《禮說略》三卷。〔註26〕清光緒十四年南菁講舍刻本，光緒十五年上海蜚英館刻本。

10.《經說略》二卷。〔註27〕清光緒十四年南菁講舍刻本，光緒十五年上

〔註24〕張涅指出：「卷二之〈黃帝內經明堂敘〉、〈舊鈔太素經校本敘〉、〈黃帝內經九卷集注敘〉、〈黃帝內經素問重校正敘〉又收錄於民國十年四川存古書局本《新訂六譯館叢書》第五種，民國十二年重印；〈黃帝內經明堂附錄〉（疑〈黃帝內經明堂敘〉）又收錄於光緒二十三年袁昶刊《浙西村舍匯刊》第十九種。」（〈關於定海黃氏著作的研究資料〉，頁3）

〔註25〕王逸明註記篇目如下：〈文言說〉、〈釋大過小過音義〉、〈書暫遇奸宄解〉、〈書仇民友民解〉、〈瑑琮駔琮考（附駔琮圖）〉、〈答答拜問〉、〈釋鄭注「方持弦曰挾，側持弓矢曰執」義〉、〈蘭槐之根是為芷解〉、〈讀禮運〉、〈圭璋特琥璜爵解〉、〈方諸考〉、〈般辟便辟音義不同辨〉、〈連卷說〉、〈論語顏淵論仁章本義〉、〈答徐壽蘅先生書〉、〈答胡綏之書〉、〈示諸生書〉、〈才茲集敘〉、〈定海五修族譜敘〉、〈吳郡陳氏義莊記〉、〈浩封奉直大夫武君寶時墓志銘〉、〈沈君素庭墓志銘〉、〈陳君茅池墓志銘〉。（《定海黃式三黃以周年譜稿》，頁86）

〔註26〕王逸明註記指出：「《禮說略》三卷，此書為《禮說》初稿四十四篇。《禮說》凡七十五篇。而此書所收〈五門〉、〈九拜〉、〈立馬從馬〉、〈六尊〉、〈冕弁服〉、〈慈母服〉六篇為《禮說》所無。」（《定海黃式三黃以周年譜稿》，頁87）

〔註27〕王逸明註記指出：「《定海黃氏所著書》第十六冊《群經說》前附黃以周識語稱：『初余治《易》，有《十翼後錄》。《書》、《詩》、《春秋》內外傳、《論語》、《孟子》、《爾雅》未有成書，而有《讀書小記》。前編文之成篇者若干篇，王祭酒采入《經解續編》中（當即指《經說略》）。今復重定，出四篇，增二十三篇，凡六十四篇。癸巳（光緒十九年）春識。』」（《定海黃式三黃以周年譜

海螫英館刻本。

11. 《儆季雜說》。清光緒元年刻本。

12. 《晏子春秋校勘記》二卷。光緒元年刊本，收入浙江書局本《二十二子》。光緒二十三年文瑞樓據平津館本鉛印本。上海掃葉山房民國十二年石印本。中華書局民國間鉛印本。

13. 《續資治通鑑長編拾補》六十卷。清光緒九年浙江書局刊本。

14. 《定海廳志》三十卷。清光緒十一年刊本。

15. 《意林佚子書》（洪煥椿〈定海黃以周的經學著作〉：「杭縣孫氏儆廬藏有此書原稿四冊，亦以周未刊遺稿。」）

16. 《唐本說文真偽辨》一卷（據洪煥椿〈定海黃以周的經學著作〉）

17. 《經訓類編》（洪煥椿〈定海黃以周的經學著作〉：「定海黃榮爵藏有此書抄本三卷，二冊。」）

18. 《纂經室尚書講義讀本》（洪煥椿〈定海黃以周的經學著作〉稱：「定海黃榮爵藏有黃以恭著《愛經居未定草》手稿一冊，末附《纂經室尚書講義讀本》。這是黃以周的未刊著作。」）

19. 《唐詩約選》。未刊行。（洪煥椿〈定海黃以周的經學著作〉：「定海黃榮爵藏有此書手稿本二冊。未刊。」）

20. 《十翼後錄》八十卷。未刊行。

21. 《讀書小記》。未刊行。（《清史列傳・黃式三》：「（黃以周）治群經，著《讀書小記》。」）

22. 《先考明經公言行略》一卷。清光緒間刻本。

23. 《儆季子粹語》二卷。清南通州王兆芳（漱六）輯鈔本。

二、黃以周之易學著作考錄

本小節同樣據賴師貴三〈黃式三、黃以周父子《易》學初探〉，該篇論文中的「三、黃式三、黃以周父子《易》學著述考錄」〔註28〕詳細考錄了黃以周易學著作的版本，以下即引用賴師貴三該篇的敘述：

1. 《十翼後錄》七卷，稿本。

北京清華大學圖書館藏。著錄於《中國古籍善本書目・經部一・易類》。

稿》，頁87）

〔註28〕見本章註1。

〔註29〕

2.《十翼後錄》二十四卷，稿本。

北京圖書館（今易名爲「中國國家圖書館」）藏。著錄同上。《續修四庫全書·經部·易類·36～37》，〔註30〕據此館藏稿本影印，原書版框高一九五毫米、寬二二二毫米。此稿書題右下鈐有二印：「敬甫一字竹亭」（正方陽文篆字）、「黃以恭印」（正方陰文篆字）。

3.《經訓比義》三卷，刊本。

清光緒二十二年丙申年（1896）南菁講舍刊本，線裝 3 冊，24 公分，臺北「國家圖書館」善本書庫，扉頁刊記：「光緒丙申三月于南菁講舍。」通行刊本重要者如下三種，皆同此版刻：

  （1）《國學珍籍彙編》（臺北：廣文書局，1977 年，初版精裝）。
  （2）《中國哲學範疇叢刊》（北京：北京圖書館出版社，1997 年第一版）。
  （3）《四庫未收書輯刊·第七輯·第 11 冊》（北京：北京出版社，1997年）。

4.《周易故訓訂》一卷，稿本，木刻本。

上海圖書館藏。著錄於《中國古籍善本書目·經部一·易類》。盧松安編《易廬易學書目》〔註31〕著錄成書時代爲「咸豐五年（1855）」，而所藏版本爲「民國木刻本」，卷訂 3 冊 1 函，黃以周自序、唐文治跋，目錄：「訓訂自乾坤起至坎離止」。

而《續修四庫全書·經部·易類·35》（上海：上海古籍出版社，1995 年），據復旦大學圖書館藏民國十三年（1924）吳江施肇曾刻《十三經讀本》影印，原書版框高一六九毫米、寬二五八毫米。

5.《周易注疏賸本》一卷，稿本，刊本。

上海圖書館藏。著錄同上《中國古籍善本書目·經部一·易類》。盧松安編《易廬易學書目》〔註32〕著錄成書時代在咸豐五年（1855），而所藏版本爲「民國十三年（1924）吳江施肇曾醒園刻本」，1 卷訂 1 冊 1 函，唐文治跋，

〔註29〕上海古籍出版社，1986 年 6 月，線裝，頁 49。
〔註30〕《續修四庫全書》編纂委員會編，上海：上海古籍出版社，1995 年。上冊（三六·經部·易類）卷一至卷十，下冊（三七·經部·易類）卷十一至卷二十四。
〔註31〕此書錄見於頁 11，「易廬書號 22」。
〔註32〕此書錄見於頁 10，「易廬書號 20」。

目錄：「1.乾坤屯三卦。2.因八卦而重之變在其中圖。」

而《續修四庫全書・經部・易類・35》（上海：上海古籍出版社，1995 年），據復旦大學圖書館藏民國十三年（1924）吳江施肇曾刻《十三經讀本》影印，原書版框高一六九毫米、寬二五八毫米。

6.《經說略》二卷，刊本；一卷，石印本。

二卷本，爲清光緒十四年（1888）南菁書院刊本，78 葉，25 公分，線裝。《皇清經解・續編・317》（臺北：漢京文化公司，1980 年，精裝），據清光緒十四年（1888）南菁書院刊本重編影印。

一卷本，爲清光緒十五年（1889）上海蜚英館石印縮本，9 葉，20 公分，線裝，《皇清經解・續編・32》，據南菁書院本縮印。盧松安編《易盧易學書目》，〔註33〕未著錄成書時代，而所藏版本爲「續皇清經解，蜚英石印本」，1卷訂 1 冊，目錄：「卷 1 易說」。

7.《讀易說》，刊本。

見於清光緒二十年（1894）、二十一年（1895）江蘇南菁書院刊本《儆季所著五種・群經說四卷》。〔註34〕今可參通行版本有二：

- （1）《無求備齋易經集成・136》，據清光緒二十年刊《儆季五種》本影印。
- （2）《續修四庫全書・經部・群經總義類・178》（上海：上海古籍出版社，1995 年，精裝），據上海辭書出版社圖書館藏清光緒二十年（1894）南菁講舍刻《儆季雜著》本影印，原書版框高一七四毫米、寬二六四毫米。

三、黃以周之易學著作體例分析

（一）易學專著

1.《十翼後錄》

黃以周在《十翼後錄》自序題作光緒戊申（1848 年，二十一歲），該書是

〔註33〕此書錄見於頁 618，「易盧書號 1251」。

〔註34〕《儆季所著五種》，10 冊，24 公分，首有黃以恭、黃家岱序，附錄：《儆孫書》二種，內容：1～3，《禮說》六卷。4～5，《群經說》四卷。6～7，《史說略》四卷、《子敘》一卷。8，《文鈔》六卷。9～10，《尚書講義》一卷，黃家辰、黃家岱合撰等。有傅斯年圖書館古籍線裝書可參閱。

他早年習《易》的作品。在內容安排上，《十翼後錄》卷一至卷八爲《周易》上經經文、《彖傳》、《象傳》，〔註35〕卷九至卷十六爲《周易》下經經文、《彖傳》、《象傳》，卷十七至卷二十爲《繫辭傳》上下，卷二十一爲《文言傳》，卷二十二爲《說卦傳》，卷二十三爲《序卦傳》，卷二十四爲《雜卦傳》，書末則附有「引用姓氏」，共達三百多家。黃以恭爲黃以周所作序中，即提到：「從弟元同（黃以周字），自幼以解經明道爲己任，於漢、魏以來諸家之《易》注無不讀，取其說之切合事情，與可別存一通以翼經傳者，分時代之先後以錄之。其有顯悖經恉，貽誤後人者，亦必錄其說而辨之，可謂博考精審，有得於文王、周、孔之意者。」（《十翼後錄》，序，頁4～5）而黃以周在《十翼後錄》自序道：

> 以周幼先習《禮》，次讀書，次誦《書》、《詩》，三經既畢，然後受《易》，年既長，已能彙萃諸說而問所疑矣。及研討既久，略有會悟，乃承家君命，廣搜《十翼》之注，不拘時代，擇其醇者而錄之，名曰《十翼後錄》。其有先儒彖爻之注，未悖於聖傳，可以兼錄之，而明其義者，亦必移置於聖傳之下，宗聖也；先儒各說必臚列姓字，不敢掠美，尊師說也；舊注之兩異或四五異者，於理無悖，必兼錄之，廣異聞也；各經注疏及史文史注諸子文選之有《易》義者，亦兼采之，補殘闕也。疑義之當析者，條列而辨之，不辨其失，則是者不見也；疑之不敢質者，詳錄先儒舊說，備稽考也。自漢魏以及元明諸儒，以時之前後分次，或本於前者，止錄其前，非敢薄今而愛古也。由孔聖之〈大象傳〉，以尋畫卦之恉；由孔聖之〈彖〉、〈爻傳〉，以尋彖爻之恉，辭變象占，不敢偏主，傳家學也。昔虞仲翔奏上《易注》，自溯五世之學，而宋蘇氏《東坡易傳》、郭氏《傳家易說》、趙氏《輯聞》，皆父子相繼，注《易》成書，其說之精者，足以翼前聖而開後學。（《十翼後錄》，序，頁6～7）

從中可得知黃以周習《易》的過程與該書的五個特點：宗聖、尊師說、廣異聞、補殘闕、備稽考。所謂的「宗聖」，即是說明《易傳》闡發《易經》，是一脈而相承；「尊師說」則是強調凡所收錄的諸家《易》說，皆列述其姓名，並且在《十翼後錄》書末，黃以周特地將引用的易學家姓名詳盡羅列，這可

〔註35〕除了〈乾〉經、傳分離外，其餘六十三卦，皆是經文與〈彖傳〉、〈象傳〉合釋。

看出其治學的公正與嚴謹;「廣異聞」則是承繼其父黃式三學《易》的精神,秉持「不拘門戶」的態度,將各家注說合於《易》理者,廣納收之;「補殘闕」就是除了收錄《易》說與後代的《易》注外,還將其它經學,以及文學、史學、子學等與易學相關者,兼而收之,以證知、發揮《易》理周流廣遍的特性;至於「備稽考」則是要求「實事求是」,凡所當疑義、辨正者,不論其說已成定見或已積非成是,都應再慎辨該說的利弊得失,至於無法提出確切證據加以辨正的部分,則先列出該說的癥結,待來者再加以辨正,所以為「備稽考」。從上述五點,可以看出黃以周治《易》的努力與用心。

　　以下列舉《十翼後錄》〈需〉六四爻辭的內容,可略得知黃以周《十翼後錄》著作體例:

六四:需于血,出自穴。象曰:需于血,順以聽也。

　《九家易》曰:雲從地出,上升于天。自地出者,莫不由穴,故曰需于血出自穴也。雲欲升天,須時當降,順以聽五,五為天也。

　王輔嗣曰:凡偁血者,陰易相傷者也。易欲進而陰塞之,則相害也。處坎之始,居穴者也。見侵則辟,順以聽命也。

　　以周案:唐石經原本作順以聽命,改刻順以聽,據注云順以聽命也。疏云順以聽命,而得免咎。又云故象曰需于血順以聽命也。則經文聽字下當有命字。王氏說訓血為傷義,後儒多從之,而張氏闢之,是也。

　李氏鼎祚曰:坎為雲,又為血卦。血以喻陰,陰体卑弱。宜順從易,故曰需于血。

　張元岵曰:坎為血卦。血者,陰之屬也。需于血者,引分以自安也。出穴,出險也。順以聽,謂順于九五以聽三易之進也。凡解爻辭,以小象為主,若謂血為陰易相傷,則昧需之義,且失順聽之旨矣。

　傲居子曰:血,需養之胜實也。坎為豕,為血卦。《礼・少閒》曰:「血者猶血,酒者猶酒。」四柔順養陰,血者血。五剛中養氣,酒者酒。象傳曰:順以聽,血不遽和,順之亦聽之,需之象也。

　　以周案:五言需于酒食,則四言需于血,是胜實之類物可知。坎兩陰畫,中虛有穴象,即大川象。上言入于穴,是涉川險,

則四言出穴，是出以避險，可知。(《十翼後錄》，頁 142)

從上可知，《十翼後錄》的體例是先列出《周易》經傳內文，之後引述《易》注學說，最後再加黃以周自己的案語。如在注〈需〉六四爻中就引了《九家易》、王弼、李鼎祚、張次仲、黃式三等人的注解，而黃以周則下了兩處案語，其中或是對於前人注解加以論述，或是發抒己見。這可看出《十翼後錄》的大致體例。

2.《周易故訓訂》、《周易注疏賸本》

《周易故訓訂》與《周易注疏賸本》都是黃以周未完成的《易》學著作。《周易故訓訂》自序中題「咸豐乙卯」(1855 年，黃以周二十八歲)，黃氏曰：

> 昔者文王作彖，周公演爻，其名小，其類大，其旨遠，其辭文，意蘊而不盡，義淵而難測。《左氏傳》錄術家言，或已漫衍而不得其宗，孔聖乃訂之，作十傳以翼經，謂之《十翼》。《彖傳》明六畫之法象，《象傳》舉一卦之綱領，《爻傳》析諸爻之義例，而《繫辭》、《說卦》諸傳，《易》之精蘊具於是。夫經之有傳，猶射之有鵠也，學者勿背鵠而去，必志鵠而發之，然一人發之，巧與力有不逮，不若與眾人共發，至且中之多也。是以學者必廣搜古注，互證得失，務求其是，若夫求古求是，詎有獨是？多見其不知量也。雖然，學必求古，而古亦未必其盡是矣！古人《易》注充棟，多至千百家，即周之所旁搜而得見者，亦不下四百餘家，其中有不遵文王、周公之經，而好為伏羲之言，是所謂變鵠率者也。其力能至乎？其巧能中乎？其一至，無不至；一中，無不中乎？惟願學者擇是而從，勿矯異，勿阿同，斯為善求古，善求是也。以周幼承家君徼居子之訓，口講指畫，略有會悟，作《十翼後錄》若干卷，會萃先儒之說，條列之，融貫之，若是者有年，今約其說而成是書，擇古注之是者從之，其背聖傳以解經義有不安者，則足之以鄙意，顏其名曰《周易故訓訂》。訂者，平議之也，不敢矯異於古人，亦何敢阿同於古人？務求實是，毋背聖傳，致乖聖經也云爾。(《周易故訓訂》，序，頁 1～2)

《周易故訓訂》本於《十翼後錄》，重申《易傳》的重要性，並且約取《十翼後錄》內容而成。黃以周弟子唐文治在《十三經讀本·周易·跋》提到：

> 嗚呼！此吾師定海黃先生所著《周易故訓訂》及《注疏賸本》，蓋皆未成之書也。先生承家學，最精於《易》，口講指畫，孜孜不倦，嘗

著《十翼後錄》八十卷，都數十冊，哀然成大觀。文治偶叚讀一、二日，輒索去，以爲未定之論也。光緒戊子夏，文治與先生論易學，詳晰漢、宋義例。先生欣然出此二卷曰：「此余未成之書也，子宜秘之，惟讀此，則於《易》例得過半矣！」文治讀之，如獲拱璧，亟鈔成之。嗣後宦京師，值庚子之亂，輾轉遷徙，常攜以自隨，弗敢失墜。壬戌主講無錫國學專修館，並受施君省之之託，刻《十三經讀本》，同學陳君善餘以書來曰：「子有志刻先生之書，《周易故訓訂》爲學《易》津梁，盍附刻於《易經》後？」文治聞之憬然，爰屬館生嘉興唐蘭，詳加校正，授之梓人。嗟夫！曩之不以此書示人者，因先生有宜秘之言，弗敢忘師訓也。茲者距先生歿二十餘年，此書既出，後有學者，儻能踵而成之，固先生之志也。伏案《故訓訂》僅成上經一卷，《注疏》僅成〈乾〉、〈坤〉、〈屯〉三卦，並附〈重卦卦變圖〉。然《易》理備於〈乾〉、〈坤〉二卦，學者循是以求，自可悟讀《易》之法矣。追惟先生畢生精力在《易》、《禮》二書。《禮書通故》已風行海內，而《十翼後錄》聞尚藏諸家，儻得有力者彙而刊之，是蓋吾黨所禱祀以求者也。〔註36〕

其中說明了《周易故訓訂》與《周易注疏賸本》的刊印原由，並且指出《周易故訓訂》僅成《周易》上經一卷，而《周易注疏賸本》只完成〈乾〉、〈坤〉、〈屯〉三卦。雖然僅是部分完成，可是其中有許多黃以周的易學發揮。這兩本書是在《十翼後錄》的基礎上，再將易學闡述、發揮的重要作品。相較於《十翼後錄》，同樣都是整理、擇取《易》注彙萃，不過更可以看出黃以周的易學取向與見地，而在疏證、案語自述發揮的部分，也是更爲豐富而深入。盧松安在〈《周易故訓訂》提要〉云：

　　未完成。此書僅成上經。而審定文字暨說義，取材廣博，審慎有據，體例頗似集註，題爲「故訓訂」者，亦實事求是，無所偏執也。〔註37〕

簡要說明寫作完成情形、方式、取材、體例、價值等。盧氏在〈《周易注疏賸本》提要〉云：

　　此書乃以周約所著《周易故訓訂》而成，取集注方疏之例，注用《子

〔註36〕唐文治：《十三經讀本（一）》，頁242。
〔註37〕盧松安：《易盧易學書目》，頁11。

夏傳》、馬融、鄭玄、荀爽、宋衷、虞翻、九象、黃穎、干寶、蜀才、
盧氏諸家說，如有隱略異同，則自下己意，標明以周謂云云別之。
疏則雜引書傳漢、宋人之言，以申注義；解釋爻象，用荀、虞之升
降旁通諸例，以明取象所由。爻辰、納甲、世應、飛伏，皆所不用。
實事求是，簡要辨析。〔註38〕

同樣就體例、取材、價值等，作一說明。而在《續修四庫全書總目提要》中，
吳承仕論述《周易故訓訂》曰：

故其審定文字也，以陸氏《釋文》、李氏《集解》爲據，詳列異同而
不輒改。其說義也，不分漢宋，不偏主義理與象數，雜采古義而折
衷以己意。由漢、魏迄清，自馬、鄭、荀、虞、王肅、王弼、董遇、
干寶、侯果、崔憬、孔穎達、李鼎祚、朱震、張載、程頤、朱熹、
楊萬里、趙汝楳、項安世、俞琰、吳澄、來知德、焦竑諸家，近儒
若惠氏父子、王氏父子、任啓運、段玉裁之倫，不下七十人。皆節
取其說經傳之通義、明文字之訓辭者，而集錄之。又旁摭《史》、《漢》、
《說文》、《釋名》、《廣雅》諸書，以爲佐證。其以坎、離釋雲行雨
施，以亥月卦釋履霜堅冰，以乾爲衣、坤爲裳釋黃裳元吉，以乾陽
生於坎子、坎水生於天一釋天與水違行，蓋亦參用互體、卦氣、逸
象、五行諸說。至如漢儒以卦氣、爻辰、納甲、飛伏、世應，宋儒
以先天、太極、河洛、書數爲一經通例，及宋、元、明人之推明陳、
邵，清人之數釋孟、京者，則一切滌除，以視惠、張等之專申漢學
而拘滯鮮通，焦、姚等之自名其家而附會時有者，區以別矣。綜觀
全書體例，有若集注，而題爲《故訓訂》者，謂平議舊義，擇善而
從，實事求是，無所偏執，其《漢書・儒林傳》所謂「訓故舉大誼」
者邪？頗疑周氏以《十翼後錄》爲少作，故約爲此編。〔註39〕

詳盡說明該書的體例、取材情形與價值等。同書後文，吳氏對於《周易注疏
賸本》提要曰：

注用《子夏傳》、馬融、鄭玄、荀爽、宋衷、虞翻、九家、黃穎、干
寶、蜀才、盧氏諸家說，如有隱略異同，則自下己意，倣鄭注《周
禮》之例，以周謂云云別之。疏則雜引書傳漢、宋儒言，以申注義。……

〔註38〕盧松安：《易盧易學書目》，頁10。
〔註39〕《續修四庫全書總目提要》（北京：中華書局，1993年），頁165。

及援引各家《易》義，皆與《故訓訂》略同。唯彼隨文作解，故雜用漢、唐、宋、清儒言，此名「注疏」，體例有殊，故注則一準舊說，以簡要爲歸；疏則雜引諸家，以辨析爲職，斯其異也。……當黃氏以此稿本授唐文治而語之曰：「讀此，則於《易》例得過半矣。」按：易道廣大，自立凡例以名其家者，古今多有，要以大傳釋經者，最爲近之。此爲集注體，《易》例在是，恐不其然，然廣蒐佚義，擇善是從，並自爲疏證以考辨之，誠治《易》者之一術，後生有作，所宜矜式。書雖不具，固應過而存之。〔註40〕

吳承仕詳加剖析二書之體例、援引注家與取捨情形，以及對於兩書特點，都有切要提示。

《十翼後錄》、《周易故訓訂》、《周易注疏賸本》都是採集《易》注學說，再發抒己見的易學著作，其中有承接，也有發揮。以下再從這三書的脈絡關係，探討黃以周易學整體的進程發展。

3.《十翼後錄》、《周易故訓訂》、《周易注疏賸本》三書脈絡關係

就成書年代而言，《十翼後錄》是早期的作品，約黃以周二十一歲時所作，而《周易故訓訂》與《周易注疏賸本》則是較爲晚期的作品，約爲二十八歲以後所作。就內容上而言，《周易故訓訂》與《周易注疏賸本》是黃以周約取《十翼後錄》的注說，再加以疏證發揮的作品。吳承仕在《周易故訓訂》提要指出：「頗疑周氏以《十翼後錄》爲少作，故約爲此編。」〔註41〕以下舉三書〈乾〉象傳的內容來探討其脈絡關係。

如同樣注解〈乾〉象：「雲行雨施，品物流形，大明終始，六位時成，時乘六龍，以御天。」在《十翼後錄》中，黃以周共引了荀爽、鄭玄、虞翻、王弼、侯果、孔穎達、朱震、楊萬里、項安世、趙汝楳、惠士奇、黃式三等人的注解，而案語謂：

> 六句皆釋亨德，見下所錄諸說。……坎雨行施，離日終始，是乾坤氣通之時，所以釋亨也。凡以時會通萬物，曰亨。（《十翼後錄》，頁16、19）

> 荀氏說大明終始，連上二句解之；《漢上傳》以坎雨離日對言，參侯氏說。（《十翼後錄》，頁17）

〔註40〕《續修四庫全書總目提要》，頁166。
〔註41〕同上註。

這裡有兩個重點：

一、黃以周總結諸家說法，而提出：「凡以時會通萬物，曰亨。」所引諸家《易》注中，朱震：「所謂亨也，萬物殊品，流動分形，会易異位，以時而成。」項安世：「天道大明于元気既行之後，始于子午，終于巳亥，各以六辰而成。易象大明于奇畫既生之後，始于復姤，終于乾坤，各以六位而成，此以易象釋亨也。」趙汝楳：「龍德之人，乘潛見惕躍飛亢之時以御天。乘，猶乘車以有行，御，猶御馬之有節，此以釋亨。」黃式三：「六辰由大明而成，乾象乘六龍，以行天之氣，坎離通亨之道也。天之亨必順其時，坎雨所時施，離日所時行。」上述黃以周所引諸家，都是注重能順時位以發揮亨通之道，所以黃以周才在案語總結提出「凡以時會通萬物，曰亨」。

二、說明各家之差異。除了總結諸家注《易》說法的相同之處外，黃以周也指出諸家注《易》的不同。引荀爽注解：「荀慈明曰：乾起坎而終于離，坤起離而終于坎，坎離者，乾坤之家，而会易之府，故曰大明終始。」這裡乾、坤、坎、離共言之，所以黃以周謂：「荀氏說大明終始，連上二句解之。」而引朱震言：「朱子發曰：六爻天地相函，坎離錯居。坎離者，天地之用也。雲行雨施，坎之升降也；大明終始，離之往來也。」而這裡則是以坎、離分別言「雲行雨施」與「大明終始」，與荀爽的合說有所不同。黃以周在案語部分，將注家的同與異作一總結、補充。

至於在《周易故訓訂》中，同樣釋〈乾〉象：「雲行雨施，品物流形，大明終始，六位時成，時乘六龍，以御天。」黃以周直接將古注作一結合論述，謂：

> 坎離者，乾坤之用也。雲、雨，坎也；「大明，離日也」。侯氏果。
> 〔註42〕坎之上行爲雲，下施爲雨，而品物流動而分形。離之前日既終，明日又始，而晝夜各行六辰而時成。此謂坎離升降，乾坤之氣通也。以爻象言之，品物者，謂爻有等之物也；終始者，謂六爻之位也。「卦爻上爲終，初爲始，舉終始即賅六位」。惠天牧。
> 〔註43〕六龍者，六爻之陽也。坎雨時施，離日時成。天之亨，必

〔註42〕《周易集解》引侯果《易》注：「侯果曰：『大明，日也。六位，天地四時也。』」（〔唐〕李鼎祚：《周易集解》（臺北：臺灣商務印書館，1996年），頁5）

〔註43〕〔清〕惠士奇《易說》：「終在上，始在初，舉終始，兼包六位。故曰：『大明終始，六位時成。』」（《文淵閣四庫全書》，經部一，《易說》，卷一，頁一）

順其時；人之亨，亦必乘乎時。故龍德之人，乘潛見惕躍飛亢之
時，以御天也。此釋彖辭之亨也，凡以時會通萬物，謂之亨。（《周
易故訓訂》，頁 1～2）

比照此段與《十翼後錄》的脈絡關係，可依引用注家說法的方式——明引、
暗引，來比較《十翼後錄》與《周易故訓訂》的差別。

在明引的部分，《周易故訓訂》明確以小體字注出所說是依據侯果與惠士
奇的說法。而與《十翼後錄》相較，侯果與惠士奇之說都有所引，在侯果的
部分，《周易故訓訂》稍微轉化了侯果的說法，將《周易集解》與《十翼後錄》
的侯果「大明，日也」說法，改成「大明，離日也」，而這是為了與上文「雲
雨，坎也」比較。至於惠士奇之說法，黃以周在《周易故訓訂》將《十翼後
錄》所引惠注，〔註44〕加以簡化為「卦爻上為終，初為始，舉終始即賅六位」。
可見明引的部分，《周易故訓訂》是在《十翼後錄》的基礎上，再濃縮或結合
發揮。

至於暗引的部分，《周易故訓訂》中指出「坎之上行為雲，下施為雨，而
品物流動而分形」，是類同於《十翼後錄》引虞仲翔言：「上坎為雲，下坎為
雨，故雲行雨施，乾以雲雨，流坤之形，萬物化成，故曰『品物流形』。」而
在《周易故訓訂》中指出「離之前日既終，明日又始，而晝夜各行六辰而時
成」，則是《十翼後錄》引黃式三注語：「日有昏必有旦，終而復始，昏旦各
行六辰，六辰由大明而成。」至於《周易故訓訂》言：「龍德之人，乘潛見惕
躍飛亢之時以御天也。」也是同於《十翼後錄》引趙汝楳《易》注：「龍德之
人，乘潛見惕躍飛亢之時，以御天。」而在《周易故訓訂》此段末言：「此釋
象辭之亨也，凡以時會通萬物，謂之亨。」與上述《十翼後錄》的黃以周案
語：「凡以時會通萬物曰亨。」正相謀合，可見《周易故訓訂》是在《十翼後
錄》的基礎上，約取作成。

而在《周易注疏賸本》中，同樣在〈乾〉象傳：「雲行雨施，品物流形，
大明終始，六位時成，時乘六龍，以御天。」首先在注的部分，黃以周引虞
翻與荀爽之說，這已在《十翼後錄》有所引。而在疏的部分，開頭先言：

〔註44〕黃以周《十翼後錄》：「惠天牧曰：〈晉〉象傳：『明出地上，順而麗乎大明。』
乾為大明，〈繫辭傳〉：『初辭擬之，卒成之終。』終在上，始在初，舉終始，
兼包六位，故曰：『大明終始。六位時成。』乾六位純而不雜，故象六龍。時
乘者，初潛，二見，三行，四躍，五飛，至上而窮，窮復反，是謂時乘，言
各以其時也。」（《十翼後錄》，頁18）

坎離者，乾坤之用也。坎之上行爲雲，下施爲雨，而品物流動而成
形；離之今日既終，明日又始，晝夜各行六辰之位而時成。此謂坎
離升降，乾坤之氣通也。（《周易注疏賸本》，頁 10）

關於「坎之上行爲雲，下施爲雨，而品物流動而成形」，在《十翼後錄》的注
解部分，黃以周引虞翻之說：「虞仲翔曰：上坎爲雲，下坎爲雨，故雲行雨施，
乾以雲雨流坤之形，萬物化成，故曰品物流形。」至於「離之今日既終，明
日又始，晝夜各行六辰之位而時成」，則是在《十翼後錄》的注解部分，引其
父黃式三的說法：「儆居了口：口有昏必有旦，終而復始，昏旦各行六辰，六
辰由大明而成。」至於「坎離者，乾坤之用也」與「此謂坎離升降，乾坤之
氣通也」，則類同於《十翼後錄》引朱震所言：「朱子發曰：六爻天地相函，
坎離錯居。坎離者，天地之用也。雲行雨施，坎之升降也；大明終始，離之
往來也。所謂亨也，萬物殊品，流動分形，会易異位，以時而成。」於是黃
以周在上引文中，總結言「乾坤之氣通也」，這也同於《十翼後錄》案語所言：
「坎雨行施，離日終始，是乾坤氣通之時，所以釋亨也。」而之後的論述也
多承自《十翼後錄》的注解內容。如《周易注疏賸本》言：「六龍有潛、見、
惕、躍、飛、亢之時，時乘六龍以臨馭天。」這與《十翼後錄》引趙汝楳曰：
「龍德之人，乘潛見惕躍飛亢之時以御天。」意思相近。

但是《周易注疏賸本》也有對於《十翼後錄》再作進一層的內容發揮。
同樣對於〈乾〉象傳的說解中，黃氏接著謂：

〈乾〉二五之〈坤〉爲〈坎〉，〈坎〉之上行爲雲，如雲雷〈屯〉是
也；〈坎〉之下施爲雨，如雷雨〈解〉是也。品物者，各爻之物也。
〈繫辭傳〉曰：「爻有等，故曰物。」萬物之形成於〈坤〉，〈坤〉爲
形，〈乾〉之〈坤〉成〈坎〉，〈坎〉爲雲雨，以流〈坤〉是〈乾〉，
以雲雨流〈坤〉之形也。（《周易注疏賸本》，頁 1）

這裡黃以周發揮卦變精妙。前面已由虞翻說得知「雲行雨施」爲〈坎〉，而〈坎〉
與〈乾〉的關係，即由於〈坤〉的「品物流形」以有其生，[註45]而得以「各

[註45]　牟宗三《「四因說」演講錄》：「坤象：『至哉坤元，萬物資生』。這是説，萬物
藉賴著坤元以有其生。『有其生』就是有其存在，也就是説萬物各成其爲一個
物，這就是成。乾象：『大哉乾元，萬物資生』是藉賴著以有其始。這兩個卦
的說法不一樣，一說資始，一說資生，這很有意義。乾卦表示創造原則，坤
卦表示保聚原則。這兩個原則一定要有。」（牟宗三：《「四因説」演講錄》（臺
北：鵝湖出版社，1997 年），頁 40）

正性命」。於是黃以周說明〈乾〉變〈坤〉二、五爻而爲〈坎〉，於是萬物始得各正性命。黃氏並再以前述所言「坎之上行爲雲」而爲〈屯〉、「下施爲雨」而爲〈解〉，說明萬物賴以維生的自然現象。經由黃以周以〈乾〉、〈坤〉、〈坎〉、〈屯〉、〈解〉等卦的變化比較，充分地疏證發揮前家舊注之說。可看出《周易注疏賸本》對於《十翼後錄》再發揮的部分。此外，也有再引別家注解來補充說明的部分。黃以周謂：

> 六爻皆陽，故曰六龍。《五經異義》引孟京說：「天子駕六。」鄭駁之曰：「時乘六龍者，謂六爻上下耳。」〔註46〕六龍有潛、見、惕、躍、飛、亢之時，時乘六龍以臨馭天，此釋彖辭之亨也。荀說雲行雨施，以乾坤言；大明終始，以坎離言。謂乾坤升降而成坎離。坎離者，陰陽之所以終始也。陽始於坎之子，至離而終；陰始於離之丑，至坎而終。坎爲月，離爲日。《乾鑿度》曰：「日月終始萬物，故大明終始。大明謂日月也。」此別一義，與虞說不可合注。（《周易注疏賸本》，頁 10～11）

黃以周特舉了鄭玄《駁五經異義》之言，來說明「時乘六龍」是就〈乾〉六爻而言，在《十翼後錄》中引趙汝楳說來疏證「時乘六龍」之義，而在此則再引鄭玄說法來疏證發揮。而在疏證荀爽注說，則引用《易緯‧乾鑿度》之語來說明。所以可知《周易注疏賸本》的注語，是就《十翼後錄》的眾家注語中，擇取其要而寫成；疏的部分，有再尋繹他家《易》說，以疏證補充說明。

經由三書的比較，可知黃以周以《十翼後錄》爲基源；《周易故訓訂》是擇取《十翼後錄》較爲精要之注，加以整合並補充己說論述而成；《周易注疏賸本》在注的部分，以《十翼後錄》的精要注解爲主，在疏的部分，也有根據《十翼後錄》其他注解，引之以論證，或是以己意發揮，或是再補充他家《易》說來疏證注說。

（二）易學相關著述

〔註46〕鄭玄《駁五經異義‧天子駕數》：「《異義》《易》孟京《春秋公羊》說：『天子駕六。《易經》云時乘六龍以馭天，……謹案《禮‧王度記》曰：天子駕六，諸侯與卿同駕四，大夫駕三，士駕二，庶人駕一說，與《易》、《春秋》同。』駁曰：『《易經》時乘六龍者，謂陰陽六爻上下耳。豈故爲《禮記‧王度記》云。今天子駕六者，自是漢法與古異。』」（《文淵閣四庫全書》，經部七，《駁五經異義》，頁 24）

1. 《經訓比義》

黃以周在《經訓比義·敘》提到：

> 經者，聖賢所以傳道也。經之有訓詁，所以明經而造乎道也。儒者
> 手披口吟，朝夕無倦，孰不有志於聞道。顧或者辨聲音、定章句，
> 專求乎訓詁之通，而性命之精，仁義之大，一若有所諱而不言。言
> 之者或又離訓詁以談經而經晦，離經以談道而道晦，甚且隱陋乎孔
> 聖，而顯斥乎曾、孟諸子，此豈求道者之所宜爲哉？〔註47〕

黃以周表示必須由訓詁之明以通達經學大義。黃氏志在闡明經學，回歸聖賢
所傳正道，並力主調和漢學、宋學。若是能明訓詁，又能深切言述義理，則
聖道將可明矣。

　　《經訓比義》的寫作，主要是爲了訓解性、命等重要課題，黃以周共分
爲〈命〉、〈性〉、〈才〉、〈情〉、〈欲〉、〈心〉、〈意〉、〈道〉、〈理〉、〈仁〉、〈禮〉、
〈智〉、〈義〉、〈信〉、〈忠〉、〈恕〉、〈靜〉、〈敬〉、〈剛〉、〈中〉、〈權〉、〈誠〉、
〈聖〉、〈鬼神〉二十四目。在每一課題下，每則論述首先引用十三經經文，
再接前人的訓解，最後再加黃氏案語而成。而黃以周弟子唐文治在〈黃元同
先生學案〉中，也述及《經訓比義》一書：

> 自漢、宋學分途，學者膠於成見，意氣紛爭，鮮有能實事求是以溝通
> 之者。先生深究天人之奧、道德之歸、性命之蘊。嘗謂宋陳北溪先生
> 《字義》精矣，而不免失之於虛；戴東原先生《孟子字義疏證》鑿矣，
> 而更失之於囂。阮文達作《性命古訓》、《論語論仁論》，本原經義，
> 可謂精而實矣，而尚嫌其略。爰著《經義通詁》一書，以破虛無寂滅
> 之陋，而燭詖淫邪遁之情。晚年改名之曰《經訓比義》。〔註48〕

可見成書情形與大致內容。《經訓比義》中對於《周易》多有探討，經筆者統
計後，黃以周訓解《易經》、《易傳》之文，共計有四十一處。所以可藉由黃
以周在《經訓比義》中對於《周易》的訓義，更能得知黃氏在易學專著外的
易學闡發與補充。

2. 《儆季雜著·群經說》

　　黃以周在《儆季雜著·群經說》有論述易學的專篇，分別爲〈周季說易
古義〉、〈鄭解周易字義〉、〈讀王肅易注〉、〈釋艮限列夤〉、〈釋坎九五爻辭〉、

〔註47〕〔清〕黃以周：《經訓比義》，序，頁11。
〔註48〕唐文治：《茹經堂文集》，頁177。

〈豐日中見斗日中見沬解〉、〈升上爻消不息說〉、〈賁无色解〉、〈釋周易朋字例〉，從上述諸篇中，可紬繹出黃以周的易學思想。唐文治《茹經堂文集》對黃以周《儆季雜著》的《易》說部分，提要謂：

> 經說以釋《易》諸條爲尤精。如〈周季説易古義〉謂《周易》非卜筮之書；〈釋艮限列夤〉謂醫術通儒道；〈釋坎九五爻辭〉謂祇當依鄭讀爲坻，「坎不盈」者，上坎已平也，「坻既平」者，下坎亦不盈也，是即象傳水流不盈之義，所謂吉凶與民同患者也；釋〈豐日中見斗日中見沬〉，謂即象辭之「宜日中」，「斗」與「沬」雖不明，而其不明者甚小，庶與「來章，有慶譽」之義相合；釋〈升上爻消不息〉，謂坤性柔暗，昧於升陽之義，非謂陰自升不已也，上茍昧於升陽，則下陽爻自不宜上息用事，故曰「利於不息之貞」，此正深爲君子謀，非爲小人幸。此皆易學之精微，聖經之通例，爲前儒所未發。

〔註49〕

指出黃以周易學見解的「精微」。而盧松安《易盧易學書目》中，對於此書說道：「此以考據解經，每題自結，未作統系。」〔註50〕這九篇易學論說是黃以周群經論述中，各自成篇之作，所以盧松安才說「未作統系」。但從這些研究材料中，可再紬繹出黃以周易學論述的獨特見解。

〔註49〕同上注，頁 187、188。
〔註50〕盧松安：《易盧易學書目》，頁 618。

第四章　黃式三易學探析

　　本章分為「釋易方法」、「易例發凡」、「易理闡發」、「易學要點」四節，以探討黃式三的易學內容。第一節「釋易方法」，先就黃式三解釋《周易》的主要方法，作說明論證，以期能窺知黃式三治《易》思維模式；第二節「易例發凡」則是在黃氏易學著作中，紬繹其所發現的《易》例，黃式三雖未特立《易》例篇目，但在其闡發的《易》理內容中，已有確切的《易》例立論；第三節「易理闡發」則是整理論述黃式三各篇目中有一貫脈絡的《易》理學說，以見黃式三有別於治《易》方法上分文解釋的論述，而更有體系地探討其學說；第四節「易學要點」，則是歸納黃式三治《易》的主要趨向，以見其易學的用心與擅場。

第一節　釋易方法

　　黃式三在解釋《周易》時，大致可分為「以傳解經」、「引述考徵」、「史事證易」、「比較分析」四部分來探討。在第一部分的「以傳解經」中，「經傳一貫」是黃式三所追求的宗旨，所以在《易釋》一書中，常可見黃式三「以傳解經」的方法；而在第二部分「引述考徵」中，則可見黃式三遍學群經、通曉古籍的學養，這對於《周易》廣遍周流的特質，正可由群書的引述發揮而得一印證；第三部分「史事證易」，黃式三受到浙東史學的薰陶與影響，所以在《易釋》中常可見其引史以證《易》的方法；在第四部分「比較分析」，則論述列舉黃式三以「比較分析」的方法來發揮《易》理。

一、以傳解經

歷來注《易》學者多著重在「以傳解經」的方式來發揮《易經》道理。例如王弼釋《易》，就多以〈彖傳〉、〈象傳〉來發揮義理，如在釋〈小畜〉六四爻辭：「有孚，血去，惕出，无咎。」王弼論曰：「四乘於三，近不相得，三務於進，而己隔之，將懼侵克者也。上亦惡三，而能制焉，志與上合，共同斯誠。」〔註1〕王弼即是以〈小畜〉六四象傳：「有孚，惕出，上合志也。」來論述發揮。而之後注《易》者，也多用「以傳解經」的方式。例如程頤《易程傳》在〈觀〉卦辭：「觀，盥而不薦，有孚顒若。」注曰：「居上者，正其表儀，以為下民之觀，當莊嚴如始盥之初，勿使誠意少散，如既薦之後，則天下之人，莫不盡其孚誠，顒然瞻仰之矣。」〔註2〕也是引象傳：「大觀在上，順而巽，中正以觀天下。觀，盥而不薦，有孚顒若，下觀而化也。觀天之神道，而四時不忒，聖人以神道設教，而天下服矣。」雖然近代已有學者指出並從事「經傳分離」的研究，但也不應就此完全將《易經》與《易傳》分割。〔註3〕《易傳》實則也是探討《易經》的一重要理路，經由《易傳》更能完整地表達出《周易》之理。故黃式三掌握此一研究方法，在《易釋》一書中，多可見其以《易傳》發揮《易經》的方法。以下即引述數例，以見黃式三以傳解經的方法。

在〈象傳〉的引述發揮，例如《易釋》卷一釋〈臨〉卦，黃式三曰：

〔註1〕 參見（魏）王弼、（晉）韓康伯、（宋）朱熹著：《周易二種》（臺北：大安出版社，1999 年），頁 34。

〔註2〕 黃忠天編著：《周易程傳註評》（高雄：高雄復文圖書出版社，2001 年），頁235。

〔註3〕 余敦康在〈從易經到易傳〉指出：「六十年代初期，學術界曾經開展了一次關於『周易』的討論，討論者分別就『易經』和『易傳』的思想提出了各自的看法，把『周易』的研究又向前推進了一步。但是在討論中有些人忽視『周易』這部書中本來就有的宗教巫術的成分，往往又產生另一種偏向，或者是不適當地誇大了『易經』的思想，或者是從形式上抹殺了『易傳』的特徵，看不見巫術對它的思想體系的影響。『周易』這部書，內容和形式兩個方面都值得引起足夠的重視。這是中外思想史上的一個極為特殊的現象。如果我們注意到其中兩部分的內容上的差別和形式上的聯繫，既不把它們完全等同起來，也不完全割裂開來，就可以看到人類的抽象思維是怎樣逐步提高的過程，可以看到這種宗教巫術的基礎上孕育產生出來的哲學思想體系，是怎樣揚棄了宗教巫術的內容，同時又利用了它的形式，從而使自己帶上了不同於其他一些哲學思想體系的特點。」收錄於黃沛榮編：《易學論著選集》（臺北：長安出版社，1985 年），頁 227、228。

初、二之剛浸長，皆曰「咸臨」，羣陰之感，從者大也。（《易釋》，
頁 20）

黃式三將〈臨〉象傳：「臨，剛浸而長。」轉引爲「剛浸長」，以此來釋初、
二爻辭中的「咸臨」之意。由於初爻、第二爻在六爻中爲陽爻，有剛之特性，
而且本來應在高上之位，現肯屈居下二爻，所以有「浸長」之可能。也因此
群陰爻皆感應到初、二爻之發展可能性，故「咸臨」。黃式三結合〈象傳〉以
注解〈臨〉初、二爻辭。再如《易釋》卷一釋〈剝〉卦，黃式三曰：

三剝「无咎」，應乎上而違二、四，消息盈虛之天運，三獨知之也。
（《易釋》，頁 24）

〈剝〉象傳提到：「君子尚消息盈虛，天行也。」黃式三在釋〈剝〉六三爻時，
指出六三爻雖有〈小象〉所謂「失上下」的情形，但由於六三爻能獨知〈象
傳〉「消息盈虛」的天行運轉道理，也因此可以避免「凶」的情形而能「无咎」。
　　在〈文言傳〉的引述發揮，《易釋》卷一釋〈遯〉，黃式三曰：

五曰「嘉遯」，處遯之時，而有嘉德也，嘉會故亨，「嘉遯」猶遯而
亨也。（《易釋》，頁 33）

這裡黃式三結合了〈遯〉九五爻辭「嘉遯，貞吉」與〈乾·文言〉「亨者，嘉
之會也」。由於〈遯〉九五爻能「嘉遯」，經由黃式三以〈乾·文言傳〉指出
「嘉」即是「嘉會」，也就是能「合禮」﹝註4﹞進退，所以能「遯而亨也」。再
如《易釋》卷二，也引〈文言傳〉來釋「貞」，黃氏在〈釋貞〉中提到：

〈文言傳〉曰：「貞固足以幹事。」以貞配信，非以貞配智，智者，
聖之始條理，四德之所並資，而信有可、有不可。（《易釋》，頁 76）

在〈乾·文言傳〉有謂：「知至至之，可與幾也，知終終之，可與存義也。」
而在《孟子·萬章》也提到：「孔子，聖之時者也。孔子之謂集大成。集大成
也者，金聲而玉振之也。金聲也者，始條理也；玉振之也者，終條理也。始
條理者，智之事也；終條理者，聖之事也。」這裡的「知」、「智」是行仁智
以成聖人之事，所以需元、亨、利、貞四者並行而施。而〈乾·文言傳〉雖
然說明「貞」有行事守信、執守的意義，但黃式三也表明了雖然必須執信，
但也要能夠權衡判斷是否應該遵循。正如同孔子曰：「言必信，行必果，硜硜
然小人哉！抑亦可以爲次矣。」（《論語·子路》）信守情義與知道大智的聖人
相較，也還只是其次而已。所以在〈文言傳〉僅「以貞配信」，不同於智者的

────────

﹝註4﹞〈乾·文言〉：「嘉會足以合禮。」（《十三經注疏·周易》，頁 11）

「四德」兼備。這裡可見黃式三藉由〈文言傳〉而將「貞」字發揮的情形。

在〈大象傳〉的引述發揮，例如《易釋》卷一釋〈謙〉，黃式三謂：

〈謙〉：「地中有山。」山非小也，而載之地中則小。君子法之，取
物之多，以益己之寡。若無若虛，多見多聞，皆謙之道。慮己之施諸物者未
平而權衡之，是謙道也。（《易釋》，頁 17）

除了直接引〈謙〉大象「地中有山」外，也將「君子以裒多益寡，稱物平施」
轉述為「君子法之，取物之多，以益己之寡」，並在後面補充說明〈謙〉所要
告訴我們的道理，除了自身的虛心求教學習外，也要學無止境地「多見多聞」，
增加自己的見識閱歷。黃式三以〈謙〉大象君子謙遜之德來闡發〈謙〉卦的
謙虛道理。

在引述〈說卦傳〉來闡發《易》理的部分，黃式三在《易釋》卷一釋〈離〉
曰：

離火外明，五位柔不當，而四、上有兵戎之象。離為甲冑、為戈兵，
離為兵火，猶兵火夏官掌之，皆其象也。（《易釋》，頁 31）

其中黃式三引〈說卦傳〉第十一章：「離為火⋯⋯為甲冑，為戈兵。」來說明
何以九四與上九有兵戎之象。由於〈離〉是離重卦而成，於是黃式三引〈說
卦傳〉說明離有兵器之象。也就是上九爻辭有「王用出征」的兵戎之辭，而
九四爻辭則是「突如其來如，焚如，死如，棄如」的兵事戰死之象。此是黃
式三以〈說卦傳〉釋《易》之例。再如同樣是引〈說卦傳〉，黃式三在《易釋》
卷二〈釋用拯馬壯〉謂：

〈明夷〉六二：「用拯馬壯，吉。」傳曰：「六二之吉，順以則也。」
〈渙〉初六：「用拯馬壯，吉。」傳曰：「初六之吉，順也。」謂〈明
夷〉二柔，順承九三之剛；〈渙〉初柔，順承九二之剛也。〈渙〉下
坎，〈明夷〉互坎，坎馬為亟心、為下首、為薄蹄、為曳，是馬壯之
象也。（《易釋》，頁 98～99）

《易釋》卷二主要是探求《易經》相同詞語的意義。其中「用拯馬壯」曾出
現在〈明夷〉六二與〈渙〉初六。黃式三就象數觀點來發揮，由於〈渙〉下
爻為坎，而〈明夷〉二至四互坎，皆有坎象，黃氏特別引用〈說卦傳〉：「坎
為水，⋯⋯其於馬也，為美脊、為亟心、為下首、為薄蹄、為曳。」於是有
馬壯之勢，黃式三藉此來解釋〈明夷〉六二爻辭與〈渙〉初六皆有「馬壯」
的因由。

　　黃式三在《易釋》卷一釋〈无妄〉中，也引〈雜卦傳〉來發揮《易》理，其謂：

　　　〈雜卦傳〉曰：「大畜，時也；无妄，災也。」〈大畜〉，天衢之亨，
　　而天命所不祐，祇在靜俟而已矣！（《易釋》，頁26）

黃式三以〈雜卦傳〉所言：「大畜，時也；无妄，災也。」說明〈大畜〉與〈无妄〉的相對。〈大畜〉之時，待時並俟時行動，而〈无妄〉則是守時不可輕舉妄動。黃式三並舉〈大畜〉上九：「何天之衢，亨。」來說明〈大畜〉天道能夠大行；相對地，也舉出〈无妄〉象傳：「无妄之往何之矣？天命不祐，行矣哉？」說明「无妄」時期，只可耐心靜候，以等待再度奮發的時機。黃式三從〈雜卦傳〉的說引中，比較〈大畜〉與〈无妄〉之義。而在《易釋》卷一釋〈大過〉，黃式三也引〈雜卦傳〉謂：

　　　三其魏曹、晉司馬歟！上則諸葛之功不成而遽逝歟！〈雜卦傳〉曰：
　　「大過，顛也。」（《易釋》，頁29）

〈大過〉上六爻辭爲「過涉滅頂，凶，无咎」，黃式三認爲此可以用三國時期的史例——諸葛亮與司馬懿對戰而諸葛亮殞沒於五丈原來說明。黃氏並引〈雜卦傳〉來說明諸葛亮的遽逝爲「顛也」。〔註5〕黃式三藉由〈雜卦傳〉來說明〈大過〉上六之意。

　　《易傳》既然是發揮《易經》，兩者有著一脈的承繼，故亦可透過《易經》來作爲《易傳》論證的依據。黃式三在《易釋》卷三說解〈繫辭傳〉的部分，特別引《易經》作爲發揮的根據，其謂：

　　　吉凶由于方之類者，乾西北三男類聚，坤西南三女類聚，如〈坤〉
　　有得朋、喪朋之占；〈蹇〉、〈解〉有利、不利也。吉凶由于物之群者，
　　本乎天者，親上；本乎地者，親下。如飛龍在天、翰音不登天也。
　　由于在天、在地者。如坎象爲雲，其形爲雨、爲水；離象爲電、爲
　　日，其形爲火也。〔註6〕此以造化明易簡之理，〔註7〕非有所矯揉而

〔註5〕李鼎祚在《周易集解》注解「大過顛也」謂：「顛，殞也。頂載澤中，故顛也。」也是以殞落作爲「顛覆」之意。〔唐〕李鼎祚：《周易集解》（臺北：臺灣商務印書館，1996年），頁445。
〔註6〕〈繫辭傳〉上第一章：「在天成象，在地成形。」韓康伯注：「象，況日月星辰；形，況山川草木也。縣象運轉以成昏明，山澤通氣而雲行雨施，故『變化見矣』。」（《周易二種》，頁203）
〔註7〕〈繫辭傳〉上第一章：「乾以易知，坤以簡能。易則易知，簡則易從。易知則有親，易從則有功。有親則可久，有功則可大。可久則賢人之德，可大則賢

爲之也。(《易釋》，頁138～139)

〈繫辭傳〉上第一章提到：「方以類聚，物以羣分，吉凶生矣。」「方以類聚」而生吉凶的部分，黃式三特引了〈坤〉卦辭「西南得朋，東北喪朋」以及〈蹇〉卦辭「利西南，不利東北」、〈解〉卦辭「利西南」來說明，這都是《易經》卦辭中就方位而有斷吉凶的卦辭。在「物以羣分」而生吉凶的部分，黃氏則是引了〈乾〉九五「飛龍在天」、〈中孚〉上九「翰音登于天，貞凶」，其中龍本屬於天者，而「翰音」在《禮記・曲禮》：「雞曰翰音。」〔註8〕而朱熹《周易本義》亦注〈中孚〉上九曰：「雞曰翰音，乃巽之象。居巽之極，爲登于天。雞非登天之物，而欲登天；信非所信，而不知變，亦猶是也。」〔註9〕雞終究是屬於一般的禽類，爲地類不爲天類，黃式三藉此說明分類之別。這裡可見黃式三引用了〈坤〉、〈蹇〉、〈解〉卦辭，與〈乾〉、〈中孚〉爻辭。以《易經》卦爻辭作爲〈繫辭傳〉論述的本源。由此可見黃式三不僅是引《易傳》來發揮《易經》，也有引《易經》來作爲《易傳》發揮的論證根源。這是黃式三「經傳一貫」的主張。

二、引述考徵

黃式三在《易釋》中，也常以引述考徵的方式來解釋、發揮《周易》。〈繫辭傳〉：「天下何思何慮？天下同歸而殊塗，一致而百慮。」在經典古籍中，彼此都有可以旁徵博引的共同見解，各家學說也都有可以相互論述發揮的部分。而在《浙江定海縣志》的〈人物〉表二「凡負學術道義之望者入之」中，黃式三的學行欄記敘道：「生平於學，無所不窺，並包六藝，斟酌諸儒，不域于門戶。」〔註10〕以下就黃式三引用經典古籍與各家學說來解釋、發揮《周易》之處，作一引述、探討。

在經書的部分，黃式三《易釋》卷一釋〈離〉，引《尚書》來發揮：

人之業。易簡而天下之理得矣。天下之理得而成位乎其中矣。」(《十三經注疏・周易》，頁143～144)

〔註8〕《禮記・曲禮下》：「凡祭宗廟之禮：牛曰一元大武，豕曰剛鬣，豚曰腯肥，羊曰柔毛，雞曰翰音，犬曰羹獻，雉曰疏趾，兔曰明視，脯曰尹祭，槁魚曰商祭，鮮魚曰脡祭，水曰清滌，酒曰清酌，黍曰薌合，粱曰薌萁，稷曰明粢，稻曰嘉蔬，韭曰豐本，鹽曰鹹鹺，玉曰嘉玉，幣曰量幣。」(《十三經注疏・禮記》，頁97)

〔註9〕《周易二種》，頁222。

〔註10〕陳訓正、馬瀛等纂修：《浙江省定海縣志》，頁365。

　　五攝王事之公，如元公柔能制剛，「出」謂上「用出征」，「涕」泣道
　　之如《書‧大誥》，令爲首者伏罪，不纍眾醜，誅武庚，而宥頑民也。
　　（《易釋》，頁 31）

黃式三引《尚書‧周書‧大誥》來闡明〈離〉六五爻辭。〈大誥〉一篇是周公
輔佐成王時，由於管叔、蔡叔等少數王室貴族勾結紂王的兒子武庚，在殷商
故地發動大規模武裝叛亂，於是周公東征，加以平定，以此爲歷史背景。於
是〈大誥〉即是周公相成王時對殷民的公告。黃式三特引《尚書》來說明〈離〉
六五爻與上九爻正邦安國的意義。此外，黃式三在《易釋》卷四〈釋陰陽先
後〉中，還引《尚書‧禹貢》來說明《連山》陰先陽後之理，其謂：「〈禹貢〉
先導山、後導水，義同《連山》。……此皆古人先陰後陽之教也。」（《易釋》，
頁 187）黃氏藉由〈禹貢〉中開山以導水，有著「山陰水陽」之理，說明《連
山》是先陰後陽，而有別於《周易》的先陽後陰。

　　黃式三也有引《周禮》來論述《周易》，在《易釋》卷一釋〈離〉，黃氏
謂：

　　離火外明，五位柔不當，而四、上有兵戎之象。離爲甲冑、爲戈兵，
　　離爲兵火，猶兵火夏官掌之，皆其象也。（《易釋》，頁 31）

《周官‧夏官司馬》提到：「惟王建國，辨方正位，體國經野，設官分職，以
爲民極。乃立夏官司馬，使帥其屬而掌邦政，以佐王平邦國。」夏官是管理
軍事的主要部門。黃式三對於禮學鑽研甚深，在這裡特地引夏官之職，來說
明〈離〉的兵戎之象。〔註11〕其它如《易釋》卷四〈釋陰陽先後〉中，引《周
禮》論曰：「『大司樂』享先祖之上，必言先妣，〔註12〕義同《歸藏》，此皆古

〔註11〕《周禮‧夏官司馬（第四）》有具體說明兵戎軍事之法：「大司馬之職，掌建
　　　邦國之九法，以佐王平邦國：制畿封國，以正邦國；設儀辨位，以等邦國；
　　　進賢興功，以作邦國；建牧立監，以維邦國；制軍詰禁，以糾邦國；施貢分
　　　職，以任邦國；簡稽鄉民，以用邦國；均守平則，以安邦國；比小事大，以
　　　和邦國。以九伐之法正邦國：馮弱犯寡，則眚之；賊賢害民，則伐之；暴內
　　　陵外，則壇之；野荒民散，則削之；負固不服，則侵之；賊殺其親，則正之；
　　　放弒其君，則殘之；犯令陵政，則杜之；外內亂，鳥獸行，則滅之。」（《十
　　　三經注疏‧周禮》，頁 436）

〔註12〕《周禮‧春官宗伯（第三）》：「大司樂：掌成均之法，以治建國之學政，而合
　　　國之子弟焉。……乃奏黃鐘，歌大呂，舞〈雲門〉，以祀天神；乃奏大蔟，歌
　　　應鐘，舞〈咸池〉，以祭地示；乃奏姑洗，歌南呂，舞〈大韶〉，以祀四望；
　　　乃奏蕤賓，歌函鐘，舞〈大夏〉，以祭山川；乃奏夷則，歌小呂，舞〈大濩〉，
　　　以享先妣；乃奏無射，歌夾鐘，舞〈大武〉，以享先祖。」（《十三經注疏‧周

人先陰後陽之教也。」(《易釋》，頁 187) 由《周禮》大司樂重視先妣的祭祀行為中，闡發《歸藏》是先陰而後陽的，有別於《周易》的先陽後陰。而在《禮記》的部分，《易釋》卷一釋〈无妄〉，黃式三論曰：

> 二「不耕」而「穫」，「不菑」而「畬」，福不求而自至，而以為凶者。
>
> 據〈坊記〉則改凶。聖人甚禍无故之利耳。(《易釋》，頁 26)

《禮記‧坊記》：「子云：『禮之先幣帛也。欲民之先事而後祿也、先財而後禮，則民利。無辭而行情，則民爭。故君子于有饋者，弗能見，則不視其饋。《易》曰：『不耕穫，不菑畬，凶。』以此坊民，民猶貴祿而賤行。』」其中〈坊記〉所言是以禮儀為重，爾後才講財利之事，其中並引了〈无妄〉六二爻辭，說明不勞而獲的危險性。而黃式三也依此來解釋《周易‧无妄》六二爻辭之意。此外，《易釋》卷三〈疑義分析三〉，在上篇經傳的部分，黃式三謂：

> 〈乾〉象傳曰「雲行雨施」，坎也；「大明」，離日也。〈晉〉象傳「大明」，亦指離日。《禮》「大明生于東」是也。(《易釋》，頁 103)

為了說明〈乾〉象傳：「雲行雨施，品物流形。大明終始，六位時成。」其中的「雲行雨施」是就坎卦而言，「大明終始」是就離卦而言，特引了《禮記‧禮器》之說，〔註 13〕由《禮記》的「大明」與「月」相對，可知道「大明」是就太陽而言，而〈離〉卦有太陽之象，〔註 14〕故可知「大明終始」的「大明」是就〈離〉卦而言。

黃式三也引《論語》、《孟子》來解釋《周易》。在《易釋》卷二〈釋貞〉中，為了解釋「貞」有「信」、「貞固」之義，特引《論語》、《孟子》來釋「貞」，黃氏謂：

> 〈文言傳〉曰「貞固足以幹事」，以貞配信，非以貞配智。智者，聖之始條理，四德之所並資，而信有可、有不可。故《論語》以「言必信」，為士之次。〔註15〕《孟子》云「大人言不必信」，〔註16〕明

禮》，頁 336)

〔註13〕《禮記‧禮器》：「天道至教，聖人至德。廟堂之上，罍尊在阼，犧尊在西。廟堂之下，縣鼓在西，應鼓在東。君在阼，夫人在房。大明生於東，月生於西，此陰陽之分、夫婦之位也。君西酌犧象，夫人東酌罍尊。禮交動乎上，樂交應乎下，和之至也。」(《十三經注疏‧禮記》，頁 469)

〔註14〕〈說卦傳〉第十一章：「離為火，為日，為電。」(《十三經注疏‧周易》，頁 186)

〔註15〕《論語‧子路》：「子貢問曰：『何如斯可謂之士矣？』子曰：『行己有恥，使於四方，不辱君命，可謂士矣。』曰：『敢問其次。』曰：『宗族稱孝焉，鄉

乎四德之貞爲信，而貞固之義明。(《易釋》，頁 76～77)

黃式三說明「貞」有信守之意思，但有時爲了仁義，也要懂得權變，所以分別引用《論語‧子路》與《孟子‧離婁》，說明君子、大人者不會固執己見而有違正道，而這才是〈乾〉四德「貞」的眞正大信。

　　除了經學的引述外，黃式三也引述諸子學說。《易釋》卷四〈釋陰陽先後〉中，引《老子》之言來說明先陰後陽之理：

《歸藏》以〈坤〉爲首，軒轅氏之《易》，殷述之……是以陰陽家言「玄牝門，天地根」，〔註17〕必重萬物之母，《老子》書祖軒轅，其言有所本也。(《易釋》，頁 186～87)

黃式三以《老子》「玄牝門，天地根」之牝，來發揮〈坤〉卦辭「元亨，利牝馬之貞」的柔順牝馬，以爲這是天地之根本，而這是《歸藏》先陰後陽的道理。黃以周〈敕封徵仕郎內閣中書先考明經公言行略〉即指出：「(黃式三)所作之文，意取閎博，雖《列》、《莊》，有取者，亦取之。惟不用釋氏言，非其意所愜也。」(《儆季雜著‧文鈔》)而在《易釋》卷四〈釋陰陽先後〉中，黃式三則以地理家觀點來說明《連山》先陰後陽之理：

《連山》以〈艮〉爲首，神農氏之《易》，夏述之，……《連山易》如今地理家言天地之氣，發源于崑崙，天下名山大川起伏之所自始，先山後水，則有先陰後陽之教。(《易釋》，頁 186～87)

《連山》以〈艮〉爲首，〈艮〉有山象，而在古地理學中，天地之氣起源於崑崙，山川幽伏之所始，屬於較陰性之氣，而後漸成陽動天地之氣，而這也符合山靜水動的自然現象。黃式三以地理家觀點來說明《連山》先陰後陽的觀念。此外在《易釋》卷一釋〈小畜〉中，黃式三引《呂氏春秋》謂：

初將變巽，由道而入下位，猶天道之轉運而復于下。本《呂覽‧務本篇》高注。(《易釋》，頁 12)

《呂氏春秋‧有始覽》曰：「安危榮辱之本在於主，主之本在於宗廟，宗廟之

党稱弟焉。』曰：『敢問其次。』曰：『言必信，行必果，硜硜然小人哉！抑亦可以爲次矣。』曰：『今之從政者何如？』子曰：『噫！斗筲之人，何足算也！』」(《十三經注疏‧論語》，頁 118)

〔註16〕《孟子‧離婁下》：「孟子曰：『大人者，言不必信，行不必果，惟義所在。』」(《十三經注疏‧孟子》，頁 144)

〔註17〕《老子》第六章：「谷神不死，是謂玄牝。玄牝之門，是謂天地根。綿綿若存，用之不勤。」(魏)王弼原注：袁保新導讀：《老子》(臺北：金楓出版社，1996年)，頁 26。

本在於民，民之治亂在於有司。《易》曰：『復自道，何其咎，吉』以言本無異則動卒有喜。今處官則荒亂，臨財則貪得，列近則持諫，將眾則罷怯，以此厚望於主，豈不難哉？」〔註18〕而後漢高誘注曰：「乾下巽上，〈小畜〉初九：『復自道，何其咎，吉。』乾為天，天道轉運為乾，初得其位，既天行周匝復始，故曰復，自道也，復自進退，又何咎乎？動而無咎，故吉也。乾動反其本終，復始無有異，故卒有喜也。」〔註19〕這裡黃式三特引了《呂氏春秋》與高誘注來說明〈小畜〉初九爻位可喜之理。

　　黃式三也有引徵前代注《易》學者的言論，如在《易釋》卷一釋〈大有〉，謂：

　　　　四无偏倚三陽之嫌，以五為主也。匪其旁，《釋文》引《子夏傳》，與王注合。
　　　　旁，偏倚也。（《易釋》，頁16～17）

《子夏易傳》注〈大有〉九四曰：「柔得尊位，而上下咸願應之以時，近親難處之地也。能知禍福之端，畏天下之所覿，如非在五旁，兢以自警，不敢怙恃，可无咎矣！非明辨者，不能至也，可謂智矣，剛能處柔者也。」〔註20〕而王弼注〈大有〉九四則曰：「既失其位，而上近至尊之威，下比分權之臣，其為懼也，可謂危矣。唯夫有聖知者，乃能免斯咎也。三雖至盛，五不可舍，能辯斯數，專心承五，常匪其旁，則『无咎』矣。旁，謂三也。」〔註21〕兩者對於今本《周易·大有》九四所言「匪其彭，无咎」的「彭」字，認為應是「旁」義。但其中也有差別，《子夏易傳》是以九四應將自己視作不在九五旁而言，如此才能不自恃甚高而招致禍患，而王弼則是以九四應當不在九三旁而言，兩者所指的不應偏旁，不盡相同，但都是為了能夠正承六五而言。所以黃式三指出九四是「以五為主也」。再如黃氏也有引漢代易學家荀爽之言，《易釋》卷一釋〈師〉，黃式三謂：

　　　　二四同功，四左次，進退隨二也。荀注陽稱左。（《易釋》，頁10）

在〈師〉中，黃式三認為九二與六四由於能輔佐六五，都有「无咎」之功，〔註22〕而荀爽說：「左謂二也，陽稱左。次，舍也。二與四同功，四承五，

〔註18〕《文淵閣四庫全書》，子部十，《呂氏春秋》，卷十三，頁14～15。
〔註19〕同上。
〔註20〕《文淵閣四庫全書》，經部一，《子夏易傳》，卷二，頁10。
〔註21〕《周易二種》，頁49。
〔註22〕〈師〉九二：「在師中，吉无咎，王三錫命。」〈師〉六四：「師左次，无咎。」

五无陽，故呼二舍於五，四得承之，故无咎。」〔註23〕所以黃式三也以荀
爽注《易》所言，而指出：「四左次，進退隨二也。」再如《易釋》卷四〈釋
玩占〉中，引宋代學者程迥〔註24〕所言，來印證占筮應回歸到人事上，黃
式三謂：

> 天運之盛衰與人事之得失，兩相合以見吉凶也。……程可久曰：「易
> 以道義配禍福，故爲聖人之書。陰陽家獨言禍福，而不配以道義，
> 詭遇而獲，則曰吉；得正而斃，則曰凶。故爲技術。」（《易釋》，頁
> 185、186）

經由程迥的論說引證，可以了解易學主要在於能得聖人之道，若只是徒然以
禍福結果來判斷吉、凶，則將使道、術分離，而產生道晦不明的偏失。再如
《易釋》卷一釋〈復〉，也有引清代學者惠士奇之言，黃式三謂：

> 三與初非比非應，得二而並復仁，則三之陽位「无咎」也。頻訓比，
> 見惠半農說。（《易釋》，頁 25）

指出此說是本於惠士奇，惠氏謂：「六三：『頻復，厲，无咎。』頻古作顰，水
厓也。從頁從涉。〔註25〕一爲水瀕之瀕，一爲瀕蹙之瀕，故舊注云：『頻復，頻
蹙之貌。』〔註26〕後人別作濱字爲水濱，而省瀕作頻，爲頻頻之頻。訓爲比，
不訓爲屢，〔註27〕何以知之？以《法言》及《廣雅》知之，《法言》曰『頻頻之

〔註23〕〔唐〕李鼎祚：《周易集解》，頁 58。
〔註24〕《宋史（卷四百三十七）·列傳·儒林（七）》：「程迥字可久，應天府寧陵人。
家于沙隨，靖康之亂，徙紹興之餘姚。年十五，丁內外艱，孤貧飄泊，無以
自振。二十餘，始知讀書，時亂甫定，西北士大夫多在錢塘，迥得以考德問
業焉。……迥嘗授經於崑山王葆、嘉禾聞人茂德、嚴陵喻樗。所著有《古
易考》、《古易章句》、《古占法》、《易傳外編》、《春秋傳顯微例目》、《論語傳》、
《孟子章句》、《文史評》、《經史說諸論辨》、《太玄補贊》、《戶口田制貢賦書》、
《乾道振濟錄》、《醫經正本書》、《條具乾道新書》、《度量權三器圖義》、《四
聲韻》、《淳熙雜志》、《南齋小集》。卒官。」（《新校本宋史》，頁 12949）
〔註25〕《說文解字注》：「顰，水厓，人所賓附也。顰戚不前而止。从頁从涉。」（〔東
漢〕許慎著、〔清〕段玉裁注：《說文解字》（臺北：書銘出版社，1992 年），
頁 573。
〔註26〕如〔唐〕李鼎祚《周易集解》謂：「虞翻曰：『頻、蹙也。三失位，故頻復厲。
動而之正，故无咎也。』」（《周易集解》，頁 132）王弼注〈復〉六三亦云：「頻，
頻蹙之貌也。處下體之終，雖愈於上六之迷，已失復遠矣，是以蹙也。蹙而
求復，未至於迷，故雖危无咎也。復道宜速，蹙而乃復，義雖无咎，它來難
保。」（《周易二種》，頁 76）
〔註27〕例如程頤即注「頻」爲「屢」，在〈復〉六三爻辭其謂：「三以陰躁處動之極，
復之頻數而不能固者也。復貴安固，頻復頻失，不安於復也，復善而屢失，

黨甚於鸒』，斯言人之頻，有如鳥之羣。故〈楚語〉曰：『羣神頻行。』注云：『頻，竝也。』竝行猶羣行也。於文相背曰北，相从曰比。故《廣雅》云：『頻頻，比也。』蓋本《法言》而為之訓，如其訓，則『頻復』者，比復也。……三，不中不正，遠初而比二，二近初而下之，故爻曰『休復』，象曰『下仁』，三不能獨復，比二而偕復也。」〔註28〕惠士奇之說有別於前代《易》家訓「頻」為「頻蹙」或「屢次」，而是以附比之意來說明六三爻附比於六二以復初九，所以黃式三本於惠士奇之說，而言：「三與初非比非應，得二而並復仁。」

再如黃式三也引《說文解字》等小學訓詁家之說法來解釋《周易》。《易釋》卷三說解〈雜卦傳〉，黃氏謂：

> 「夬，決也，剛決柔也。君子道長，小人道憂也。」李氏《集解》引虞氏說，憂作消，柔憂韻，消則不韻，此虞說之未可信者也。而諸說以道憂，為小人之憂危義，亦未憭《說文》憂患之憂，本作㥑，優柔之優，本作憂。夬之時，小人孤弱，不能與諸陽為敵，謂小人之優柔可也。或讀憂為擾，夬之時，小人馴擾義，亦通。（《易釋》，頁 168）

黃式三指出李鼎祚《周易集解》引虞翻之說〔註29〕而作「小人道『消』也」，但是「消」與「柔」在音韻上無法協韻，所以虞翻之說未足以採信。此外，前家注《易》者，多言「憂」為「憂危」的意義，〔註30〕但黃式三指出「憂」應作「優柔」義，因為「憂危」義的本字是「㥑」，《說文解字》在「㥑」曰：「㥑，愁也。从心頁。㥑心形於顏面，故从頁。」〔註31〕而清代朱駿聲《通訓定聲》謂：「經傳皆以憂為之，而㥑字廢矣。」〔註32〕可知古時「憂」、「㥑」

危之道也。」（黃忠天：《周易程傳註評》，頁 282）
〔註28〕《文淵閣四庫全書》，經部一，《惠氏易說》，卷二，頁 26。
〔註29〕《周易集解》引述〈雜卦傳〉為：「夬，決也，剛決柔也。君子道長，小人道消。」而引述虞翻注解曰：「以乾決坤，故剛決柔也。乾為君子，坤為小人。乾息，故君子道長；坤體消滅，故小人道憂。……此上虞義。」（《周易集解》，頁 446）
〔註30〕如韓康伯注〈雜卦傳〉曰：「君子以決小人，長其道：小人見決去，為深憂也。」（《周易二種》，頁 247）再如俞琰《周易集說》注曰：「君子之與小人相為盛衰，猶陰陽之消長。君子長，則小人憂。小人蓋以遭遇為喜，以決去為憂也。」（《文淵閣四庫全書》，經部一，《周易集說》，卷四十，頁 14）這裡都是以「憂愁」之義來解釋「憂」。
〔註31〕《說文解字》，頁 518。
〔註32〕〔清〕朱駿聲撰、〔清〕朱鏡蓉參訂：《說文通訓定聲》（臺北：世界書局，1956年），頁 221。

別有二字，而字義不同。〈雜卦傳〉的「憂」，是就「優柔」而言，並非指「憂愁」。《說文解字》在「憂」曰：「憂，和之行也。」段玉裁注：「憂，今字作優，以憂爲悁愁字。」〔註33〕黃式三認爲〈雜卦傳〉「小人道憂」的「憂」，是以古義「優柔」來立論，由於〈夬〉爲五陽決一陰，而小人爲陰，所以在面對諸陽君子時，就優柔寡斷而不敢爲敵，而這也表示小人馴服柔順於君子。此外，小人與君子爲敵有擾亂之意，所以黃式三再將「憂」以「馴擾」義解之，可作爲備說。其它，如《易釋》卷四〈釋陰陽先後〉中，黃式三以神話傳說觀點，說明「歸藏」陰先陽後之理：

> 《歸藏易》言生民之序，其教亦先陰後陽者，溯民之初生，先氣化，
> 而後形化。氣化始自混沌，而混沌之生如有娀吞鳥卵而生契，姜嫄
> 履大人跡而生稷，其人皆无父而生，有母即有子。（《易釋》，頁187）

可見《歸藏易》「先陰後陽」是本於神話傳說的母系觀念。黃慶萱在〈周易與神話傳說〉指出：

> 如果說伏羲屬於龍文化，可以從《文選‧魯靈光殿賦》注引玄中記
> 「伏羲龍身」找到文獻上的證據；如果說祝融是一條火龍，可以從
> 《山海經‧大荒北經》和《淮南子‧墜形》篇所說的「燭龍」得到
> 聲音上的證明；《淮南子‧天文》篇：「中央土也，其帝黃帝，其獸
> 黃龍。」《史記‧天官書》：「軒轅黃龍體。」所以黃帝軒轅氏也可能
> 和龍有關。《山海經‧海內北經》注引〈歸藏啓筮〉篇：「鯀死，三
> 歲不腐，剖之以吳刀，化爲黃龍。」《敦煌舊鈔瑞應圖殘卷》引〈括
> 地圖〉：「禹平天下，二龍降之，禹御龍行域外，既周而還。」《山海
> 經‧海外西經》：「大樂之野，夏后啓於此儛九代，乘兩龍。」夏代
> 鯀禹曾化龍或乘龍。可是古代文獻卻沒有殷商文化與龍有關的記
> 載。《詩經‧商頌‧玄鳥》：「天命玄鳥，降而生殷。」屈原〈天問〉：
> 「簡狄在臺，嚳何宜？玄鳥致胎，女何喜？」《史記‧殷本紀》：「玄
> 鳥墮其卵，簡狄取吞之，因孕生契。」看來殷文化與玄鳥倒是有些
> 關係的。〔註34〕

這裡可見古代傳說中關於各種神獸的紀錄，而且也可看出殷商文化多與玄鳥

〔註33〕《說文解字》，頁235。
〔註34〕黃慶萱：《周易縱橫談‧周易與神話傳說》（臺北：東大圖書股份有限公司，1995年），頁261。

相關，而較少與龍相關。龍有乾陽象徵，玄鳥多為坤陰象徵，這裡可見殷商時期的《歸藏》是坤首乾次的可能性。古代傳說中，聖人的誕生，多是父隱而母顯，由於母親曾有過傳奇的行跡，才有聖人的出現，就如同《歸藏》中以〈坤〉為首而〈乾〉次之的順序般，是以母系為主。黃式三引述神話傳說作為《歸藏易》〈坤〉先〈乾〉後的佐證，雖然無法詳加考證、說明，但也可作為《易》理中陰先陽後的一種參考。經由上述可知黃式三博學多聞，善引群經與各家之說來解釋、發揮《易》理。而《易》道的廣大，也在經典古籍的徵引《周易》中，足以得見。

三、史事證易

在第二章第三節「黃式三、黃以周與清代浙東學術之淵源關係」中，已探討黃氏父子在史學方面有所鑽研。而在治《易》上，黃式三善用史學方法的史事論證來發揮《周易》之理。如《易釋》卷一釋〈晉〉，即以三國史事來發揮，黃氏謂：

> 「〈晉〉，晝也。〈明夷〉，誅也。」是夏商衰、湯武興之象，而以蜀漢諸葛事擬之于象尤切。〈觀〉四之「賓」，晉位離五，是為「康侯馬」之「蕃庶」，天「錫」之也，其蜀始立國之象乎？五曰「往吉」，言五往上象〈萃〉之九五，〈萃〉曰：「王假有廟。」「康侯」而晉用王道矣。「維用伐邑」，其蜀即帝位，議伐中原之象乎？初未受命，「裕无咎」，此三顧茅廬，許以馳驅之時乎？二「受」、「福」、「愁如」，所謂後值傾覆，受任于敗軍之際，奉命于危難之中乎？三「眾允」上行其定益都、為軍師，眾信治蜀之績乎？初曰「摧如」、二曰「愁如」，言初未晉「受命」、二未晉「受福」之前也，四為「鼫鼠」則摧如。五未升上則愁如。「鼫鼠」則曹魏是也。（《易釋》，頁35）

其中以三國史事與蜀漢諸葛事蹟來比擬〈晉〉卦各爻。如以三國蜀始立國的事蹟來說明〈晉〉卦辭「康侯用錫馬蕃庶」。接著解釋六五「往吉」與上九「維用伐邑」，以蜀漢即帝位後議伐曹魏、問鼎中原來論述發揮。而初爻「裕无咎」與小〈象〉「未受命」，則以劉備三顧茅廬之時來解釋。而注六二爻「受」、「愁如」，則以劉備軍隊由於曹操揮軍南入荊州後，正處於存亡未卜之時，諸葛亮等人前往吳國商議抗魏等事蹟來說明。而釋六三爻「眾允」、「上行」，則以蜀漢定益都、諸葛亮被任命為軍師，而使眾人相信治蜀之良策政績等事來注此

爻。而最後再以篡漢的曹魏來說明九四爻辭中的「鼫鼠」。這裡黃式三以三國蜀漢的發展史事來解釋發揮〈晉〉卦內容，一貫相承，可看出黃氏史學與治《易》的巧妙、切當。

再如《易釋》卷一釋〈明夷〉，黃式三將六爻分別以商、周兩代遞嬗事蹟，加以詮說，其謂：

〈明夷〉夜闇之象也。世之遞嬗，猶晝之與夜，夜而入地之明，即旦之登天者也。上言紂既亡之象也。紂在位五十餘年，其初以鬼侯、鄂侯、文王爲三公《國策》魯仲連語，則箕子用也。六五言「箕子」之「貞明」不可息，見箕子一日在位，則天命一日未去，此言紂未亡之象也。四「入于左腹」，左謂三之陽，太師疵、少師彊抱器歸周之象，二師非輕于歸周也，早知紂心之不明，而悟消息盈虛之運，隨帝眷以轉移，而豫「出門庭」者也。初遠于五、上，「不食」而早「行」，伯夷之待海濱也。二時值未〈泰〉，睟視日之左旋將夷，〔註35〕歎息于時之无可如何，文王之順以則也。三則武王之象，由〈臨〉二而升者也。〈臨〉長一陽爲〈泰〉，陽不長則〈臨〉二升三而爲〈明夷〉。〈泰〉與〈明夷〉惟人主自轉移之矣。（《易釋》，頁35～36）

〈明夷〉初九爻辭爲「明夷于飛，垂其翼。君子于行，三日不食。有攸往，主人有言」，黃式三指出此「不食」是就歷史上「伯夷之待海濱」事蹟而言，〔註36〕由於初九爻位與五、上爻位相隔尙遠，是早知商紂爲昏闇不明之君，於是伯夷「不食而早行」，以明志也；〈明夷〉六二〈象傳〉爲「順以則也」，雖然商紂暴虐無道，但文王既爲人臣，而商朝尙不該滅，所以黃式三指出「歎息于時之无可如何，文王之順以則也」；至於〈明夷〉九三爻，黃式三以卦變說解，由於武王能行君子、大人之道，所以伐紂是爲陽長，於是大君〈臨〉變爲〈泰〉，而天道、良臣、百姓皆有志一同，齊心伐紂。相對地，商紂自恃

〔註35〕今本《周易·明夷》六二爻辭：「明夷，夷于左股，用拯馬壯，吉。」黃式三改爲「左旋」，本於任啓運，黃以周《十翼後錄》有引任氏之言。（頁742）

〔註36〕《史記（卷六十一）·伯夷叔齊列傳（第一）》：「武王載木主，號爲文王，東伐紂。伯夷、叔齊叩馬而諫曰：『父死不葬，爰及干戈，可謂孝乎？以臣弑君，可謂仁乎？』左右欲兵之。太公曰：『此義人也。』扶而去之。武王已平殷亂，天下宗周，而伯夷、叔齊恥之，義不食周粟，隱於首陽山，采薇而食之，及餓且死。」（《新校本史記》，頁2123）

得君位，強升陽位以肆虐百姓，於是大君〈臨〉變爲〈明夷〉，只有九二陽爻強升成爲九三爻，而使第二爻中道虛空、國勢衰微，而成〈明夷〉之勢；〈明夷〉六四爻辭爲「入于左腹，獲明夷之心于出門庭」，黃式三指出此時是「太師疵、少師彊抱器歸周之象」，〔註37〕可知商紂失德而導致眾叛親離，使臣子「出門庭」；〈明夷〉六五爻辭爲「箕子之明夷，利貞」，此時雖然商朝國勢未亡，但是商紂不理國事，昏闇不明，連最後的忠臣箕子也被囚禁，雖然有「紂未亡之象」，但亡國已是可預知的事了；〈明夷〉上六爻辭爲「不明，晦，初登于天，後入於地」，商朝在強盛數百年後，已是明晦入地而爲「紂既亡之象」。黃式三經由商、周兩代遞嬗的史事，將〈明夷〉六爻整體脈絡顯示而出。

其它可再舉幾例，以看出黃式三史事解《易》的方法。黃氏在《易釋》卷一釋〈坎〉卦提到：

> 初、上失道則「凶」。如秦商鞅爲法自斃，未遵蕩平之路，不得出坎
> 之道，則「凶」也。得道不凶矣！（《易釋》，頁30）

〈坎〉初、上爻〈象〉辭都提到「失道」與「凶」，黃式三釋之以戰國時期秦孝公任用商鞅變法，由於商鞅用法嚴苛，樹敵眾多，最後作法自斃，沒有遵循大道之理、循序漸進地變法改革，所以是「凶」。再如釋〈大有〉，黃式三論述：

> 初遠五而未交孚，非利也，亦非咎也。值〈大有〉之時，猶有遺賢
> 之恨，其西漢之賈誼、東漢之馮衍歟？（《易釋》，頁17）

黃式三釋〈大有〉初九爻辭「无交害，匪咎」，以西漢賈誼與東漢馮衍事蹟來說明在「大有」盛期，還是會有錯失人才的遺憾。

此外，黃式三也有以史事比較的方式來論述《易》理，如《易釋》卷四的〈釋玩占〉提到：

> 曰天運之盛衰與人事之得失，兩相合以見吉凶也。逢盛運而有盛德，
> 則爲舜、禹；逢衰運而有凶德，則爲桀、紂；運雖盛而以暴德絕之，
> 則爲秦皇；運雖衰而以盛德維之，則爲蜀漢。中主之醇疵不同，吉
> 凶亦異，安可舍人事而言之歟？（《易釋》，頁185）

〔註37〕《史記（卷四）·周本紀（第四）》記載：「居二年，聞紂昏亂暴虐滋甚，殺王子比干，囚箕子，太師疵、少師彊抱其樂器而歸周。」（《新校本史記》，頁121）而《史記（卷三十八）·宋微子世家（第八）》也有提到：「微子曰：『父子有骨肉，而臣主以義屬。故父有過，子三諫不聽，則隨而號之；人臣三諫不聽，則其義可以去矣。』於是太師、少師乃勸微子去，遂行。」（《新校本史記》，頁1610）

黃式三闡明占筮必須以人事爲依歸。雖一代之興盛確實是有天運的成份存在，但若是不回歸人事上來說，終不可以長久。所以舜、禹開國之君，因其本身自修德性，又能夠得到君臣、百姓的愛戴，所以開一代之盛世；桀、紂亡國之君，則一來荒淫無道，又國勢已衰，所以結束一朝之國運；再以秦始皇與蜀漢昭烈帝事蹟相比，也是可以知道君王應該以發揮德性、施行德政與否，作爲吉凶的依歸，否則徒有盛運，也將只有一時國運而已。黃式三從史事比較中，將《易》占重人事得失的特點，清楚闡釋出來。

四、比較分析

　　黃式三在釋《易》方法上，也有以比較分析的方式解釋《易》理。例如在《易釋》卷一釋〈小畜〉，黃氏比較〈小畜〉與〈大畜〉之異，其謂：

〈小畜〉四陰，由〈乾〉四陽之變，眾陽以應爲畜，與〈大畜〉之以陰止陽，其象有異。〈大畜〉有艮止義，〈小畜〉不得言止。（《易釋》，頁12）

其中除了以卦變說明〈小畜〉六四陰爻是由〈乾〉九四陽爻交變而來，並再比較了〈小畜〉與〈大畜〉的不同。〈小畜〉象傳曰：「小畜，柔得位而上下應之，曰小畜。」這是由於眾陽能應和，所以產生蓄積的力量。至於〈大畜〉是由下卦乾與上卦艮重卦而成，乾剛健有爲，但往往急於發揮，容易造成徒然無功，但是有上卦艮的止畜，所以能養晦待時，謀定後動，故〈大畜〉象傳才謂「能止健，大正也」，而黃式三也指出「〈大畜〉之以陰止陽」，是以反制的忍耐力來蓄積力量，不同於〈小畜〉的正應方式。這兩種蓄積方式，都是君子「自強不息，天行健」的重要修養，所以此二卦都是以乾爲下卦，而分別再由不同的上卦重卦而成。再如《易釋》卷一釋〈泰〉，黃氏謂：

四與五同孚于二，虛心忘勢，能用初之鄰，當〈泰〉交之時，无〈大壯〉羝羊觸藩之事也。（《易釋》，頁14）

黃式三藉由〈泰〉與〈大壯〉的比較，說明〈大壯〉「羝羊觸藩」[註38]過於剛硬逞強，自然動輒得咎。反觀〈泰〉之六四、六五，皆虛心待下，願意與初九相應，使得乾坤上下得以轉承交泰。經由兩卦的比較後，使得各卦義更加顯明。

　　除了卦與卦之間的比較外，黃式三也有比較他爻關係。如在《易釋》卷

[註38]〈大壯〉九三：「小人用壯，君子用罔，貞厲。羝羊觸藩，羸其角。」

一釋〈訟〉，黃式三謂：

> 〈蒙〉以二之剛中言「亨」，〈訟〉以五之剛中言「元」者，以仁心
> 覆下爲元，以誠心通上爲亨。(《易釋》，頁 10)

特引了〈蒙〉卦來說明兩卦「元」、「亨」之理。〈訟〉九五與〈蒙〉九二都呈現剛中之質。而〈蒙〉卦辭之所以「亨」，是由於九二能「誠心通上」，與六五相應；〈訟〉九五爻辭之所以「元吉」，則是以九五能以「仁心」包容下爻者。經由與他卦他爻相比較，更可看出上下相對之理，而闡述出〈訟〉九五爻辭「元吉」之義。再如同樣在《易釋》卷一釋〈訟〉卦，黃氏謂：

> 三食舊德不訟上者也，三其異于〈姤〉之行止不安乎初，不終訟上。
> (《易釋》，頁 10)

〈訟〉六三爻辭「食舊德」，所以黃式三指出六三能不提訟於相應的上九爻，並進而引〈姤〉卦同樣在三爻位置的九三爻辭「其行次且」，指出〈訟〉六三爻不同於〈姤〉九三爻行動舉止不安於初六的情形，而至終都不告訟於上九爻。經由與〈姤〉九三爻的比較後，更能顯示出該爻「食舊德」之義。

再如《易釋》卷一釋〈大畜〉，黃式三指出：

> 〈泰〉之上，「城復于隍」，爻變而全卦皆變，其象如此。(《易釋》，
> 頁 27)

其中主要是〈大畜〉上九爻與〈泰〉上六爻相比較。〈大畜〉上九爲「何天之衢，亨」，〈象傳〉指出是「道大行也」，至於與〈大畜〉上爻不同的〈泰〉，上六爻辭則爲「城復于隍。勿用師，自邑告命。貞吝」，〈象傳〉指出是「其命亂也」。相較下，〈大畜〉上九能蓄積等待，而有吉德；〈泰〉本有通泰之勢，到了上六卻「黜賢者，如壞長城」，[註39] 所以「命已亂矣」。經由〈大畜〉與〈泰〉上爻的比較後，將〈泰〉卦泰極則否的運勢清楚展現出來，也將〈大畜〉「何天之衢」的亨通之理比較得出。《周易》既然有流動變通之特性，則單一卦爻的說明總有不足之處。經由卦爻的比較分析，可以更周詳地表現出《周易》周遍之理。

第二節　易例發凡

《易》例之說，早在《易傳》中的〈彖傳〉、〈象傳〉、〈文言傳〉……等，

〔註39〕黃式三《易釋》卷一釋〈泰〉謂：「上，城復于隍，黜賢者，如壞長城，命已亂矣。」(《易釋》，頁 14)

以至《國語》、《左傳》、先秦諸子之《易》例，以及後代象數《易》例與王弼《易》例等，〔註40〕各易學家冀望能在周流廣遍的《易》學中，得到一通貫定例。黃式三雖未有專門發論《易》例之著作，但是在《易釋》中，還是可紬繹出其《易》例見解，以下分別論述之。

一、凡得〈乾〉之一體者，无不吉，變則有吉有凶；則凡得〈坤〉之一體者，有吉有凶，變之從陽，則无不吉也

黃式三在《易釋》卷二〈釋用九用六〉中，指出：「凡得〈乾〉之一體者，无不吉，變則有吉有凶；則凡得〈坤〉之一體者，有吉有凶，變之從陽，則无不吉也。」（《易釋》，頁64）此言主要是爲了探究〈乾〉用九、〈坤〉用六，其謂：

> 揲著有九、七、六、八之數，〈乾〉六爻皆七或九、七相閒，陽未盛也。至六爻皆九，曰「用九」，而〈乾〉陽之盛乃極，是備元、亨、利、貞之天德，而无以復上之，故曰天德不可爲首也。〈坤〉六爻皆八或六、八相閒，陰未盛也，至六爻皆六，曰「用六」，而〈坤〉陰之盛乃極，是必永守牝貞之德、喪朋安貞之德而後吉。〔註41〕陰能從陽才有終，故曰「以大終」。〔註42〕（《易釋》，頁62～63）

黃式三聲明〈乾〉之用九是至盛之極，具備〈乾〉卦辭「元、亨、利、貞」的天德，也由於至德之盛不可復加，故〈乾〉用九象謂：「天德不可爲首也。」黃式三在《易釋》卷三中，特別指出：

> 用九天德，不可爲首也，言元、亨、利、貞之四德備，物无以上之也。……羣龍者，上下各以剛德相見也。剛爲天德，羣龍盡見天德之盛，无以上之。首，上也。「不可爲首」，言无有駕其上者也，非謂〈乾〉剛不可爲物首也。不可爲物首，則非天德矣。（《易釋》，頁106、107）

這裡也明顯指出「不可爲首」是就用九的六爻皆陽，達天德之盛，所以無以復加而言。黃式三也在《易釋》卷二的〈釋用九用六〉反駁王弼說法：「聖人

〔註40〕詳可參見屈萬里：《先秦漢魏易例述評》（臺北：聯經出版事業公司，1984年）。
〔註41〕〈坤〉卦辭：「元亨，利牝馬之貞。君子有攸往，先迷後得主，利。西南得朋，東北喪朋。安貞吉。」
〔註42〕〈坤〉用六象曰：「用六永貞，以大終也。」

深慮陰之消陽，欲其用陽，大而終也。自王輔嗣誤以无首爲變柔，〔註43〕後儒申之者，不以用六爲承陽，而以用六爲變剛，而〈乾〉、〈坤〉之大義，霾晦久矣！」（《易釋》，頁63）黃氏反對王弼以「不可爲首」作爲「无首」應變柔之說明，從這也可看出黃式三陽主陰從的主張。而在此主張前提下，可進一步看出此卦例的論述開展。黃氏謂：

> 今試以〈乾〉、〈坤〉六爻之變推言之，〈乾〉初「潛龍」，〈復〉得之，爲雷在地中，不遠復，變〈姤〉則爲繫梔之絲與羸豕之蹢躅；二，在田之大人，〈師〉得之，爲丈人之承寵，變〈同人〉則爲于野之亨、于宗之吝；三，惕若之君子，〈謙〉得之，爲君子之有功不伐，變〈履〉則爲履虎尾之武人與所咥之人；四躍于淵，〈豫〉得之，爲建侯行師，有得勿疑，變〈小畜〉則五孚之而合志；五，飛天之大人，〈比〉得之，以親萬國，變〈大有〉則孚于下，交而威如；上亢龍，〈剝〉得之，爲碩果之核，復仁所由生，變〈夬〉則爲一柔乘五剛。（《易釋》，頁63～64）

黃式三將六十四卦，六爻爲一陽或一陰的十二卦，在上述中全部列出，藉以說明「〈乾〉、〈坤〉之一體者」的吉凶情形。其中有吉有凶，首先，〈乾〉初九爻辭的「潛龍勿用」，由初爻爲陽、上五爻皆陰的〈復〉來呈現發展時，則有〈復〉初九爻辭的「不遠復，无祇悔，元吉」，能夠在沉潛之時不妄動、能夠在失去不遠時回復而返，這是甚爲吉慶之事。〔註44〕若是陰陽互變爲〈姤〉，也就是一變沉潛而不知返復，則將有〈姤〉初六爻辭所言：「繫于金梔，貞吉。有攸往，見凶，羸豕孚蹢躅。」所呈現的羈絆凶象。

　　而〈乾〉九二爻辭的「見龍在田，利見大人」，在〈師〉得之的話，黃式三說明將有「丈人之承寵」，此句是結合〈師〉卦辭「貞，丈人吉，无咎」與九二〈象〉曰「在師中吉，承天寵也。王三錫命，懷萬邦也」而來。〈師〉承〈乾〉九二之陽，將得到「大人」、「丈人」的承寵，此是大吉之象；若是一變爲〈同人〉，則將有〈同人〉卦辭「同人于野，亨」或六二爻辭「同人于宗，吝」，也就是雖得「大人」、「丈人」的恩寵，有可能是公正光明的和同，但也

〔註43〕王弼：「九，天之德也。能用天德，乃『見群龍』之義焉。夫以剛健而居人之首，則物之所不與也；以柔順而爲不正，則佞邪之道也。故〈乾〉吉在『无首』，〈坤〉利在『永貞』。」（《周易二種》，頁3）
〔註44〕〈繫辭傳〉下第五章也指出：「子曰：『顏氏之子，其殆庶幾乎！有不善未嘗不知，知之未嘗復行也。《易》曰：『不遠復，無祇悔，元吉。』」

有可能是偏袒徇私的苟合，於是有此兩種吉凶參半的可能性。

而〈乾〉九三爻辭的「君子終日乾乾，夕惕若，厲无咎」，由〈謙〉一陽的九三保有「勞而不伐，有功而不德」，〔註45〕君子努力不懈，並且有功成身退的美德，所以能得吉；如果一變爲〈履〉，則變得自視甚高，而無視於周遭危險，自然會有〈履〉六三爻辭「眇能視，跛能履，履虎尾，咥人凶，武人爲于大君」的險難凶象。

而〈乾〉九四「或躍在淵」，在〈豫〉九四的個別發揮下，則有〈豫〉卦辭「利建侯行師」的吉象發展；若全卦變陰陽而〈小畜〉得六四，也將有九五的下乘相比而協助，於是「有孚」。〔註46〕

而九五的「飛龍在天，利見大人」，在〈比〉的九五一陽體現下，將有〈比〉大象所言：「先王以建萬國，親諸侯。」君臨天下的吉勢；一變爲〈大有〉，也將有六五爻辭：「厥孚交如，威如，吉。」能普照天下，建立萬國，也使諸侯敬其威儀。

而〈乾〉上九「亢龍有悔」，本是快達用九至德極盛的理想境地，但是由於在快達圓滿前驕傲狂妄，所以有悔。但在〈剝〉上九一陽的體現下，在一無所有時，能體現懺悔之心，所以有〈剝〉上九爻辭「碩果不食」的爻象，〔註47〕黃式三指出此是「爲碩果之核，〈復〉仁所由生」，〈復〉初九之「元吉」、〈復〉六二「下仁」之「吉」，即在於〈剝〉上九陽爻的「碩果不食」。而〈乾〉若是一變爲〈夬〉，雖無驕亢的危險，但是以「一柔乘五剛」，〔註48〕終非吉象。黃式三在《易釋》卷一釋〈夬〉即指出：「夬之一陰，所尙乃窮，自五告命，可以馴擾。」（《易釋》，頁41）上六雖不亢，但陰乘五陽，其勢自然會有窮困，所以還是要能與九五相比，才可以化解凶象，故變〈乾〉上九而成一陰上六

〔註45〕〈繫辭傳〉上第八章：「『勞謙，君子有終，吉。』子曰：『勞而不伐，有功而不德，厚之至也。語以其功下人者也。德言盛，禮言恭；謙也者，致恭以存其位者也。』」

〔註46〕〈小畜〉六四爻辭：「有孚，血去，惕出，无咎。」〈象〉：「有孚惕出，上合志也。」六四有其上的九五合志而有孚。

〔註47〕程頤指出：「諸陽消剝已盡，獨有上九一爻尚存，如碩大之果不見食，將有復生之理，上九亦變，則純陰矣。然陽无可盡之理，變於上則生於下，无間可容息也。聖人發明此理，以見陽與君子之道，不可亡也。」（黃忠天：《周易程傳註評》，頁273）

〔註48〕〈夬〉彖傳：「夬，決也，剛決柔也。健而說，決而和。揚于王庭，柔乘五剛也。」

的〈夬〉，有凶象的危險性。

　　黃式三所言：「凡得〈乾〉之一體者，无不吉，變則有吉有凶；則凡得〈坤〉之一體者，有吉有凶，變之從陽，則无不吉也。」即是表明六爻皆爲老陽的用九，若是變爲一陽爻的卦體，則將會呈現吉象，若是變爲一陰爻，則有或吉或凶的不同發展可能性；六爻皆爲老陰的用六，若是變爲一陰爻的卦體，則有或吉或凶的不同發展可能性，但若變爲一陽爻的卦體，則將有吉象。黃式三並再說明：

> 《易》中所變之卦，有可合觀之者，有宜分觀之者。聖人觀變之道，
> 或欲其變，或不欲其變，諸卦皆然。以〈乾〉、〈坤〉言之，謂用六
> 之宜，變以承陽，則可矣；謂用九之宜，變爲柔者，謬哉、謬哉！
> （《易釋》，頁64）

〈繫辭傳〉上第十章：「《易》有聖人之道四焉：以言者尚其辭，以動者尚其變，以制器者尚其象，以卜筮尚其占。」「變」爲「聖人之道」之一，黃式三重視卦變之理，〔註49〕從卦的變與不變中，將會產生吉、凶之辭象。而且從用九、用六的主張，也可以看出黃式三陽主陰從的觀念。

二、「往」、「來」詳析

　　黃式三《易釋》卷二〈釋往來〉說：

> 《易》例在內曰「來」，自外至內曰「來」，以外交內亦曰「來」；在
> 外曰「往」，自內出外曰「往」，以內交外亦曰「往」。（《易釋》，頁
> 64）

在說明此條例後，又分爲四類來說明，分別以「十二辟卦之言往來」、「十二辟卦之外，有以往來合言之者」、「象爻中有專言來者」、「象爻有專言往者」，此四類來舉例。在「十二辟卦中之言往來」的部分，黃氏謂：

> 不獨〈泰〉小往大來，〈否〉大往小來也。〈坤〉象「君子有攸往」，
> 謂〈坤〉往〈乾〉；〈剝〉象「不利有攸往」，謂五陰不利于往〈剝〉
> 上；〈復〉象「利有攸往」，謂初陽利于往陰，則剛浸長。（《易釋》，
> 頁64～65）

在十二辟卦中，例如〈坤〉卦辭「君子有攸往」，是指〈坤〉卦陰爻可由內至

〔註49〕可參考本章第三節「易理闡發」的「三、釋卦變」。

外向〈乾〉卦陽爻來發展，這樣也符合〈坤〉象傳言「西南得朋，乃與類行，東朋喪朋，乃終有慶」，雖然起初失去〈說卦傳〉所指稱的巽、離、坤、兌四類陰卦朋友，但是能往陽動的東北方震、乾、坎、艮而行，則最終乃有吉慶。而〈剝〉卦辭「不利有攸往」，則說明了諸陰爻不能再往上九爻而行。〈復〉卦辭「利有攸往」，則說明初九陽爻可再向上發展，使得事物能往正面發展。其它十二辟卦的往來之意也多是如此。

而在第二類「十二辟卦之外，有以往、來合言之者」的部分，黃式三舉例說明：

> 十二辟卦之外，有以往來合言之者。〈需〉象傳「利涉大川，往有功也」，上則云「不速之客來，敬之終吉」，往上則利涉大川，入穴即涉川三陽來內，是不可召之臣，敬而升之，則大川始涉；〈賁〉象「小利有攸往」，象傳則曰「柔來而文剛」，〈賁〉自〈泰〉變，〈泰〉上來二以文剛，〈泰〉二「分剛上而文柔」，五柔以往上爲利。（《易釋》，頁65～66）

在此類中，例如〈需〉象傳「利涉大川，往有功也」與上六爻辭「入于穴，有不速之客三人來，敬之終吉」，分別提到「往」與「來」。由於〈需〉是由下卦乾與上卦坎重卦而成，坎爲水，有大川之意，則「利涉大川」當是指下卦乾三陽，可往上則有功。而黃式三在〈釋往來〉一開始即指出爻例「在內曰來」，上六言「不速之客三人來」，若是三陽終處於內與上六相應而不前，則雖然不至於有凶事，但也無法有所突破，所以還是應該敬之，使其能往上，這樣才有「利涉大川」的可能性。而〈賁〉卦辭「小利有攸往」與〈象傳〉「柔來而文剛」也有相互的關係。黃式三說明〈賁〉是由〈泰〉卦變而來，經〈泰〉上六爻來到二爻而成〈賁〉，而〈泰〉九二則變爲〈賁〉上九爻，於是六五爻宜往上而達陰陽相合，這也符合〈賁〉文柔飾質剛的特性。〔註50〕

第三類則是「象爻中有專言來者」，黃式三謂：

> 象爻中有專言來者。〈訟〉象傳「剛來而得中也」，謂〈遯〉三來二；〈比〉象「不寧方來，後夫凶」，謂上爲不寧侯，見下之比五，亦並

〔註50〕《說文解字》：「賁，飾也，從貝卉聲。」（《說文解字》，頁282）程頤注〈賁〉象曰：「質必有文，自然之理，理必有對待，生生之本也。有上則有下，有此則有彼，有質則有文。一不獨立，二則爲文，非知道者，孰能識之？」（黃忠天：《周易程傳註評》，頁256）

來五,以後而凶,〈比〉初「終來」,謂二來初。(《易釋》,頁67)

在〈訟〉象傳中有提到「剛來而得中也」,黃式三指出由於〈遯〉九三陽爻來到二爻位而成〈訟〉,所以是由外至內而為「來」,其中有卦變的思維。〈比〉象辭「不寧方來,後夫凶」,其中的「來」,黃式三解釋為上六下來親近九五,但由於是見勢趨近、附和,意志不堅,將會得凶。而〈比〉初爻的「終來有它吉」,其中的「來」,則是指六二爻來比初六爻而言。其它各象爻中專言「來」者,也多是上爻至下之《易》例。

第四類則是「象爻有專言往者」,黃式三謂:

> 象爻中有專言往者。〈屯〉象「勿用有攸往」,謂五方屯膏,初勿往
> 五,利居貞。三曰「往吝」,謂三不得人,往上而兩陰无實則吝。四
> 「往吉」,謂四求初得人而往五則吉。(《易釋》,頁68)

〈屯〉象爻辭多次提到「往」,在象辭部分有「勿用有攸往」,黃式三指出是就初九往九五而言,由於九五爻辭「屯其膏」,[註51] 則初九不利前往。而〈屯〉六三爻辭「往吝」,則是由於「即鹿无虞」,[註52] 沒有善於引導的人帶領,徒然往上六,也將不能得陽之助而招「吝」。至於六四「往吉」,則是由於能與初九相伴而往九五,六四得到兩陽相助,與六三往上六的兩陰而無陽相較,更能達到陰陽調和而得「吉」。黃式三還有詳述其它專言「往」之象爻辭,也皆能闡揚發揮「往」由下爻往上之《易》例。

雖然爻例上為「往」、下為「來」,在歷來易學家中,如宋代項安世[註53]或近代學者屈萬里[註54] 等都曾闡述發揮,但經由黃式三詳盡且多層次地指出爻辭《易》例:「在內曰來,自外至內曰來,以外交內亦曰來;在外曰往,自內出外曰往,以內交外亦曰往。」並加以上述四大類例的闡述,使「往」、

〔註51〕黃式三在《易釋》卷一釋〈屯〉謂:「而屯其膏也,屯膏者,以爵祿不容濫,而有重難之意。膏賜陰小,常守此重難之意,非不吉也。有陽大之宜建侯者,貞屯之,則凶,能建侯,初、五均利矣。」由於九五處難屯守,只能給與陰爻膏澤,對於初九陽爻,無法助其建立事業,而初九本身即具有建侯之資,所以初九爻也不宜前往九五。

〔註52〕虞翻曰:「即,就也。虞,謂虞人,掌禽獸者。」(《周易集解》,頁40)虞人是指古時打獵,負責驅出禽獸以供獵人射捕者。

〔註53〕可參考 賴師貴三:《項安世《周易玩辭》研究》(國立臺灣師範大學國文研究所碩士論文,1990年),頁317。

〔註54〕可參考屈萬里:《先秦漢魏易例述評》(臺北:聯經出版事業公司,1984年),頁37~39。

「來」《易》例更加清楚明白。

三、「應」例詳析

黃式三在《易釋》卷二〈釋應〉中，詳盡論述相「應」之《易》例。黃氏首先謂：

> 《乾鑿度》曰：「三畫以下爲地，四畫以上爲天。動于地之下，則應
> 于天之下；動于地之中，則應于天之中；動于地之上，則應于天之
> 上。初以四、二以五、三以上，此之謂『應』。」其應非實而有之，
> 皆失義。鄭君注云：「天氣下降以感地，故地氣動升而應天也。」是
> 言氣動，非爻變爲動也。「陰有陽應，陽有陰應，實者也。既非其實，
> 設使得而有之，皆爲非義而得也。雖有之，君子不貴也。」式三案：
> 《易》例陽爲實、陰爲虛。陰得陽應，得陽之實也；陽應陰，以實
> 應陰也。苟兩陰无實，雖有情應，而爲非義之感，君子不貴。（《易
> 釋》，頁 77）

黃式三引《乾鑿度》與鄭玄注來說明相應之理。《乾鑿度》將下卦比作地，將
上卦比作天，經由天地相應的述說，而有上下卦各爻之相對。而鄭玄則是以
天地之氣的感應流通，說明上下相應之理。黃式三並再進一步點明相應重在
有「實」，而「實」則是指有陽相應，這裡黃式三以《易》例「陽爲實、陰爲
虛」來說明，若是兩陰相應而無陽實，則君子不以爲貴。於是黃式三接著舉
出陰陽相應的正例，並說明「實」應的重要性。黃氏謂：

> 《易》象傳之言「應」者，〈蒙〉、〈師〉、〈比〉、〈小畜〉、〈履〉、〈同
> 人〉、〈大有〉、〈豫〉、〈臨〉、〈无妄〉、〈大畜〉、〈咸〉、〈恆〉、〈遯〉、
> 〈睽〉、〈損〉、〈萃〉、〈升〉、〈革〉、〈鼎〉、〈兌〉、〈中孚〉、〈未濟〉，
> 凡二十三卦。二十三卦之中，如〈咸〉、〈恆〉、〈損〉、〈未濟〉六爻
> 皆應，〈履〉三上應，其餘多二五應，皆正應也。其有不拘于正應者，
> 如〈小畜〉上下爻皆應四；〈大有〉上下爻皆應五；〈豫〉「剛應而志
> 行」是四、五應，而必以陰陽相應則同。〈大畜〉三、上兩陽同德相
> 應；〈中孚〉二五兩陽同德相應，又不拘于陰陽相應，要皆取其實而
> 已。（《易釋》，頁 77～78）

黃式三首先指出在《周易》象傳中，共有〈蒙〉、〈師〉……等二十三卦提到
「應」一詞。而這二十三卦中又有〈咸〉、〈恆〉、〈損〉、〈未濟〉等卦六爻皆

應，而〈履〉為六三應上九。黃式三也指出非正應者，如〈小畜〉是各陽爻應於六四陰爻，〈大有〉則是各陽爻應於六五陰爻，〈豫〉則是九四、六五相應，這也都是陰陽相應之例。而黃式三再述說非陰陽相應者，指出「〈大畜〉三、上兩陽同德相應」，〈大畜〉象傳言「應乎天也」，而九三象傳也言「上合志也」，而上九爻辭則是「何天之衢」，由此三者可看出〈大畜〉三、上兩陽有相應之實。而黃氏也指出「〈中孚〉二五兩陽同德相應」，也是兩陽相應之例。而黃式三再指出舊注以「兩陽相應為罔」的錯誤，謂：

> 而兩陰无實，不取相應，〈屯〉三往吝、〈蒙〉初往吝，首顯其例焉。或曰兩陰无實，不取應矣，而注家以兩陽為非應，何歟？曰兩陽有不相應者，如以為盡不應，則是〈乾〉、〈坎〉、〈巽〉、〈兌〉二五不應，〈震〉初四不應，有是理乎？〈稽覽圖〉云：「地下有陰而天上有陽，曰應，俱陰為罔；地下有陽、天上有陰，曰應，俱陽為罔。」注家沿此而誤矣。斥緯書者，盡斥之則偏；據緯者，盡據之則誤。今言應者，以兩陽盡不相應，自漢、唐、宋、明皆為緯所誤耳。（《易釋》，頁78～79）

黃式三先指明「兩陰无實，不取相應」，但兩陽為實，則可視作相應。黃氏舉出〈乾〉、〈坎〉、〈巽〉、〈兌〉、〈震〉等八正卦之例，這都是至正至純之卦，黃氏以反詰語氣指出雖然上下卦為兩陽相應，但實當視為相「應」。而黃氏也指出會有「俱陽為罔」而非「應」的觀念，是出於緯書〈稽覽圖〉之誤，而後代注家沿用此說，則又有誤。這裡也可看出黃式三「實事求是」的治學精神。而黃氏接著再舉〈否〉、〈艮〉說明相應之理，謂：

> 或曰八正配卦，六爻皆正應，而〈否〉不言應；八純卦六爻皆非正應，獨〈艮〉象傳曰：「上下敵應，不相與也。」其義若何？曰〈艮〉初四、二五是兩陰之非實者，三上皆陽，曰「敵應」，是陽以敵為應明矣。而曰「不相與」者，明艮止之義也。〈井〉九二與九五敵應，傳曰「无與」，〈井〉之〈困〉，反于下，五不與二也。其例正同觀山天〈大畜〉之象，初四相止、二五相止，三上皆陽，敵應也。而三曰「利往」，曰「上合志」，可知艮之敵應有相與者矣。〈泰〉上下交，不言「應」而應；〈否〉上下不交，六爻皆應而非「應」。所謂神而明之，存乎其人。《易》道如此矣。（《易釋》，頁79）

黃式三承繼前述八純卦相應之理，但是〈艮〉象言：「上下敵應，不相與也。」

似乎〈艮〉卦並無相應，於是黃氏另舉出〈井〉九二與九五也是兩陽相應，而在九二象傳有言「无與」，黃氏以其善用的卦變，說明這是〈井〉卦變爲〈困〉，而〈困〉九二、九五不相與應，但是這並不妨礙「敵應」。黃氏接著舉〈大畜〉來解釋「敵應」，這在前述已說明〈大畜〉九三與上九相應，於是可知〈艮〉的「敵應」，實則爲「兩陽相應」，而其中所言的「不相與」，則是說明艮止之義。黃式三並再以〈泰〉、〈否〉兩卦對舉，〈泰〉象傳言：「天地交而萬物通也，上下交而其志同也。」雖然在象傳中沒有明言「應」，但其中已有相「應」之實。至於〈否〉象傳言：「天地不交而萬物不通也，上下不交而天下无邦也。」雖然上下爻似陰陽相應，但實則無以爲「應」也。黃式三並以〈繫辭傳〉歸結言之：「神而明之，存乎其人。」（上傳第十二章）若能潛心思索，就可以明察相「應」奧妙。

　　總括言之，黃式三先舉出《乾鑿度》與鄭玄注以明「應」例，並再以相應的各卦來舉證，接著說明兩陽也當有相「應」之理，並論述了「應」與「不應」的判準在於人的義理判斷。由此可見黃式三對於「應」例的論述、舉證，甚爲詳盡、切實。

四、凡言「貞厲」、「貞吝」、「貞凶」者，或位不正而不變之正，或位正而自以爲正，遂固守之，則有厲與凶吝也

　　黃式三在《易釋》卷二首先提到舊傳中對於「貞」字的解釋有二義：

> 〈師〉象傳曰：「貞，正也。」〈乾〉文言傳曰：「貞固足以幹事。」「貞」有正、固二訓。凡爻之言貞吉者，或以位正而吉，如〈蹇〉曰：「利見大人，貞吉。」〈傳〉則曰：「當位貞吉，以正邦也。」；或變而之正則吉，如〈否〉初羣陰類進，得正爲吉也。（《易釋》，頁75）

黃式三指出「貞」有「正」、「固」二訓，並舉出〈蹇〉卦辭與象傳來說明，以及舉〈否〉卦陰爻能得正來說明「貞」有「正」之義。但黃式三《易釋》卷二是以「同辭合釋」的方式，追求《易經》中相同詞語通貫的解釋，〔註55〕所以他馬上從釋「貞」中指出一凡例：

> 凡言「貞厲」、「貞吝」、「貞凶」者，或位不正而不變之正，或位正

〔註55〕可參考第三章第一節「黃式三之著作簡介與易學著作體例分析」的「三、黃式三之易學著作體例分析」。

而自以爲正，遂固守之，則有屬與凶吝也。（《易釋》，頁75）

若是依「貞」爲「正」來解釋，則「貞屬」、「貞吝」、「貞凶」將無法通達解釋何以行正會招致負面的結果。所以黃式三也以此條例指出「貞」應以「固守」義解釋。接著黃氏又分別列舉各爻辭來說明：

〈泰〉上六「城復于隍」，黜賢者，如壞長城，命已亂矣，而告命以正其亂命所不行。不能用師，自以柔順爲可貞之道，貞乎此，則吝也。

〈晉〉上九「利用伐邑，[註56] 貞吝」，言常用征伐則吝。王者必偃武修文也，而以貞爲正，皆不可通。

〈巽〉之上九曰「貞凶」，〈傳〉釋之曰「正乎凶也」，〈傳〉設問答之辭，言上不正，而自以〈巽〉爲正乎？實則凶也。則「貞」爲堅守之義，益明矣。而或于此爻，貞凶別立，決定是凶之例，抑又失之。（《易釋》，頁76）

在上述各卦中，皆出現「貞」字，若是以「正」義來解釋，將會悖礙不通。但若是以「固守」之義來解釋，則〈泰〉上六已行罷黜賢者於前，若還不知改正而弔民伐罪，則會導致負面的結果；〈晉〉上九若是固執戰事，就會招「吝」；〈巽〉上九若是固執己見，則會致「凶」。從這些爻辭，可看出凡「貞屬」、「貞吝」、「貞凶」之辭，都是指固守於不佳狀態而終將導致負面結果的斷詞。

五、凡曰他者，非卦主、非正應

黃式三在《易釋》卷二〈釋有他〉指出：「凡曰他者，非卦主、非正應。」（《易釋》，頁84）他將《周易》經文中「有他」三處列出，並加以說明：

〈比〉初六「有孚比之」，擇「元永貞」而比之也。陽實爲孚，五孚初，初比五也。又曰「有孚盈缶，終來有他吉」者，初遠于五，不如四之近承，復不如二之遠應，而五之所孚者，既盈于二，二來初，初比二以比五，故吉。「有他」指二，五爲卦主，則二稱「他」也。

〈大過〉九四：「棟隆，吉，有他，吝。」象傳曰：「棟隆之吉，不橈乎下也。」下謂初，四應初，則初不橈，而四隆也。三重剛不中，

〔註56〕今本爲「維用伐邑」。

四比三則吝。「有他」指三，初爲正應，則三爲他也。

〈中孚〉初九「虞吉，有他不燕」，謂初與二、五同德相孚，安心孚四則吉。欲兼孚不當，位之三則不安也。四爲正應，二、五爲卦主，則三爲他也。（《易釋》，頁83～84）

〈比〉初六爻辭爲：「有孚比之，无咎。有孚盈缶，終來有他吉。」其中初六能夠有孚，是因爲「有他」六二，能與卦主九五相應，所以有孚。而〈大過〉九四爻與初六相應，「有他」則「吝」，是指九三。〈中孚〉初九與六四相應，「有他」則「不燕」，是指六三。

黃式三指出〈比〉初六、〈大過〉九四、〈中孚〉初九的「有他」，分別是指同卦的六二、九三、六三，則「有他」既非一卦之主，也不與之相應。而且他還指出：「〈大過〉、〈中孚〉之舊注，多以正應爲他，固未是矣。而荀注于〈比〉、〈中孚〉，以本爻爲他；[註57] 漢上朱氏於〈比〉初云：四非正應，故曰他。[註58] 疑皆未是。」由這裡可看出，在〈比〉初六爻辭中，黃式三論「有他」是指六二爻，與荀爽主張「他」爲初六自爻，以及朱震主張「他」爲六四爻，皆所不同。黃氏依本《易》例「凡曰他者，非卦主、非正應」，說明〈比〉初六的「有他」，當是指非卦主並且非正應的六二爻而言。

第三節　易理闡發

本節主要就黃式三論述「陰陽先後」、「釋重卦」、「釋卦變」、「釋筮理」、「天人相貫」等命題，加以發抒探究。

《周易》由陰陽二爻衍發而成八卦，再由八卦相重而成六十四卦，而六十四卦間的三百八十四爻，又可相互變化以盡宇宙萬理，而在知與未知之間，蓍筮占卜具有「神以知來、知以藏往」的妙用，所以〈繫辭傳〉言：「探賾索

[註57] 荀爽在〈比〉卦初六爻辭注解：「初在應外，以喻殊俗。聖光之信，光被四表。絕域殊俗，皆來親比，故无咎也。缶者應內，以喻中國，孚既盈滿中國，終來及初，非應。故曰它也。象云：有它吉者，謂信及非應，然後吉也。」（《周易集解》，頁62～63）這裡以六五爲主，初六遠在域外，故它。

在〈中孚〉初九爻辭注解：「虞，安也。初應於四，宜自安虞，无意於四，則吉。故曰：虞，吉也。四者承五，有它意於四，則不安，故曰：有它，不燕也。」（《周易集解》，頁296）「它」指初九。

[註58] 朱震：「初，始也；四，終也。初自四復位，終來也。四非正應，謂之它。」詳參（宋）朱震：《漢上易傳》（臺北：臺灣商務印書館，1966年），頁53。

隱，鉤深致遠，以定天下之吉凶，成天下之亹亹者，莫大乎蓍龜。」（上傳第十一章）而其中的《易》理闡發，也將回歸到天道流行。在人事發揮與天命知悉間，《易》道得以流通展現。

一、釋陰陽先後

黃式三在《易釋》卷四〈釋陰陽先後〉闡發陰、陽之先後順序，他以《周禮・天官》記載之「三易」，〔註59〕分別述說陰、陽先後之問題。

在陰先陽後部分，黃式三舉《連山》、《歸藏》述之，黃氏謂：

> 《周官》三《易》：一曰《連山》，二曰《歸藏》，三曰《周易》。《連山》以〈艮〉爲首，神農氏之《易》，夏述之；《歸藏》以〈坤〉爲首，軒轅氏之《易》，殷述之；《周易》以〈乾〉爲首，伏羲氏之《易》，文王、周公述之。三《易》固不同。（《易釋》，頁186）

> 《連山易》如今地理家言天地之氣，發源于崑崙天下名山大川起伏之所，自始先山後水，則有先陰後陽之教；《歸藏易》言生民之序，其教亦先陰後陽者，溯民之初，生先氣化，而後形化氣化始自混沌，而混沌之生如有娀吞鳥卵而生契，姜嫄履大人跡而生稷，其人皆无父而生，有母即有子，是以陰陽家言「玄牝門，天地根」，〔註60〕必重萬物之母，《老子》書祖軒轅，其言有所本也。（《易釋》，頁186～187）

黃式三藉由陰陽家、地理學與神話傳說的觀點，指出「連山」、「歸藏」皆是先陰後陽的演化結構。〈遯〉大象言：「天下有山，遯。」王弼注曰：「天下有山，陰長之象。」而孔穎達正義：「天下有山，遯者。山者，陰類。進在天下，即是山勢欲上逼於天。天性高遠，不受於逼，是遯避之象，故曰『天下有山，遯』。精陽爲天，積陰爲地，山者地之高峻，今上逼於天，是陰長之象。」〔註61〕則山有陰之屬性，故「連山」先山後水，則有先陰後陽的

〔註59〕《周禮・春官宗伯（第三）》：「其經兆之體，皆百有二十，其頌皆千有二百。掌三易之法，一曰『連山』，二曰『歸藏』，三曰『周易』。其經卦皆八，其別皆六十有四。」（《十三經注疏・周禮》，頁369）

〔註60〕《老子》第六章：「谷神不死，是謂玄牝。玄牝之門，是謂天地根。綿綿若存，用之不勤。」（（魏）王弼原注、袁保新導讀：《老子》（臺北：金楓出版社，1996年），頁26）

〔註61〕《十三經注疏・周易》，頁85。

演化結構，黃氏並再以《老子》第六章來說明陰爲萬物之母，以強調出先陰後陽的發展軌跡。接著，黃式三以《易傳》、《尚書》、《周禮》來舉證：

> 孔子時，《連山易》已亡，學夏道而得夏時，即今〈夏小正〉。〔註62〕而无《連山》，《歸藏易》猶存，學殷道而得坤乾，坤乾即《歸藏》，取〈坤〉以藏之之義。孔子以殷人學殷道，本《歸藏》之旨，而言「陰」、「陽」。故〈繫辭傳〉「一陰一陽之謂道」、〈說卦傳〉「立天之道，曰陰曰陽」，皆懍懍乎遵殷《易》之法，述而不作，信而好古，自比殷之老彭，〔註63〕義見于此。〈禹貢〉〔註64〕先導山後導水，義同《連山》。《周官》大司樂「享先祖」之上，必言「先妣」，〔註65〕義同《歸藏》。此皆古人先陰後陽之教也。（《易釋》，頁187～188）

黃式三指出《歸藏》〈坤〉首〈乾〉次，如〈繫辭傳〉「一陰一陽之謂道」、〈說卦傳〉「立天之道，曰陰曰陽」，都是先言陰而後言陽，再如《尚書·禹貢》：「禹別九州，隨山濬川，任土作貢。禹敷土，隨山刊木，奠高山大川。」也是先整治山林樹木，再導引水道，同於夏代《連山》先山後水，先陰後陽之理。而《周官》也將先妣視作重要的祭祀對象。這都是陰先陽後的文化內涵。至於以〈乾〉爲首的《周易》，黃式三論述：

> 文王、周公重三綱，遠追伏羲，以〈乾〉之爲君、爲父、爲夫者居首。孔子述之于〈坤〉象傳曰：「先迷失道，後順得常。」謂陰先陽則迷而失道，陰後陽則順而有常；于〈繫辭傳〉曰：「天尊地卑，乾坤定矣。」又以天地明乾坤之序，皆《周易》之道也。法《周易》，則扶陽而抑陰。是以一陰之〈姤〉，重二之包；二陰之〈遯〉，重三之係；三陰之〈否〉，重四之志行；四陰之〈觀〉，重五之觀民設教；

〔註62〕〈夏小正〉爲《大戴禮記》的第四十七篇章，內容多爲記載關於夏朝的物候等文化訊息，是月令一類古籍中最早的一篇。由於內容涉及星象與農業賴以使用之曆法，對古代天象、習俗與先秦曆法研究等，有相當重要的參考價值。

〔註63〕《論語·述而》：「子曰：『述而不作，信而好古，竊比於我老彭。』」

〔註64〕〈禹貢〉爲今文《尚書》的一篇，屬《夏書》。內容記錄大禹時各州的山川物產。

〔註65〕《周禮·春官宗伯第三》：「大司樂：掌成均之法，以治建國之學政，而合國之子弟焉。……乃奏黃鐘，歌大呂，舞〈雲門〉，以祀天神。乃奏大蔟，歌應鐘，舞〈咸池〉，以祭地示。乃奏姑洗，歌南呂，舞〈大韶〉，以祀四望。乃奏蕤賓，歌函鐘，舞〈大夏〉，以祭山川。乃奏夷則，歌小呂，舞〈大濩〉，以享先妣。乃奏無射，歌夾鐘，舞〈大武〉，以享先祖。」（《十三經注疏·周禮》，頁336）

五陰之〈剝〉，重上之碩果不食。士君子主持天運，雖陰長之時，尚
當隨時消息，苟可致力，與時偕行，不敢潔身而廢君臣之義，此乾
坤之大旨也。（《易釋》，頁188）

黃氏舉文王、周公、孔子三人來說明乾主坤從之理，從〈坤〉象傳與〈繫辭
傳〉，以及消息卦變，來肯定《周易》重陽的特質，並以此說明君子隨時消息、
勇敢果決的義理。

黃式三由《連山》、《歸藏》、《周易》，來闡述發揮「陰」、「陽」先後之理。
其中引用多方佐證，呈現陰先陽後或陽先陰後的文化內涵與演變關係。〔註66〕

二、釋重卦

黃式三在《易釋》卷四〈釋重卦〉，闡述三畫卦的八卦如何演變爲重卦六
十四卦。黃式三一開始先說明：

〈繫辭傳〉：「八卦成列，象在其中矣。因而重之，爻在其中矣。」
解之者曰「成列」，謂乾一、兌二、離三、震四、巽五、坎六、艮七、
坤八之列。「因而重之」謂各因一卦，而以八卦次第加之，于是有六
十四卦次序圖。由八卦而倍之爲四畫者，十六卦。由十六卦而倍之
爲五畫者，三十二卦。由三十二卦而倍之爲六十四卦。識者譏其兌
二坤八之序，四畫卦五畫卦之无徵矣。（《易釋》，頁171）

黃式三先敘述〈繫辭傳〉與一段傳統說法，再詳說其中關係：

式三案：「八卦成列，因而重之」謂八卦互相重，而六爻備也。乾內
外卦變，有天、風、火、澤、山、水、雷、地之次；坤內外卦變，
有地、雷、水、山、澤、火、風、天之次，由是重之爲方圖。橫讀
之，外卦皆天、皆風、皆火、皆澤、皆山、皆水、皆雷、皆地者，
各八；縱讀之，內卦皆天、皆風、皆火、皆澤、皆山、皆水、皆雷、
皆地者，各八。衷讀之，〈乾〉、〈坤〉對待，〈震〉、〈巽〉對待，〈坎〉、
〈離〉對待，〈艮〉、〈兌〉對待，〈泰〉、〈否〉對待，〈恆〉、〈益〉對
待，〈既濟〉、〈未濟〉對待，〈咸〉、〈損〉對待。八純卦、八正配卦
之位明焉。上下經之十一卦、十二卦，及下經之始終明焉。〈小畜〉、

〔註66〕 關於《連山》、《歸藏》之論述，可再參考高明〈連山歸藏考〉，收錄於黃壽祺、
張善文編：《周易研究論文集（第一輯）》（北京：北京師範大學出版社，1988
年），頁110～131。

〈姤〉對待，〈同人〉、〈大有〉對待，諸卦之上下易明焉。（《易釋》，頁 171～172）

上列關係，即是將八卦相重之後，而得出下述的表格：〔註 67〕

三陰乾三爻變		二陰乾二爻變			一陰乾一爻變				
	天地否	天雷无妄	天水訟	天山遯	天澤履	天火同人	天風姤	天乾	六陽
四陰乾四爻變	風地觀	風雷益	風水渙	風山漸	風澤中孚	風火家人	風巽	風天小畜	五陽坤五爻變
	火地晉	火雷噬嗑	火水未濟	火山旅	火澤睽	火離	火風鼎	火天大有	
	澤地萃	澤雷隨	澤水困	澤山咸	澤兌	澤火革	澤風大過	澤天夬	
五陰乾五爻變	山地剝	山雷頤	山水蒙	山艮	山澤損	山火賁	山風蠱	山天大畜	四陽坤四爻變
	水地比	水雷屯	水坎	水山蹇	水澤節	水火既濟	水風井	水天需	
	雷地豫	雷震	雷水解	雷山小過	雷澤歸妹	雷火豐	雷風恆	雷天大壯	
六陰	地坤	地雷復	地水師	地山謙	地澤臨	地火明夷	地風升	地天泰	
	一陽坤一爻變				二陽坤二爻變		三陽坤三爻變		

除了說明八卦重卦後各相對位置外，黃式三接著述說方陣圖形的關係，其謂：

> 方讀之中，四卦〈艮〉、〈兌〉有〈咸〉、〈損〉二子。外十二卦，〈坎〉、〈離〉有〈既濟〉、〈未濟〉等十子。外二十卦，〈震〉、〈巽〉有〈恆〉、〈益〉等十八子。外二十八卦，〈乾〉、〈坤〉有〈泰〉、〈否〉等二十六子。旁通卦寓于斯焉。（《易釋》，頁 172）

從中依次將上圖表格中的中央矩形擴大，也就是以八純卦與八正配卦所構成的四角矩形，逐漸擴大而成。而再由上表格觀十二辟卦，黃式三道出：

> 由〈乾〉而〈姤〉一陰、〈遯〉二陰，由〈否〉三陰而〈觀〉四陰、〈剝〉五陰。由〈坤〉而〈復〉一陽、〈臨〉二陽，由〈泰〉三陽而

〔註 67〕此表格是附於《易釋・釋重卦》篇旁的圖表。（《易釋》，頁 173）

〈大壯〉四陽、〈夬〉五陽。每隔二卦，十二辟卦之次順焉。(《易釋》，
頁 172～173)

在上列表格中，十二辟卦有規律地在外圍排列環繞而成。而再以上、下、左、
右四方位觀察，黃式三指出：

分爲四方讀之，〈巽〉、〈離〉、〈兌〉九卦，二陰類聚；〈震〉、〈坎〉、
〈艮〉九卦，二陽類聚；〈咸〉、〈益〉九卦，〈恆〉、〈損〉九卦，三
陰三陽以類聚；〈姤〉、〈同人〉、〈履〉、〈剝〉、〈比〉、〈豫〉、〈復〉、〈師〉、
〈謙〉、〈夬〉、〈大有〉、〈小畜〉，一陰五陰以類聚，一陽五陽以類聚；
〈遯〉、〈訟〉、〈无妄〉、〈觀〉、〈晉〉、〈萃〉、〈臨〉、〈明夷〉、〈升〉、
〈大壯〉、〈需〉、〈大畜〉，二陰四陰以類聚，二陽四陽以類聚。卦變
存焉。(《易釋》，頁 173)

在上述表格中的中心右上方，即〈巽〉、〈鼎〉、〈大過〉、〈家人〉、〈離〉、〈革〉、
〈中孚〉、〈睽〉、〈兌〉九卦，皆是由六爻中有二陰爻所組成。而在表格中的
中心左下方，即〈震〉、〈屯〉、〈頤〉、〈解〉、〈坎〉、〈蒙〉、〈小過〉、〈蹇〉、〈艮〉
九卦，則是由六爻中有二陽爻所組成。而表格中心左上方的九卦，即〈益〉、
〈噬嗑〉、〈隨〉、〈渙〉、〈未濟〉、〈困〉、〈漸〉、〈旅〉、〈咸〉九卦，與表格中
心右下方的九卦，即〈恆〉、〈井〉、〈蠱〉、〈豐〉、〈既濟〉、〈賁〉、〈革〉、〈歸
妹〉、〈節〉、〈損〉九卦，則都是由六爻中有三陽三陰所組成。

而上述表格外圍，除了四頂端〈乾〉、〈坤〉、〈否〉、〈泰〉四卦外，右上
方的〈姤〉、〈同人〉、〈履〉與〈夬〉、〈大有〉、〈小畜〉，都是由六爻中有一陰
爻所組成，左下方的〈剝〉、〈比〉、〈豫〉與〈復〉、〈師〉、〈謙〉，都是由六爻
中有一陽爻所組成。而左上方外圍〈遯〉、〈訟〉、〈无妄〉、〈觀〉、〈晉〉、〈萃〉，
與右下方外圍〈臨〉、〈明夷〉、〈升〉、〈大壯〉、〈需〉、〈大畜〉，則是由六爻中
有二陰爻或二陽爻所組成。

綜合上述黃式三的排列分析，不論是直行橫列，或是斜線對列，或是矩
陣開展，或是四方類聚，無不呈現出規律而整齊之秩序。所以黃式三在本篇
末言：「重卦之象，本於自然者，至易至簡而不可越如此。」(《易釋》，頁 173)
這也切合著〈繫辭傳〉：「乾以易知，坤以簡能。易則易知，簡則易從。易知
則有親，易從則有功。有親則可久，有功則可大。可久則賢人之德，可大則
賢人之業。易簡而天下之理得矣。天下之理得而成位乎其中矣。」(上傳第一
章) 世間萬物雖然紛雜陳列，但其中具有自然之序、易簡之理。由八卦重疊

而爲六十四卦，已將天地萬物間易簡相生之理清楚展現。

三、釋卦變

　　黃式三在卷四〈釋重卦〉後，接著在〈釋卦變〉中說明「卦變」之理。黃氏首先本於〈繫辭傳〉，說明經卦的乾、坤是《易》的門戶：「乾、坤者，易之門。〔註68〕上下无常，剛柔相易。〔註69〕合言之，皆變自乾、坤。」（《易釋》，頁 171）這是就陽爻、陰爻的變化無窮來立說。而接著黃式三提出卦變的四大類，分別爲：

> 分言之，有震、坎、艮之分變；有〈泰〉、〈否〉之分變；有〈復〉、〈剝〉、〈姤〉、〈夬〉之分變；有〈臨〉、〈遯〉、〈大壯〉、〈觀〉之分變。（《易釋》，頁 174）

第一類中，由經卦的震、坎、艮、巽、離、兌相重組合，也就是上述〈重卦圖〉〔註70〕左下與右上的重卦組合。黃氏謂：

> 震外卦重坎爲〈屯〉，重艮爲〈頤〉；坎外卦重艮爲〈蒙〉，重震爲〈解〉；艮外卦重震爲〈小過〉，重坎爲〈蹇〉。此二陽之卦內外皆三男，與〈臨〉、〈觀〉諸卦不同。巽外卦重離爲〈鼎〉，重兌爲〈大過〉；離外卦重兌爲〈革〉，重巽爲〈家人〉；兌外卦重巽爲〈中孚〉，重離爲〈睽〉。此二陰之卦，內外皆三女，與〈遯〉、〈大壯〉諸卦不同。重卦圖震、坎、艮九卦類；巽、離、兌九卦類。六子主變之例，以六子並列之反易、對易，皆橫列也。（《易釋》，頁 174）

黃式三發揮〈說卦傳〉：「乾，天也，故稱乎父；坤，地也，故稱乎母；震一索而得男，故謂之長男；巽一索而得女，故謂之長女；坎再索而得男，故謂之中男；離再索而得女，故謂之中女；艮三索而得男，故謂之少男；兌三索而得女，故謂之少女。」乾坤生六子觀念，說明三男三女重卦之理。

　　在第二類則是以〈泰〉、〈否〉兩卦上下往來〔註71〕而成卦變，其謂：

〔註68〕〈繫辭傳〉下第六章：「子曰：『乾坤，其《易》之門邪？』乾，陽物也；坤，陰物也。陰陽合德而剛柔有體，以體天地之撰，以通神明之德。」
〔註69〕〈繫辭傳〉下：「《易》之爲書也不可遠，爲道也屢遷。變動不居，周流六虛，上下無常，剛柔相易，不可爲典要，唯變所適。」
〔註70〕在本節「二、釋重卦」有附表。
〔註71〕關於黃式三對於「往來」的解釋，可參考本章第二節「易例發凡」的「二、『往』、『來』詳析」。

〈泰〉之初、四往來爲〈恆〉，初、五往來爲〈井〉，初、上往來爲
〈蠱〉，長女重三男；二、五往來爲〈既濟〉，二、上往來爲〈賁〉，
二、四往來爲〈豐〉，中女重三男；三、上往來爲〈損〉，三、四往
來爲〈歸妹〉，三、五往來爲〈節〉，少女重三男。

〈否〉之初、四往來爲〈益〉，初、五往來爲〈噬嗑〉，初、上往來
爲〈隨〉，長男重三女；二、五往來爲〈未濟〉，二、上往來爲〈困〉，
二、四往來爲〈渙〉，中男重三女；三、上往來爲〈咸〉，三、四往
來爲〈漸〉，三、五往來爲〈旅〉，少男重三女。重卦圖〈損〉、〈恆〉
九卦，〈咸〉、〈益〉九卦，〈泰〉、〈否〉主變之例。（《易釋》，頁 174
～175）

其中由簡易的上下爻往來卦變之理，加以六子重卦的觀念，而演卦出上述〈重
卦圖〉的右下〈損〉、〈恆〉九卦與左上〈咸〉、〈益〉九卦。而同樣在《易釋》
卷四〈釋觀變〉中，黃式三再進一步指出：「卦變例，有變而得位則吉，如〈否〉
變〈益〉之初四是；有變而失位則凶，如〈泰〉變〈恆〉之初四是；有既變
而爻貴相應，如〈泰〉變〈損〉之三上是；有既變而爻不貴相應，如〈否〉
變〈咸〉之三上是。」（《易釋》，頁 179）在卦變的過程中，除了爻位生成變
化外，也有吉凶轉換的不同。如〈否〉卦初爻與第四爻互爲轉變後，成爲〈益〉
卦，由於陰陽對換而得位，陰爻得歸陰位，陽爻得歸陽位，於是從〈否〉卦
辭「否之匪人，不利君子貞」的凶辭，轉爲〈益〉卦辭「利有攸往，利涉大
川」的吉辭。相對地，〈泰〉初、四爻位互變，初九轉爲初六，六四轉爲九四，
卦變成爲〈恆〉，由於不得位，而有〈恆〉初六「貞凶，无攸利」與九四「田
无禽」的不利之辭。除了得位的吉凶變化外，爻位相應與否，也是卦變的觀
注重點。如〈泰〉九三與上六相變後，成爲〈損〉，而〈損〉六三爻辭爲「三
人行則損一人，一人行則得其友」，上九爻辭爲「弗損益之，无咎，貞吉，利
有攸往，得臣无家」。由〈泰〉變〈損〉「損一人」，於是〈損〉六三能「得其
友」而與上九「得臣」相應。

而第三類則是說明六十四卦中六爻有一陰爻或一陽爻的演變之理，黃氏
謂：

〈姤〉、〈復〉之變，必言〈剝〉、〈夬〉者。凡一陰卦，乾重三女上；
凡一陽卦，坤重三男上。凡五陰卦，坤上重三男；凡五陽卦，乾上
重三女。重卦圖分〈復〉、〈師〉、〈謙〉、〈夬〉、〈大有〉、〈小畜〉、〈姤〉、

〈同人〉、〈履〉、〈剝〉、〈比〉、〈豫〉十二卦，各主一方。（《易釋》，
頁175）

這組卦變中，主要是由乾、坤重以三男、三女而成。在上述〈重卦圖〉中則
是分占四周外圍。至於第四類則延續第三類的方式，也是以經卦乾、坤重以
三男卦、三女卦而成：

〈臨〉、〈明夷〉、〈升〉三卦，坤重三女上為二陽卦；〈遯〉、〈訟〉、〈无
妄〉三卦，乾重三男上為二陰卦；〈大壯〉、〈需〉、〈大畜〉三卦，乾
上重三男為四陽卦；〈觀〉、〈晉〉、〈萃〉三卦，坤上重三女，為四陰
卦。此十二卦，亦各主一方，可知重卦圖外圍二十四卦，八辟卦遞
變之例也。（《易釋》，頁175～176）

在上述十二卦，也是以乾坤重三男三女而成。而在《易釋》卷四〈釋觀變〉
中，黃式三並再說明卦變消長之理。〈繫辭傳〉指出：「變化者，進退之象也。」
黃式三舉例說明：「如〈臨〉二陽浸長為〈泰〉，陽不長，則二進為〈明夷〉；
〈泰〉三陽浸長為〈大壯〉，陽不長，則三進為〈歸妹〉。皆進退變化之宜觀
者也。」（《易釋》，頁181）各卦的變化關係，可由多方面來探求，除了重卦
相演外，爻位進退也相互影響。這就如同天地萬物間都是彼此共生相存，而
形成一生生不息的天地之道。其中的陰陽變動，對於彼此都有消長的影響。

經由上述四組變卦的探討分析，可得知除了以八經卦相重八經卦的關係
組合外，還可從乾、坤與六子的相重相演的卦變方式，來探究六十四卦生成
之理，並可以反過來以卦變進退之理，來得知各卦生成關係。所以黃式三在
〈釋卦變〉最後提到：「若網在綱，有條不紊，若庖丁解牛，純任自然，依乎
天理，覽圖者，自得之。」（《易釋》，頁176）而黃氏在〈釋觀變〉也指出：「不
知爻之變，或溯其先所由始，或推其後所終極，或與本爻參觀，或與本爻反
觀，未可盡據之以說本爻之象。讀者宜反復思之。」（《易釋》，頁181）讀《易》
者應該多方推敲思索，從卦變中得知《易》道「變則通，通則久」之理。

四、釋筮理

經過上述卦變之理的闡發，可知卦變之間，有著紛然卻成序的變理，而
卦變的運用，在筮占中更為明顯。在《易釋》卷四〈釋筮〉中，黃式三主張
象爻辭合觀，並以動爻為據，謂：

《繫辭傳》言：「所變而玩者，爻之辭也。」又曰：「動則觀其變而

玩其占。」是卦有動爻者，自以動爻為據矣。而古法必兼觀象辭者，
本卦之象與爻固一義之通貫也。其變卦、象傳亦合觀之，則《左傳》
可據也。（《易釋》，頁 198）

黃式三並在〈釋筮〉中，就《左傳》之例加以說解。他分別舉出下述諸例：
「《春秋傳》晉獻公筮嫁伯姬，遇〈歸妹〉之〈睽〉，蘇引〈睽〉之爻辭」〔註
72〕（《易釋》，頁 197）；「陳筮敬仲，遇〈觀〉之〈否〉，周史引互卦〈艮〉
山之義」〔註73〕（《易釋》，頁 197）……等例，在《左傳》的《易》例中，
對於本卦、之卦，以及重卦、互卦都有論述，而非單以一爻之辭妄加斷定，
所以黃式三歸結《左傳》的《易》例曰：「未嘗專占本卦之爻辭矣。」（《易
釋》，頁 197）而他也以此來反對朱熹筮法。其謂：「朱子《啟蒙》分象與爻、
正卦與變卦以占，所變之多少，亦儒者之所疑也。《啟蒙》云：一爻變則占
本卦變爻之辭，二爻變則占本卦二變爻之辭，以上爻為主，皆不占卦之象辭。
信如是，則象辭之用，有所不周也。」（《易釋》，頁 196）黃氏歸結觀筮之法
應為：

> 然則數爻動，而吉凶迭見，何以定也？曰：《易》之言吉凶，非謂此
> 爻必吉，彼爻必凶也。依卦象而凶者，不如是，則吉；依卦象而吉
> 者，不如是，則凶。則合數爻以占吉凶，其義未嘗不貫也。如合數

〔註72〕《左傳・僖公十五年》：「初，晉獻公筮嫁伯姬於秦，遇〈歸妹〉之〈睽〉。史
蘇占之，曰：『不吉。』其繇曰：『士刲羊，亦無衁也；女承筐，亦無貺也。
西鄰責言，不可償也。』〈歸妹〉之〈睽〉，猶無相也。震之離，亦離之震。
為雷為火，為嬴敗姬。車說其輹，火焚其旗，不利行師，敗于宗丘。〈歸妹〉
〈睽〉孤，寇張之弧。姪其從姑，六年其逋，逃歸其國，而棄其家，明年其
死於高梁之虛。及惠公在秦，曰：『先君若從史蘇之占，吾不及此夫！』韓簡
侍，曰：『龜，象也；筮，數也。物生而後有象，象而後有滋，滋而後有數。
先君之敗德，及可數乎？史蘇是占，勿從何益？《詩》曰：『下民之孽，匪降
自天。僔沓背憎，職競由人。』」」（《十三經注疏・左傳》，頁 232）

〔註73〕《左傳・莊公二十二年》：「陳厲公，蔡出也，故蔡人殺五父而立之。生敬仲。
其少也，周史有以《周易》見陳侯者，陳侯使筮之，遇〈觀〉之〈否〉，曰：
『是謂『觀國之光，利用賓于王。』此其代陳有國乎？不在此，其在異國；
非此其身，在其子孫。光，遠而自他有耀者也。坤，土也；巽，風也；乾，
天也。風為天於土上，山也。有山之材，而照之以天光，於是乎居土上，故
曰『觀國之光，利用賓于王』。庭實旅百，奉之以玉帛，天地之美具焉，故曰
『利用賓于王』。猶有觀焉，故曰『其在後乎』！風行而著於土，故曰『其在
異國乎』！若在異國，必姜姓也。姜，大嶽之後也。山嶽則配天。物莫能兩
大。陳衰，此其昌乎！』及陳之初亡也，陳桓子始大於齊；其後亡也，成子
得政。」（《十三經注疏・左傳》，頁 162）

爻之義，而不知所指，則參之彖辭而得大綱矣！（《易釋》，頁 198）
《易》道周流廣遍，人道依德變化，並不是單以機械化的占筮之法即可判定吉凶，也不是以一爻的吉凶即可判定確切結果。而是必須依於「象者言乎象者也」與「爻者言乎變者也」，在象辭與爻辭的相互配合，在動與靜中善玩占、辭，始能善得《易》理。

黃式三在《易釋》卷四〈釋玩占〉中，再進一步闡明玩占應回歸人事。黃氏首先展示卦辭、爻辭、象傳在占筮上的關係：

> 《易》所以占天數之吉凶也，而文王、周公、孔子之教人，則顯而歸之于人事。〈隨〉之彖曰：「元亨利貞，无咎。」有德，免咎；无德，則咎。文王之意，《左傳》言之矣！〔註74〕周公之爻辭，有與象反言之者，如〈履〉象「不咥人，亨」、爻曰「咥人，凶」；〈同人〉之二曰「于宗，吝」，本「得位得中，于野」之同人也。有一爻中，反正言之者，〈師〉之初曰「師出以律，否臧凶」、五曰「利執言，无咎。長子帥師，弟子輿尸，貞凶」、上曰「大君有命，小人勿用」，〈大有〉之三曰「公用亨于天子，小人弗克」，〈隨〉之四曰「隨有獲，貞凶。有孚在道，以明，何咎」，〈臨〉之三曰「甘臨，无攸利；既憂之，无咎」，〈剝〉之上曰「君子得輿，小人剝廬」，〈咸〉之二曰「咸其腓，凶居吉」，〈革〉之上曰「君子豹變，小人革面，征凶」。則周公之意亦明矣。孔子之作〈象傳〉，或反爻辭以言之。〈需〉之三曰「致寇至」，《傳》則曰「敬慎不敗也」。〈大有〉之五曰「威如，吉」，《傳》則曰「易而无備也」。其明著，抑復如此。（《易釋》，頁183～184）

黃式三在本篇一開始即指出：《周易》所占吉凶是重在人事上。所以黃氏舉出〈隨〉卦辭之例，這在《左傳》中是著名的德義警示，〔註75〕即使所得斷辭

〔註74〕《左傳》中多處言及「德」的觀念，如「臣聞以德和民，不聞以亂」（隱公四年）、「敬，德之聚也。能敬必有德。德以治民，君請用之！臣聞之：出門如賓，承事如祭，仁之則也」（僖公三十三年）、「若有德之君，外內不廢，上下無怨，動無違事」（昭公二十年）。

〔註75〕《左傳‧襄公九年》：「穆姜薨於東宮。始往而筮之，遇〈艮〉之八。史曰：『是謂〈艮〉之〈隨〉。〈隨〉，其出也。君必速出！』姜曰：『亡！是於《周易》曰：『隨，元、亨、利、貞，無咎。』元，體之長也；亨，嘉之會也；利，義之和也；貞，事之幹也。體仁足以長人，嘉德足以合禮，利物足以和義，貞固足以幹事。然故不可誣也，是以雖隨無咎。今我婦人而與於亂，固在下位而

為吉，但是德性不符，也將無從得吉。而在爻辭部分也是如此，黃式三舉出〈履〉卦加以說明，雖然〈履〉卦辭「履虎尾，不咥人」所以能亨，但是在六三爻辭中，則明確指出：「眇能視，跛能履，履虎尾，咥人凶。」若是本身德性不足，在人事上又不知進退，那麼本來坦蕩亨通之道，也將有凶險之變數。這正與《左傳》筮〈隨〉卦辭之例相應。黃式三也再舉例〈同人〉六二爻辭與卦辭的比較，雖然卦辭「同人于野，亨」，而六二爻也得中得位，但由於在人事上「用心偏狹」，〔註76〕所以終究致「吝」。

而在同一爻辭中，也可比較出吉凶是繫於人事上。如〈師〉初六：「師出以律，否臧凶。」若無紀律，將會有凶的結果。同樣在〈師〉六五：「長子帥師，弟子輿尸。」若是任人不當，也將有凶。而在〈師〉卦上六則言「大君有命」與「小人勿用」，更是直接闡明人事上的是非判斷。此外，黃式三又舉例〈大有〉九三爻辭、〈隨〉九四爻辭、〈臨〉六三爻辭、〈剝〉上九爻辭、〈咸〉六二爻辭、〈革〉上六爻辭，都是蘊涵人事是非在吉凶斷辭中。

而在〈象傳〉中，更是常以人事是否得宜來作為經文的發揮。黃式三分別舉出經傳的吉凶、凶吉相反兩例來說明。〈需〉九三爻辭：「需于泥，致寇至。」是處於危殆狀態，但是九三〈象傳〉則言：「自我致寇，敬慎不敗也。」也就是如果能隨時莊敬而謹慎行事，也將立於不敗之地。所以其中的關鍵也還是在人事上的敬慎得宜與否。至於爻辭吉而象辭有戒慎之意的例子，黃氏舉出〈大有〉六五：「厥孚交如，威如，吉。」〈象傳〉有言：「威如之吉，易而无備也。」〔註77〕在爻辭為吉的情況下，〈象傳〉特設警戒之辭，即是為了提醒人們不要忘了實際行事才是吉凶的歸準。

綜合上述所言，縱然所占卦爻辭為吉，但是真正決定吉凶的依準，還是在於人事上是否得宜，這樣也才能明瞭《周易》占筮吉凶是在闡發人事義理。所以黃式三謂：「然則玩占者，當知爻言吉，失其德則凶；爻言凶，反其失則吉也。必曰此爻動則吉，彼爻動則凶，拘言術數，不言人事，所謂假于鬼神、

有不仁，不可謂元。不靖國家，不可謂亨。作而害身，不可謂利。棄位而姣，不可謂貞。有四德者，隨而無咎。我皆無之，豈隨也哉？我則取惡，能無咎乎？必死於此，弗得出矣。』」（《十三經注疏・左傳》，頁526）

〔註76〕 王弼注〈同人〉六二指出：「應在乎五。唯同於主，過主則否。用心偏狹，鄙吝之道。」（《周易二種》，頁45）

〔註77〕 朱熹《周易本義》注〈大有〉六五象傳曰：「太柔，則人將易之，而无畏備之心。」（《周易二種》，頁83）

時日、卜筮以疑眾者。……或有行道而凶，違道而吉者，此數之變，而不可以為常。常者多且久，變者少且暫。君子知少且暫者之不足恃，是以不言變，而言常。」（《易釋》，頁184）

五、天人相貫

　　《四庫全書總目》指出：「聖人覺世牖民，大抵因事以寓教。《詩》寓於風謠，《禮》寓於節文，《尚書》、《春秋》寓於史，而《易》則寓於卜筮。故《易》之為書，推天道以明人事者也。」〔註78〕其中可見《周易》「推天道以明人事」的特性。而章學誠在《文史通義・浙東學術》也指出：「故善言天人性命，未有不切於人事者。」〔註79〕黃式三在《易釋》卷三注解〈繫辭傳〉：「一陰一陽之謂道，繼之者善也，成之者性也。仁者見之謂之仁，知者見之謂之知，百姓日用而不知，故君子之道鮮矣！顯諸仁，藏諸用，鼓萬物而不與聖人同憂，盛德大業至矣哉！富有之謂大業，日新之謂盛德。」（上傳第五章）其中有就天道與人我之間的分際作一闡述，黃氏謂：

　　　「一陰一陽之謂道」，道行也，謂氣化流行也。所謂「立天之道，曰
　　　陰與陽」是也。陰陽相合，陽不絕陰，而交乎陰，則陰和；陰不勝
　　　陽，而役乎陽，則陽和。（《易釋》，頁144）

黃式三指出天道是由「一陰一陽」的氣化流行而發成。陰陽必須是相當而調合，不可因強弱懸殊而造成隔閡。接著他將天道拉回至人性而論曰：

　　　和則善，善是「繼之者，善也」。繼者，陰陽不偏則不息也。「成之
　　　者，性也」，謂備此善者，人之性也。天之氣有正、有不正。其不正
　　　者，陰陽之偏；其正者，陰陽之和。人受天之氣，非无受其不正者，
　　　而性以善者言。孟子言聲、色、臭、味、安逸，性也，君子不謂性。本此。〔註80〕
　　　故言備此善者，人之性也。（《易釋》，頁144）

黃式三藉由〈繫辭傳〉「繼之者，善也；成之者，性也」，說明天道之氣有正、不正之分別，若是可以不偏不息於陰陽，則是善繼者也，這是就天道而言。

〔註78〕　《四庫全書總目》，卷一，經部易類一，頁2。
〔註79〕　〔清〕章學誠撰、葉瑛校注：《文史通義校注》，頁523。
〔註80〕　《孟子・盡心下》：「口之於味也，目之於色也，耳之於聲也，鼻之於臭也，
　　　　　四肢之於安佚也；性也，有命焉，君子不謂性也。仁之於父子也，義之於君
　　　　　臣也，禮之於賓主也，知之於賢者也，聖人之於天道也；命也，有性焉，君
　　　　　子不謂命也。」（《十三經注疏・孟子》，頁253）

而在人性方面，陰陽在人性中應是一整體存在而呈現，若能行事得宜，也就是陰陽調和，就可與天道正氣相應。如此，人之性善得以「完成」。這邊黃式三沒有否定嗜欲方面的存在，〔註81〕而是強調要能達到〈繫辭傳〉「成之者，性也」——人性能調和完善，就能回歸到天之正道。所以黃式三又提出君子的作爲：

> 君子之「顯諸仁」，吉凶與民同患也；「臧諸用」者，以知行仁善，善其用而化凶爲吉，能補天地陰陽之憾也。臧，善也。今作「藏」，非。（《易釋》，頁 144）

值得注意的是黃式三一改前人「藏諸用」的注解。晉代韓康伯注「藏諸用」曰：「日用而不知，故曰『藏諸用』。」〔註82〕朱熹云：「顯，自內而外也。仁，謂造化之功，德之發也。藏，自外而內也。用，謂機緘之妙，業之本也。程子曰：『天地无心而成化，聖人有心而无爲。』」〔註83〕前人之說多把「藏諸用」比作天道妙運，無可捉摸，所以「百姓日用而不知」，不過黃式三一改前說，將「藏」作「臧」，也就是「善」的意思。於是意思就轉換成君子除了發揚仁心，更應知行合一，使仁心呈現而實踐，有體有用，除了可以知吉凶，更能「化凶爲吉」，並且補充調和天地的陰陽之氣。上述朱熹引程頤言「天地無心」、「聖人無爲」，則天與人的關係終隔一層；黃式三則能強調人爲奮發的價值性，君子應致力於自身的行善，以闡發天道。

第四節　易學要點

　　黃式三的易學要點，可分爲「兼具象數義理以釋易」、「善於發揮易傳」、「善以卦變說易」。在《易釋》序文中，黃氏謂：「自治經者判漢、宋爲兩戒，

〔註81〕張壽安在《以禮代理——淩廷堪與清中葉儒學思想之轉變》的「黃式三『約禮求理』及與夏炘、夏炯之辯難」一節中指出：「式三說孟子論性兼取聲色臭味安佚的粗駁面與仁義禮智的向善面，並不偏執，後儒各有所執，才有性混善惡或性惡諸說。」張氏並在註腳處引黃式三之言：「論性之詳，始於孟子，孟子以聲色臭味安佚，固性也，而爲性之粗駁；君子必專以心之能說理義者，明性之善。後儒或參合二者，言性之善惡混；或詳言性之粗駁以望人變化，而言性惡以勸學。」（黃式三：《儆居集》，雜著四）（張壽安：《以禮代理——淩廷堪與清中葉儒學思想之轉變》（石家莊：河北教育出版社，2001 年），頁 147）
〔註82〕《周易二種》，頁 208。
〔註83〕《周易二種》，頁 239。

各守專家,而信其所安,必并信其所未安,自欺欺人,終至欺聖欺天而不悟,是式三所甚憫也,爰是增刪《易釋》。」(《易釋》,頁 4)漢代易學家善於以象數來解釋卦爻關係,宋代易學家則明於義理來闡發天人之際,黃式三結合二家之長,以象數、義理來解釋、發揮《易》理;而《易傳》是將《易經》經文作一哲學思維發揮的重要典籍,〔註84〕黃式三善於發揮《易傳》,其中可見《易經》與《易傳》的通貫論述,而使《易》理得以詳盡發揚;《易釋》一書主要在於解釋、發揮《周易》,所以再就其解釋方法——「善以卦變說易」的鮮明特色來加以探討。以下分別就此三點加以論述。

一、兼具象數義理以釋易

黃式三力求「實事求是」。在易學的展現上,即是能兼取「象數」、「義理」方法來闡述《易》理。張善文在《象數與義理》指出:「象數,是《周易》哲學的根柢。《周易》自陰陽爻畫、八卦、六十四卦符號,至卦辭、爻辭,無不因『觀物取象』所得;《易》象既立,陰陽剛柔之數亦由是生焉,象數的整體組合,便構成《周易》之本。義理,則是《周易》哲學的枝葉。凡《周易》象數之所欲明者,六十四卦,三百八十四爻之所喻示者,皆為大自然、人類社會的陰陽消息之義、發展變化之理。因此,《周易》哲學,乃原本象數,發為義理。但《周易》的象數與義理,又是密相聯繫而不可分割的,是《周易》哲學體系中互為依存的兩大要素。」〔註85〕黃式三往往能在卦爻象數中發揮義理思想。例如在《易釋》卷一釋〈謙〉中,謂:

> 天下事惟善用柔,迺堪用剛也。九三有君民之大德,有事君之小心,功能轉〈坤〉,其謙尤大。此〈乾〉三「惕若」之君子也歟?(《易釋》,頁 17)

〈謙〉為一陽五陰之卦,而其中就以九三為唯一陽爻。黃式三以六爻皆陽的〈乾〉與六爻皆陰的〈坤〉,說明〈謙〉九三之功用。在柔與剛中,九三具有關鍵地位。〈謙〉九三以剛居陽位而得正,黃式三指出此爻是由〈乾〉九三而

〔註84〕朱伯崑指出:「《易傳》和《易經》既有聯係又有區別。傳是對經的解釋,但其解釋,不是《易傳》的作者憑空臆想的,而是戰國以來的社會政治、文化思想發展的歷史產物。同《易經》相比,《易傳》的顯著特點是將古代的卜筮之書哲理化。」(朱伯崑:《易學哲學史》(臺北:藍燈文化事業股份有限公司,1991 年),第一卷,頁 61)

〔註85〕張善文:《象數與義理》(臺北:洪葉文化事業有限公司,1997 年),頁 312。

來。〈乾〉九三爻言:「君子終日乾乾,夕惕若,厲无咎。」其中甚具「自強不息」的精神與憂患意識。而這同時也與〈謙〉九三爻:「勞謙,君子有終,吉。」有著〈象傳〉所言「萬民服也」的功勞,但更有著「功成不居」的謙退美德。經由〈謙〉九三爻的展示,可將〈謙〉本為〈坤〉「牝馬」的柔順德性,配以〈乾〉「飛龍」的造化之德。所以〈謙〉卦辭與九三爻辭皆言「君子有終」,而無〈乾〉過於剛健,導致上九「亢龍有悔」的「盈不可久也」;也不會有〈坤〉過於柔弱,而壓抑過久,造成一觸即發的「龍戰于野」衝突。〈謙〉有為有守的恰當表現,即在九三爻中展現出來。這是象數爻位歷程變化與君子德性義理展現的相合明例。

此外,黃式三在《易釋》卷四〈釋陰陽先後〉中,藉由象數中的陽消卦來反證君子的德性。其謂:

> 法《周易》則扶陽而抑陰,是以一陰之〈姤〉,重二之包;二陰之〈遯〉,重三之係;三陰之〈否〉,重四之志行;四陰之〈觀〉,重五之觀民設教;五陰之〈剝〉,重上之碩果不食。士君子主持天運,雖陰長之時,尚當隨時消息,苟可致力,與時偕行,不敢潔身而廢君臣之義,此乾坤之大旨也。(《易釋》,頁188)

從一陰爻的〈姤〉卦,黃式三強調九二陽爻的「包有魚」;二陰爻的〈遯〉卦,則有九三陽爻的「係遯」;三陰爻的〈否〉卦,在九四陽爻的〈小象〉提到「有命无咎,志行也」;至於四陰爻的〈觀〉卦,象傳曰「大觀在上,順而巽,中正以觀天下」、〈象〉曰「先王以省方觀民設教」,以《易傳》證得六四陰爻從於九五陽爻中;五陰爻的〈剝〉卦,得上九陽爻的「碩果不食」。在陽消卦中,反而證知陽爻的重要性,黃式三藉此說明君子應當從於天道,盡己發揚德性,縱使仕途坎坷、官場昏暗,也要發揚〈乾〉卦自強不息的精神,達到「明知不可為而為之」的奮勉精神,而終有天運復泰之時。

再如《易釋》卷三上篇經傳中的釋〈賁〉,黃式三謂:

> 〈賁〉六二曰「賁其須」者,〈賁〉二柔來文剛,須象所飾之柔而有儀也。「與上興」者,謂上九,二上同興賁之事也。或疑賁象文明之化,何取于須?曰:耳、目、鼻、口,人所有用,須似无用,而天生儀表,不可以已。凡禮之撙節退讓有合柔道者,秩之自天,以興文明之化。不得以繁文縟節,嫌其无用而壞之也。(《易釋》,頁119)

〈賁〉六二爻辭指出:「賁其須。」而在〈象傳〉也言:「賁其須,與上興也。」

黃式三就此說明六二陰爻即為「須象」，此有柔飾正儀之作用。再以上九能「同興賁之事」，將上九爻與六二爻的爻位關係結合，而在象與位的基礎上，並再說明「須象」對於人的生活感官知覺作用似乎不大，但這在整敬儀表上，實則有其必要的修飾作用，就如同禮節是在衣暖食飽的基礎上，所以能進一步達到和諧秩序的文明要素。在爻位象數的詮解中，黃式三進一步結合禮節與文明秩序的關聯。

在《易釋》卷三上篇經傳〈豐〉卦論述中，黃式三謂：

　　〈豐〉上傳「自藏」，當作「自戕」。〈豐〉與〈離〉祇上爻之變，上變為六，其屋彌，其家益蔽，雖日中之明，无不蔽矣。然蔽人者，終自戕，小人何益于身家哉？此聖人為小人戒，未嘗不為小人謀也。

　　（《易釋》，頁 138）

首先指出〈豐〉上六象傳的「自藏」應作為「自戕」，也就是自我傷害。黃式三經由〈離〉上九與〈豐〉上六的象數比較，指出兩卦僅上爻有異，本來「重明以麗乎正」的〈離〉，在經過上爻陽變陰而成〈豐〉之後，雖然有了上六屋蓋的遮蔽，但也將〈離〉日加以隔絕，而這也失去日光豐照天下的富麗。黃式三經由〈離〉、〈豐〉象數之比較，進一步提出小人將會有自取滅亡的危險性，並對於家園甚而國家也都將無益於世。黃氏並進而指出「此聖人為小人戒，未嘗不為小人謀也」，此就〈繫辭傳〉所言：「小人不恥不仁，不畏不義，不見利不勸，不威不懲。小懲而大誡，此小人之福也。」（〈繫辭傳〉下第五章）作出進一步的發揮。〈繫辭傳〉僅說明對小人的懲戒，黃氏則進一步在本論中說明小人不可以將自我德義遮蔽，而失去中正光明。如此為小人憂患謀慮，這也就是《周易》的仁義立人之道。

由上述可知黃式三釋《易》善於兼論象數、義理。如此，德性論述在卦爻象數的提示比較中，得到了義理性闡發；而由義理闡發以盡《易》道的論述中，也不會失去《周易》卦爻陰陽變化之本。

二、善於發揮易傳

黃式三釋《易》，善於發揮《易傳》。在《易釋》一書中，常可見其以《易傳》來發揮《易》理的方式。例如在《易釋》卷二〈釋涉大川〉，為了解釋說明「涉大川」之意涵，其中引用了〈彖傳〉、〈象傳〉、〈繫辭傳〉、〈說卦傳〉等來發揮。在引用〈彖傳〉的部分，黃氏謂：

象之言「利涉大川」者七卦，剖木爲舟，剡木爲楫象，取諸〈渙〉，既有利涉之文，而〈蠱〉、〈益〉、〈中孚〉亦言利涉者，諸卦皆有巽之木風、震之動，或又有坎水、兌澤，中聯二陰或三陰，是虛木。象傳〔註86〕曰：木道乃行、曰乘木有功、曰乘木舟虛，合觀之，而得涉川之象矣。（《易釋》，頁91～92）

黃式三爲了說明「涉大川」皆有木象，特引〈象傳〉來發揮。如其中提到「木道乃行」即是摘自〈益〉象傳：「益，損上益下，民說無疆；自上下下，其道大光。利有攸往，中正有慶。利涉大川，『木道乃行』。益動而巽，日進無疆。天施地生，其益無方。凡益之道，與時偕行。」其中即是以「木道乃行」來說明〈益〉所以有「涉大川」之象。接著再從〈渙〉象傳：「渙，亨。剛來而不窮，柔得位乎外而上同。王假有廟，王乃在中也。利涉大川，『乘木有功』也。」其中的「乘木有功」也映證了「涉大川」之象。而接著再取〈中孚〉象傳：「中孚，柔在內而剛得中。說而巽，孚乃化邦也。豚魚吉，信及豚魚也。利涉大川，『乘木舟虛』也。中孚以利貞，乃應乎天也。」其中的「乘木舟虛」，將「涉大川」的虛木之象表達出來。

此外，在釋〈需〉、〈大畜〉、〈同人〉的「涉大川」中，同樣也是多引〈象傳〉來發揮：

水天〈需〉曰：利涉大川者，險在前，健而善待，往而有功，舟行之法似之。山天〈大畜〉曰：利涉大川者，乾艮之閒有坎，由乾而艮，須涉坎水，止健而應乎天，俟天衢亨而行，舟行之法似之。天火〈同人〉曰：利涉大川。《傳》曰：利涉大川，乾行也。乾行即乾之時乘以御。（《易釋》，頁92）

在釋〈需〉「涉大川」中，說明「險在前，健而善待，往而有功」，也是引自〈需〉象傳：「需，須也，險在前也，剛健而不陷，其義不困窮矣。」而在釋〈大畜〉「涉大川」，則是說明：「利涉大川者，乾艮之閒有坎，由乾而艮，須涉坎水，止健而應乎天。」其中也是從〈大畜〉象傳：「大畜，剛健篤實輝光，日新其德，剛上而尚賢。能止健，大正也。不家食吉，養賢也。利涉大川，應乎天也。」化引而來，並且還更進一步說明下卦爲乾、上卦爲艮，由於「能止健」，〔註87〕所以才有「利涉大川」的發展性。而釋〈同人〉「利涉大川」，

〔註86〕這邊「象傳」疑爲「象傳」之筆誤。
〔註87〕（元）俞琰：「乾雖健而難制，艮則能制之也。制之非故抑其進也，養之以待

則是引〈象傳〉「乾行也」來說明，黃式三並進一步說明「乾行即乾之時乘以御」，這則是引〈乾〉象傳「大明終始，六位時成，時乘六龍，以御天」，由於乾有健行特質與六位時成的特點，才有「涉大川」之功。而相對的，在之後釋〈訟〉「不利涉大川」，則是由〈象傳〉「險而健」──明知危險，卻還是健行，於是自然有險惡而「不利涉大川」。

　　在〈釋涉大川〉，除了以〈象傳〉說解外，黃式三也以〈象傳〉、〈繫辭傳〉、〈說卦傳〉來發揮。在引〈象傳〉中，黃氏謂：

　　　　山天〈大畜〉曰：利涉大川者，乾艮之閒有坎，由乾而艮，須涉坎
　　　　水，止健而應乎天，俟天衢亨而行。（《易釋》，頁 92）

除了以先前說明的〈象傳〉解釋外，再以〈大畜〉上九爻辭、象傳來說明。由於〈大畜〉上九曰：「何天之衢，亨。」而〈象〉曰：「何天之衢，道大行也。」經過上卦艮的止蓄充實後，則有乾健大道可以行走，如此即有「涉大川」的亨道。而引〈繫辭傳〉則有：

　　　　象之言「利涉大川」者七卦，刳木爲舟，剡木爲楫象，取諸〈渙〉，
　　　　旣有利涉之文，而〈蠱〉、〈益〉、〈中孚〉亦言利涉者。諸卦皆有巽
　　　　之木風、震之動。或又有坎水、兌澤，中聯二陰或三陰，是虛木。（《易
　　　　釋》，頁 91）

其中引〈繫辭傳〉：「刳木爲舟，剡木爲楫，舟楫之利以濟不通；致遠以利天下，蓋取諸渙。」（下傳第二章）說明「利涉大川」。由於〈渙〉、〈蠱〉、〈益〉、〈中孚〉四卦皆由上卦或下卦的巽構成，而巽有木象，而黃式三特引〈繫辭傳〉來說明裁木成舟、楫以涉川的道理。此外，爲了解釋〈需〉、〈大畜〉、〈同人〉經卦乾在「利涉大川」的作用，黃氏又說明：「乾爲天下之至健，恆易而知險。」（《易釋》，頁 92）這是引自〈繫辭傳〉下第十二章：「夫乾，天下之至健也，德行恆易以知險。」由於乾有至健之卦德，以及變易以知天下險的作用，故可以「涉大川」之險。

　　而在引〈說卦傳〉加以發揮的部分，黃氏曰：

　　　　天火〈同人〉曰：「利涉大川。」〔註88〕《傳》曰：「利涉大川，乾
　　　　行也。」〔註89〕乾行即乾之時乘以御，自離南至乾西北，其中互巽，

─────────────────────────────

用也。」（《文淵閣四庫全書》，經部一，《周易集說》，卷十六，頁 12）
〔註88〕〈同人〉卦辭：「同人于野，亨。利涉大川，利君子貞。」
〔註89〕〈同人〉象傳：「同人，柔得位得中，而應乎乾，曰同人。同人曰『同人于

有東南風，順時而行也。(《易釋》，頁 92)

黃式三以方位的方式來說明〈同人〉的「利涉大川」，由於〈說卦傳〉第五章說：「巽，東南也。齊也者，言萬物之絜齊也。離也者，明也，萬物皆相見，南方之卦也；聖人南面而聽天下，嚮明而治，蓋取諸此也。……乾，西北之卦也，言陰陽相薄也。」而〈同人〉下卦爲離，上卦爲乾，要由南方的離至西北的乾，可借助〈同人〉六二、九三、九四互卦的巽，由於方位處東南，故可在東南方巽風助長下，由下卦至上卦，而「利涉大川」。黃式三這裡的釋「涉大川」，即是以〈說卦傳〉方位說來發揮。

所以光從〈釋涉大川〉一節中，黃式三即引了〈彖傳〉、〈象傳〉、〈繫辭傳〉、〈說卦傳〉來詳加解釋，再加上本章第一節「釋易方法」的「以傳解經」的其他例子，可知黃式三治《易》要點之一，即是善於發揮《易傳》來明《易》理。

而黃式三雖然精通《易傳》闡發，但也不盲目崇《傳》。如在《易釋》卷二〈釋貞〉中，黃式三雖舉出〈師〉象傳：「貞，正也。」以及〈乾〉文言傳曰：「貞固足以幹事。」來說明「貞」有正、固二訓。但是隨後即舉各卦中有「貞」字的爻辭，來指正「貞」應爲「固守」之義。〔註 90〕可見黃式三不會固守於《易傳》所言之辭，而能細加考證，以求得正確見解。

不過，可指出的一點，黃式三並未詳加分明《易傳》中各體例的不一，而統以孔子之言視之，這是較爲可惜的部分。如在《易釋》卷四〈釋陰陽先後〉中指出：

> 學殷道而得坤乾，坤乾即《歸藏》，取坤以藏之之義。孔子以殷人學
> 殷道，本《歸藏》之旨，而言「陰」、「陽」。故〈繫辭傳〉「一陰一
> 陽之謂道」、〈說卦傳〉「立天之道，曰陰曰陽」，皆懍懍乎遵殷《易》
> 之法。(《易釋》，頁 187)

其中是以《易傳》中的「先陰後陽」特點來引證，但同樣在該篇中，也有引《易傳》來論述「先陽後陰」之理：

> 文王、周公重三綱，遠追伏羲，以乾之爲君、爲父、爲夫者居首，

野，亨。利涉大川。』乾行也。文明以健，中正而應，君子正也。唯君子爲
能通天下之志。」

〔註90〕可參考本章第二節「易例發凡」的「凡言『貞屬』、『貞吝』、『貞凶』者，或
位不正而不變之正，或位正而自以爲正，遂固守之，則有屬與凶吝也」。

孔子述之于〈坤〉象傳曰:「先迷失道,後順得常。」謂陰先陽則迷
而失道,陰後陽則順而有常;于〈繫辭傳〉曰:「天尊地卑,乾坤定
矣。」又以天地明乾坤之序,皆《周易》之道也。(《易釋》,頁188)

黃式三清楚地分出《易傳》中有不同的《易》理結構觀點——「先陰後陽」
與「先陽後陰」的差別,但還是都以孔子所言來表述。未進一步就著述觀點
的差異來探求作傳者的不同,是黃式三微瑕之處。〔註91〕

三、善以卦變說易

〈繫辭傳〉:「《易》,窮則變,變則通,通則久。」(下傳第二章)「《易》
之爲書也不可遠,爲道也屢遷。變動不居,周流六虛,上下無常,剛柔相易,
不可爲典要,唯變所適。」(下傳第八章)「極天下之賾者存乎卦,鼓天下之
動者存乎辭,化而裁之存乎變,推而行之存乎通。」(上傳第十二章)而陳來
(1952~)指出:

〈繫辭〉所說的變指卦爻的變化,通指爻象的推移流動。認爲卦包含
了天下的奧秘,爻辭隱藏了天地運動變化的動因。對卦爻的變化加以
裁節,使陽爻變爲陰爻,使陰爻變爲陽爻,這就是「變」,即卦畫的
變易;爻象往來上下,剛柔變動、周流無窮,這就是「通」。〔註92〕

可知卦變說在《易傳》時即有闡明、論述。而黃式三善於闡發《易傳》,同時
也善以卦變來解釋、發揮《易》理。在本章第三節「易理闡發」的「釋卦變」,
已闡述黃式三所論述的卦變之理。本小節再就黃式三善用卦變說來解釋、發
揮《周易》,作例證說明。

如在《易釋》卷一釋〈否〉,黃式三謂:

三有消陽之志,不爲〈遯〉之係,將爲〈觀〉之進,是可羞也。(《易
釋》,頁14~15)

〈否〉六三爻若能變陽而成〈遯〉九三,則將有「係遯」之吉,如果一任其
往,則必將變卦成〈觀〉、〈剝〉等陰息陽消卦,如此趨陰退陽,也將應驗了

〔註91〕關於《周易》與孔子的關係。可參考錢穆〈論十翼非孔子作〉(收錄於黃沛榮
編:《易學論著選集》(臺北:長安出版社,1985年),頁383~388)與黃慶
萱〈周易與孔子〉(收錄於黃慶萱著:《周易縱橫談》(臺北:東大圖書股份有
限公司,1995年),頁151~156)。

〔註92〕朱伯崑主編;李申、王德有副主編:《周易知識通覽》(濟南:齊魯書社,1993
年),頁230。

〈否〉六三「包羞」之辱。這裡黃式三以陽消卦變來發揮〈否〉六三爻的「不利君子」。

　　而再如《易釋》卷一釋〈謙〉，黃式三謂：

> 天下事惟善用柔，迺堪用剛也。九三有君民之大德，有事君之小心，功能轉〈坤〉，其謙尤大。此〈乾〉三「惕若」之君子也歟？（《易釋》，頁17）

說明〈謙〉九三爻能轉〈坤〉，也就是說〈坤〉六三變爲九三即成〈謙〉，而〈謙〉九三象傳指出：「萬民服也。」這就是黃式三所說的「有君民之大德」，雖然〈坤〉有順承之德，可以「利牝馬之貞」，但還是缺少〈乾〉剛健而自強不息的積極作爲。而〈謙〉有〈乾〉卦變後所保有的九三陽爻，有著〈乾〉九三「終日乾乾，夕惕若」的陽進之資與憂患意識，於是〈謙〉可以「裒多益寡，稱物平施」，在柔與剛之間取得一個平衡，所以黃式三說：「天下事惟善用柔，迺堪用剛也。」這裡黃式三藉由〈謙〉、〈坤〉、〈乾〉三者卦變關係，將〈謙〉唯一九三陽爻，作兩端的發揮。

　　而在《易釋》卷三，黃式三指出〈隨〉變自〈否〉，有以下發揮：

> 〈否〉之乾上來居坤初，是爲〈隨〉。〈隨〉之初九曰：「官有渝，出門交有功。」陽爲陰主，故陽稱官。渝者，變也。〈否〉上下不交，變之正，故交且有功。此爻以卦變言已明矣。〈訟〉變〈渙〉而復安；〈豫〉變〈晉〉而不冥，皆曰「渝」。彼以爻變言渝，此以卦變言渝，渝其義一也。上不言卦變者，卦變特《易》道之端，安得兩爻並言之，且象傳曰：「剛來而下柔。」亦指初而言，所變以陽之得正爲重，周公、孔子之意如合符節也。（《易釋》，頁117）

黃式三指出〈否〉上九變爲上六，而初六變爲初九，成爲〈隨〉，[註93]並再說明初九爻辭的「渝」有變之義。黃氏舉出〈訟〉卦變爲〈渙〉，即是九四變爲六四，而在〈訟〉九四爻辭：「不克訟，復即命渝，安貞吉。」即指出若有「渝」變，則可「安貞吉」，於是黃式三才謂：「〈訟〉變〈渙〉而復安。」而〈豫〉卦變爲〈晉〉，則是以上六變爲上九而言，而〈豫〉上六爻辭：「冥豫，成有渝，无咎。」本爲冥昧於安樂，但若「有渝」之變，則成爲〈晉〉前之象，所以黃式三指出：「〈豫〉變〈晉〉而不冥。」而在《易釋》卷一釋〈豫〉

[註93] 《周易集解》〈隨〉卦辭引虞翻言：「否上之初，剛來下柔，初、上得正，故元、亨、利、貞，无咎。」（頁101）可見黃式三卦變說之有所本。

的部分，黃式三也謂：「渝者，變也。變〈晉〉則瞑者醒矣。」經由卦變說，可知各卦之間的爻位發展，而卦爻辭也得以有發展性的變動，正符合《周易》變動不居的特性。黃式三再輔以十翼〈隨〉象傳言「剛來而下柔」，說明由於〈否〉初六能得陽之變，才有〈隨〉「元亨利貞」之吉，可見卦變之重要性。

　　而在《易釋》卷一釋〈頤〉中，黃式三指出〈震〉變為〈頤〉的情形，謂：

　　　　上即〈震〉之四也。〈震〉侯由四升上，其殷、周之興乎？二、四曰
　　　　「顛頤」，顛者，上也。六四本〈震〉之九，變六得正，「虎」象而
　　　　馴。「其欲逐逐」，已厭足也，頤于上，故上施光。（《易釋》，頁28）

黃式三首先指出〈頤〉上九即是由〈震〉九四爻變而來，而這也是周代所興盛的景象。而〈頤〉六四爻則是由〈震〉九四變陰爻而成，因為居四爻而為陰是為得正，也因此能受到〈頤〉上九的頤養，而縱有虎象，也已得到滿足，於是成為得力之助手。這裡黃式三經由卦變說，說明〈震〉變為〈頤〉，於是〈頤〉上九能「施光」於六四，而〈頤〉六四也能得到頤養而專心致力於上九。

　　其它再如《易釋》卷一釋〈咸〉，黃式三謂：「〈咸〉自〈否〉之三上易，而得位天地之交、聖人感人心之象也。」（《易釋》，頁31）同樣在《易釋》卷一釋〈咸〉，黃氏也謂：「〈咸〉上不變〈遯〉上之『飛遯』，故『滕口』〔註94〕說也。」（《易釋》，頁32）而在《易釋》卷一釋〈夬〉，黃氏謂：「三由〈兌〉變，君子待決，知時濡雨有慍，故无咎也。」（《易釋》，頁41）這些也都是以卦變來發揮《易》理。可見善於發揮卦變說，是黃式三治《易》的一大特色。

─────────────

〔註94〕黃以周《十翼後錄》案語：「滕口，上其高尚不事，而善持清議者歟。」（頁
　　　667）

第五章　黃以周易學探析

　　黃以周的易學內容主要呈現在疏證、案語中，如《十翼後錄》、《周易注疏
賸本》、《周易故訓訂》等書，皆是引注加疏之書。所以在本章第一節，就黃以
周上述三書疏證、案語的論述方式作一分類，並引證內容以觀黃以周闡述《易》
家說法、發揮《易》理的特點。第二節則是闡述說明其疏證、案語中，博徵經
學、史學、子學、小學等論述《易》理的方式，同時可見黃以周學術的淵博與
易學的精深。而在第三節的部分，則是有別於前兩節論述黃以周隨文疏證注《易》
的方式，而是紬繹出較有體系發揮的易學內涵，作一論述。

第一節　易疏、案語析論

　　黃以周易學以疏證、案語爲主。以下將其疏論前家注《易》說法，依「爲
易學家作注解」、「梳理各家易注說法」、「比較易注」、「引申易注加以發揮」、
「反駁易注以申易」、「駁舊注並引申易注以發揮」等不同方式，舉例闡述其
學說內容，以明瞭黃以周易學論述大旨。

一、爲易學家作注解

　　在黃以周的易學著作疏證、案語中，會爲前代注《易》學者作一傳略簡
介。如在《十翼後錄》中，〈乾〉象：「大哉乾元，萬物資始，乃統天。」黃
以周引程頤注：「四德之元，猶五常之仁，偏言則一事，專言則包四者。萬物
資始，乃統天，言元也。乾元，天道始萬物，物資始於天也。」後文隨及作
案語曰：

　　　程子名頤，撰《易傳》，序作于元符二年己卯。迨大觀元年丁亥卒，

書猶未成，門人楊時得其稿，乃始校定，去其重複，六十四卦之傳
始完。詳見楊氏跋。(《十翼後錄》，頁 13)

黃以周簡要介紹程頤《易程傳》的成書過程。再如《十翼後錄》中，〈乾〉象
傳：「雲行雨施，品物流形，大明終始，六位時成，時乘六龍以御天。」黃以
周引荀爽注：「荀慈明曰：乾起坎而終于離，坤起離而終于坎，坎離者，乾坤
之家，而會易之府，故曰大明終始。」而黃氏案語謂：

荀氏名爽，一名諝，《後漢書》有傳，虞仲翔曰：荀諝注，有愈俗儒；
馬融有俊才，復不及諝。(《十翼後錄》，頁 15)

這裡所引用虞翻評價荀爽之語，見裴松之注《三國志‧虞翻列傳》。〔註 1〕除
了可知黃以周對於歷代易學家的時代背景都有一定認識外，也可見其善於掌
握史書傳紀資料，能夠言之有據。再如《十翼後錄》引游雅之語，黃以周案
語謂：

游氏言，見《後魏書‧陳喜傳》，傳云：「雅贊扶馬鄭。」則游氏之
言，本于馬鄭也。(《十翼後錄》，頁 156～157)

指出游雅之語出自於《魏書》陳喜的傳中，並說其本源於馬融、鄭玄，可見
黃以周對於引注之語的出處與脈絡都有所交待。其他如「以周案：虞氏名翻，
《吳志》有傳」(《十翼後錄》，頁 15)、「以周案：王氏名弼，年止二十四，所
注易未全，見《魏志》。」(《十翼後錄》，頁 15)、「以周案：胡氏名炳文，撰
《本義通釋》」(《十翼後錄》，頁 63)……等，都指出注《易》者的大概傳略
與易學著作。而在《十翼後錄》全書後，黃氏也將所引易學家，就其姓名、
字號、易學專書，逐一詳列。這都可看出黃以周「知人論世」的用心。

二、梳理各家易注說法

黃以周《易》學著作中，多以整理前家《易》注為主。例如《十翼後錄》

〔註 1〕 裴松之注《三國志‧虞翻傳》：「翻又奏曰：『經之大者，莫過於《易》。自漢
初以來，海內英才，其讀《易》者，解之率少。至孝靈之際，潁川荀諝號為
知《易》，臣得其注，有愈俗儒，至所說西南得朋，東北喪朋，顛倒反逆，了
不可知。孔子歎《易》曰：『知變化之道者，其知神之所為乎！』以美大衍四
象之作，而上為章首，尤可怪笑。又南郡太守馬融，名有俊才，其所解釋，
復不及諝。孔子曰『可與共學，未可與適道。』豈不其然！若乃北海鄭玄，
南陽宋忠，雖各立注，忠小差玄而皆未得其門，難以示世。』」(《文淵閣四庫
全書》，史部一，《三國志》，吳志，卷十二，頁 6)

注解「雲行雨施，品物流形，大明終始，六位時成，時乘六龍以御天」，引了荀爽、鄭玄、虞翻、王弼、侯果、孔穎達、朱震、楊萬里、項安世、趙汝楳、惠士奇、黃式三等人的注解，而黃以周案語謂：

> 六句皆釋亨德，見下所錄諸說。……坎雨行施，離日終始，是乾坤氣通之時，所以釋亨也。凡以時會通萬物，曰亨。（《十翼後錄》，頁16、19）

黃以周整理了朱震：「所謂亨也，萬物殊品，流動分形，會易異位，以時而成。」項安世：「天道大明于元气既行之後，始于子午，終于巳亥，各以六辰而成。《易》象大明于奇畫既生之後，始于復姤，終于乾坤，各以六位而成，此以《易》象釋亨也。」趙汝楳：「龍德之人，乘潛見惕躍飛亢之時，以御天。乘，猶乘車以有行，御，猶御馬之有節，此以釋亨。」黃式三：「六辰由大明而成，乾象乘六龍，以行天之氣，坎離通亨之道也。天之亨必順其時，坎雨所時施，離日所時行。」上述諸家都注重必須順時位以發揮亨通之道，所以黃以周總結梳理，在案語提出：「凡以時會通萬物，曰亨。」

《十翼後錄》的〈大過〉象曰：「大過，大者過也。」黃以周案語曰：

> 〈序卦傳〉云：「有過物者必濟。」則「過」爲過越之過，訓經過、訓過誤者，非也。〈大過〉者，易有餘也，或有餘而吉，或有餘而凶，各隨爻位言之。（《十翼後錄》，頁586）

就所引之注解，如鄭玄：「易爻過也。」陸德明：「超過也。」孔穎達：「過謂越過之過。」程頤：「大者過，謂易過也。」朱震：「大過，易過陰，大者過越也。」胡一桂：「過有過多之意。」這些皆是將「過」訓爲過多之意，而黃以周就相同《易》注說法，在案語中梳理。而黃以周也引〈序卦傳〉：「有過物者必濟。」說明「過」即是事物已過一定程度而有所終成，有所成即有吉、凶等結果。黃以周這裡主要就前家注家作一梳理，而指出「過」爲過越之過。

再如《周易故訓訂》的〈履〉六三爻：「眇能視，跛能履，履虎尾，咥人凶，武人爲于大君。」〈象〉曰：「『眇能視』，不足以有明也。『跛能履』，不足以與行也。咥人之凶，位不當也。『武人爲于大君』，志剛也。」黃氏訓解謂：

> 「履虎尾」，眇不足明也；「咥人凶」，跛不足行也。能視能履，何自負也。赳赳武夫，以其志剛也。以不中不正之身，如眇跛然，以此而行，宜其有履虎咥人之凶矣。然其才弱，其志剛。雖眇也，而又

能視；雖跛也，而又能履。是猶武夫能效力於大君之前者也，此象所謂「說而應乎乾也」。六三非不能視也，非不能履也，特其眇耳、跛耳。以其眇與跛言之，則有履虎之危；以其能視、能履言之，則有武夫之勇也。離爲目、巽爲白眼，故其目眇；巽爲股、兌爲毀折，故其股跛。眇一目少，非瞽目也；跛一足廢，非躄足也。能視能履是贊辭，與〈歸妹〉同以陰居陽，故曰「武人」。「爲」猶〈虞書〉汝明、汝爲之爲。〔註2〕五爲君，上九在五上，爲大君。（《周易故訓訂》，頁 37）

這主要是梳理宋代徐直方〔註3〕與元代吳澄的《易》注而成。黃以周在《十翼後錄》〈履〉六三爻引徐直方之說：「徐立大曰：卦有兌，互體有巽離。離爲目，巽爲多白眼，故眇能視；巽爲股，兌爲毀折，故跛能履。」與吳澄注：「吳幼清曰：『眇』，一目少也；『跛』，一足廢也。『爲』，猶〈虞書〉汝爲之爲，謂以膂力之剛而效使令也。『大君』，謂上九也。六三應上九，以力而效用于大君之象。『剛』謂上九，六三能爲大君效力，志在應上九之剛也。『志剛』，爲〈咸〉卦象傳言『志末』。」黃以周梳理兩者之說，六三由於能夠「武人爲于大君」，有「志剛」之抱負，所以許爲「贊辭」。但是以陰居陽，雖然有武夫孔武之力，能逞一時之勇，但是終有致禍而無以遠行的危機。所以雖然「能視」、「能履」，但也會招致「履虎尾，咥人凶」。黃以周在訓解中融入徐直方與吳澄《易》注，並將其貫串而完整陳述出〈履〉六三爻辭、象傳的論說。由上述之例，可略見黃以周梳理注《易》家學說的方式與工夫。

三、比較前人易注

黃以周也常比較前代各家《易》注說法，而作一說明。如在《十翼後錄》中，對於〈乾〉象辭：「雲行雨施，品物流形，大明終始，六位時成，時乘六龍以御天。」在各家注解中，黃以周提出案語謂：

〔註2〕《尚書·虞書·益稷》：「帝曰：『臣作朕股肱耳目：予欲左右有民，汝翼；予欲宣力四方，汝爲；予欲觀古人之象，日、月、星辰、山、龍、華蟲、作會，宗彝、藻、火、粉米、黼、黻、絺繡，以五采彰施于五色，作服，汝明。』」（《十三經注疏·尚書》，頁 66）

〔註3〕徐直方，字立大，號古爲，信州（今江西上饒）人。度宗咸淳二年以進《易解》，授史館編校。恭宗德祐元年爲右正言。見《宋史》〈度宗本紀〉（卷四六）與〈瀛國公本紀〉（卷四七）。

　　　　荀氏説大明終始，連上二句解之；《漢上傳》以坎雨、離日對言，參
　　　　侯氏説。(《十翼後錄》，頁17)

黃以周引荀爽注：「荀慈明曰：乾起坎而終于離，坤起離而終于坎，坎離者，
乾坤之家，而會易之府，故曰大明終始。」荀爽將乾、坤、坎、離共言之，
所以黃以周謂：「荀氏説大明終始，連上二句解之。」而黃以周也引朱震言：
「朱子發曰：六爻天地相函，坎離錯居。坎離者，天地之用也。雲行雨施，
坎之升降也。大明終始，離之往來也。」朱震是以坎、離分別言「雲行雨施」
與「大明終始」，與荀爽的合説有所不同。黃以周在案語比較其相異性。

　　　再如對於〈謙〉彖傳言：「謙，尊而光，卑而不可踰，君子之終也。」黃
以周在《十翼後錄》引了元代吳澄與清代王引之的注解。黃以周引吳澄注：「吳
幼清曰：謙者，尊崇他人。以居己上，而己亦光顯；卑抑自己，以居人下，
而人亦不可踰越之。此君子之所以有終也。」而引王引之注：「王伯申曰：尊
讀撙節退讓之撙，尊之言損也、小也。光之言廣也、大也。尊而光者，小而
大；卑而不可踰者，卑而高也。〈繫辭傳〉曰：『謙尊而光、謙以制礼。』〈曲
禮〉曰：『君子恭敬撙節退讓以明禮。』〔註4〕其義一而已矣。解象傳者，多
誤以尊卑爲對文，夫尊卑若是對文，則二句不可缺一。〈繫辭傳〉之『謙尊而
光』，反似偏而不具矣。」王引之指出〈繫辭傳〉僅有「謙尊而光」一文，不
同於〈謙〉象傳「謙尊而光，卑而不可逾」之對文。可看出王引之與吳澄説
法的不同。黃以周在《十翼後錄》的案語指出：

　　　　王氏駁舊説良是。依吳草廬説，〈象傳〉、〈繫辭傳〉兩通。(《十翼後
　　　　錄》，頁341)

雖然王引之的説法可以與〈繫辭傳〉「謙尊而光」相切，而〈象傳〉所言「卑
而不可踰」，也是説明〈謙〉道可以致廣大，但是吳澄之説可以解釋「君子之
終」。於是，黃以周在《周易故訓訂》中，將蘇軾與吳澄説法作一結合。黃氏
謂：

〔註4〕　《禮記・曲禮》：「道德仁義，非禮不成，教訓正俗，非禮不備。分爭辨訟，
　　　　非禮不決。君臣上下父子兄弟，非禮不定。宦學事師，非禮不親。班朝治軍，
　　　　蒞官行法，非禮威嚴不行。禱祠祭祀，供給鬼神，非禮不誠不莊。是以『君
　　　　子恭敬撙節退讓以明禮』。鸚鵡能言，不離飛鳥；猩猩能言，不離禽獸。今人
　　　　而無禮，雖能言，不亦禽獸之心乎？夫唯禽獸無禮，故父子聚麀。是故聖人
　　　　作，爲禮以教人。使人以有禮，知自別於禽獸。」(《十三經注疏・禮記》，頁
　　　　14)

謙之爲道，能尊人，而己亦因之光顯；能卑己，而人亦不踰越之。

此謙之有終也。曷謂有終？當其始，爭者得，謙者失，蓋有之矣。

究其終而言之，未有不光而踰者也。〔註5〕（《周易故訓訂》，頁53）

則蘇軾與吳澄的說法，都是就〈謙〉能卑己謙下，所以君子能有終。比較吳澄與王引之的說法，王引之側重在「通部《周易》一貫的義例與文例」，〔註6〕然而蘇軾與吳澄的說法，對於「君子之終」，能有一完整的論述，也得以成爲一家之言。所以黃以周在《十翼後錄》案語中，就這兩家加以比較論述。

再如《十翼後錄》中，〈大畜〉彖傳：「大畜，剛健篤實，輝光日新。其德剛上而尚賢。」黃以周案語謂：

剛健謂乾，篤實謂艮，輝光兼乾艮言。乾與艮皆光明，故日新。「剛健篤實」句，「輝光日新」句，「其德」屬下讀：「其德剛上而尚」矣，句法與〈大有〉「其德剛健而文明」同，鄭、虞句讀法是也。孔疏所據王本，「輝光日新其德」爲句，與《釋文》所言，亦異。今讀多依《程傳》，「剛健篤實輝光」爲句。（《十翼後錄》，頁550）

這裡先說明該句讀法，由於下卦乾爲「剛健」，上卦艮爲「篤實」，而乾、艮都爲「輝光日新」，所以應該以「剛健篤實，輝光日新」爲斷句。黃以周並接著比較各家《易》注。在所引《易》注中，虞翻《易》注：「虞仲翔曰：剛健謂乾，篤實謂艮，互體離坎，離爲日，故輝光日新也。」是黃以周所主張的「剛健篤實，輝光日新」斷句方式。而黃以周也引陸德明《經典釋文》中的鄭玄注：「鄭以日新絕句，其德連下讀。」也是同於黃以周所主張的句讀法，故黃以周謂：「鄭、虞句讀法是也。」而接著黃以周再說明王弼是以「輝光日新其德」爲一完整句意，而陸德明則是以「輝光，日新其德」來斷句。而今

〔註5〕黃以周在《十翼後錄》也引蘇軾注《易》之說：「蘇子瞻曰：不于其終觀之，則爭而得，謙而失者，蓋有之矣。惟相要于究極，然後知謙之必勝也。」（《十翼後錄》，頁339）

〔註6〕鄭吉雄〈高郵王氏父子對《周易》的詮釋〉言：「他們所用的方法，或以六十四卦卦爻辭互證，或取《易傳》與經文互證，或並參漢魏《易》注。大致上以本經爲準衡，以《十翼》爲參考，以《詩》、《書》等諸經爲輔助，對於漢魏《易》注則多採取是其是而非其非的修正、批判性的態度。總體而言，向內則重視經義的通貫，向外則引證及於諸子文獻。究其詮釋《周易》的基本原則，可以用兩句話來形容，即「本經諸經內證通貫，追求全經義例一致」。鄭吉雄：《易圖象與易詮釋》（臺北：國立臺灣大學出版中心，2004年），頁305、306。

本多從程頤所注解的方式，是以「剛健篤實輝光」來句讀。在比較中，可見各家句讀皆不同，而這也影響判讀上的差異。

黃以周詳究各易學家注《易》的異同，在案語、疏證之處，詳加比較論述說明，使得《易》理更爲完備透澈。

四、引申前人易注加以發揮

徐芹庭（1941～）在《易學源流》的「易學派別與流變」一節中指出：

> 夫文化與學術皆有沿襲性，皆非一人一時一地之所能獨創，皆須經長久時間之蘊釀，費盡無數先知先覺之苦心冥索，累積無數先知先覺之智慧與經驗，然後時節因緣成熟，乃經聰明睿智之聖哲，發千古之妙思，契諸聖之道心，探賾索隱，鉤深致遠，薈萃而成。易之發展，亦復如是。〔註7〕

黃以周從前代注《易》者的精要學說中，積累菁華，論述發揮。例如在《周易故訓訂》的〈大過〉象傳：「棟橈，本末弱也。剛過而中，巽而說行，利有攸往，乃亨。」黃以周論曰：

> 四陽居中爲棟。本指初，謂棟之所藉者，柱之屬是也。末指上，謂居棟之頂者，榱之屬是也。凡本與末俱不可弱，必強弱相輔而後安，不然則橈矣。剛過而中，以二五之中言。巽而說行，以二體之德言。利有攸往，謂強弱宜輔，利其往應，如初之往四，得輔是也。初能往四，本雖弱而得輔，其棟自隆。則棟橈之由，獨在末之頂上，頂受溼而傷，三之棟由是橈矣。使三上亦巽而說行，自有可亨之理，何凶焉？經文「棟橈，利有攸往，亨」，三句連讀。〈象傳〉先統言本末之俱弱；次言本之雖弱而亨，以明棟橈之獨由於末，欲三之往應乎上也。聖人之所以勸世者深矣。（《周易故訓訂》，頁93）

《十翼後錄》的〈大過〉象傳引用王弼《易》注：「王輔嗣曰：初爲本而上爲末也。剛過而中，謂二也。居陰，過也。處二，中也。拯弱興衰，不失其中也。」以及孔穎達的《易》疏：「孔仲達曰：大過，本末俱弱，故屋棟橈弱也。似衰難之世，始終弱也。」而黃以周在該注的案語，與上述《周易故訓訂》的引文相同，都是將王注與孔疏再發揮論述。由於本末俱弱，所以要能夠強

〔註7〕徐芹庭：《易學源流》（臺北：國立編譯館，1987年），頁74。

弱相輔，初六與上六既為陰爻，則必須有九四與九三的陽爻以相應。王弼的「拯弱興衰」與孔穎達的「衰難之世」，並未明確就爻位而論，黃以周再將其以爻位相應之說來論述，使《周易》之卦象能與「聖人之所以勸世者深矣」之人事義理相結合。

再如《周易注疏賸本》的〈乾〉九三小象「終日乾乾，反復道也」，黃以周在引注的部分指出：「干（干寶）云：『反復其道，謀始反終。』周謂：『反復道，釋乾『夕惕』義。』」而在疏的部分，黃以周謂：

> 「終日乾乾」，是謀始也；「夕惕若」，是反終也。自朝至夕，始終不息，故「反復道」。〈文言傳〉曰：「知至至之，知終終之。」始終不息，故為「反復道」。「反復道」釋〈乾〉「夕惕」義，傳祇舉「終日乾乾」者，省文耳，傳多此例。君子以陽而動健之至也，夕以陰息猶惕然懼之，此其原始反終、反復不息也。（《周易注疏賸本》，頁14）

《十翼後錄》〈乾〉「終日乾乾，反復道也」引注的部分，引俞琰注說：「俞玉吾曰：反復道者，反而復諸道也。道貴中，三居下乾之終，于時為夕，已過中矣。君子因時而惕，反求諸身，故曰『反復道也』。『反復道』即釋『夕惕若，厲无咎』之義。」黃以周結合干寶與俞琰的注說，並加以引申發揮。首先，干寶已經指出〈象傳〉所言「反復其道」，即是在說明「謀始反終」的重要性，而俞琰則指出「反復道」是解釋爻辭的「夕惕若，厲若咎」。於是黃以周將其發揮為爻辭「終日乾乾」是能夠「謀始」， 而「夕惕若」則是能夠「反終」。黃以周再引〈文言傳〉：「知至至之，可與幾也。知終終之，可與存義也。是故居上位而不驕，在下位而不憂。故乾乾因其時而惕，雖危無咎矣。」說明因為可以隨時不懈，所以才能「反復道」而不息，黃以周也在《周易故訓訂》謂：「『乾乾』者，健之至言，非一時之健，乃終日之健也。」（《周易故訓訂》，頁3）此外，也可以知道〈象傳〉「終日乾乾」即是爻辭「君子終日乾乾，夕惕若，厲无咎」的省語，而「反復道也」傳解爻辭。

再如《十翼後錄》的「天造草昧宜建侯而不寧」，黃以周引鄭玄注：「鄭康成曰：造，成也。草，草刱。昧，時爽也。『而』讀為能，能猶安也。」而案語謂：

> 鄭君意，安不寧，謂安其所不安也。初「盤桓」，二、四、上「班如」，皆不安也。即象所謂「勿用有攸往」也。初「建侯」則安矣。（《十

翼後錄》，頁 83）

黃氏發揮了鄭玄《易》注，訓「而」為能，所以「而不寧」為「安其所不安」。並再以爻辭初九的「盤桓」不安定感，與六二、六四、上六的「班如」復返，以及〈屯〉彖辭「勿用有攸往」，來輔證〈屯〉的「不安」。然而也以初九「利建侯」來說明鄭玄注說的「能猶安」。於是〈屯〉彖傳才言「建侯」而能安「不寧」。

　　此外，《周易注疏賸本》的〈屯〉彖傳「動乎險中，大亨貞，雷雨之動滿形」，〔註8〕黃以周在注的部分引荀爽注：「荀云：雷動雨潤，則萬物滿形而生。」黃氏案語謂：

> 安於險而不動，不能濟〈屯〉。動乎險中，而无元亨貞之德，亦不利於濟〈屯〉。濟〈屯〉者，動乎險中，備元亨貞之德，乃有雷動雨潤之利，而萬物形滿而生也。震為動，坎為險，震在坎下，動於險中之象也。彖言「元」，傳言「大」者，大即元也。彖傳於〈大有〉、〈蠱〉、〈鼎〉，以陰為元者，〔註9〕不言「大亨」；凡以陽為元者，則曰「大亨」。即大哉乾元之意，如〈屯〉、〈隨〉、〈臨〉、〈无妄〉、〈升〉、〈革〉是也。（《周易注疏賸本》，頁 31）

引申發揮荀爽注，由於〈屯〉是由上卦坎與下卦震重卦而成，坎水有險象，而震有動象。黃以周由險與動的關係，說明若是能夠備有元亨貞之德，而有雷動雨潤的動象，如此即可涉險而濟〈屯〉，於是才可以「萬物滿形而生」。至於為什麼〈屯〉彖辭的「大亨貞」的「大」，有「元」之意，又何以有〈乾〉彖辭的「大哉乾元」之意？黃以周申論《易》例說明，凡是以陽為元者，則稱為「大亨」，也就是第五爻為陽爻，或者是有「剛中而應」的九二爻相輔，可以「大亨以正」。而這也說明〈屯〉「雷動雨潤」，所以有「元、亨、貞」之德，於是萬物才得以「滿形而生」。由上述諸例，可略見黃以周善於引申前家注易學說，能更為完備闡述《易》理。

五、反駁前人易注以申易

　　除了引申前家《易》注來發揮《易》理外，黃以周也在疏解、案語的部分，以反駁注說的方式來發揮《易》理。例如在《十翼後錄》的〈小畜〉彖

〔註8〕黃以周在該經文後再加一行小字說明：「雷雨之動滿形。形今作盈，古本作形。」
〔註9〕〈大有〉、〈蠱〉、〈鼎〉第五爻皆為陰爻。

傳：「健而巽，剛中而志行，乃亨。」黃以周案語謂：

> 剛中謂五，五以剛中養四。初二三因五而應四，則四之志行矣。《正
> 義》謂：「剛不被抑。」後儒遂謂易性上進，志在于行，謬矣。此言
> 「志行」，下言雨「施未行」，皆謂會之行也，非謂易之行也。（《十
> 翼後錄》，頁 219）

在注的部分，黃氏引孔穎達說法：「孔仲達曰：內既剛健，而外逢柔順。剛發
于中，不被摧抑，而志意得行。以此言之，剛健之志，乃得亨通。此釋亨也。」
黃以周指出孔穎達誤以「志行」是就九二陽爻而言，而後儒如程頤注〈小畜〉
象傳謂：「二五居中，剛中也，陽性上進，下復乾體，志在於行也。」〔註10〕
也是以陽之「上進」為「志行」。黃以周駁正孔穎達之說，指出象傳「剛中」
為九五，而六四由於與九五相比而得九五之養，也因而初九、九二、九三受
九五影響，而與六四相偕，而六四也因得以「志行」。《十翼後錄》的〈屯〉
六四：「有孚，血去惕出，无咎。象曰：有孚惕出，上合志也。」黃氏在案語
中也有對於象傳「志行」加以論述，謂：

> 〈大畜〉畜乾之三易，易為大，而取艮止象以畜之；〈小畜〉畜巽之
> 四陰，會為小，而取巽入之象。巽之四陰，入五之剛中，由是上下
> 皆應而畜之。故爻傳曰「上合志」，與象傳「剛中而志行」，語本相
> 應，謂四陰之志，上行于五也。（《十翼後錄》，頁 230）

藉由〈大畜〉與〈小畜〉的比較，指出〈小畜〉之「小」，即是陰陽之「陰」，
而這也正是〈小畜〉的六四爻。再以巽卦德為「入」，則上卦巽之六四陰爻，
正得以入九五陽爻，也由於此，下三爻願意同行而入，於是〈小畜〉六四象
傳才謂「上合志」，與象傳的「剛中而志行」相應。黃以周指正前注之誤，而
重新論述發揮〈小畜〉「志行」之義。

再如《十翼後錄》的〈同人〉象傳：「文明以健，中正而應，君子正也。
唯君子為能通天下之志。」黃氏案語謂：

> 五陽，同類之同也。五中正應于二之中正，則君子之異類而同也。
> 細繹聖傳，重應之義自明矣。二爻言「吝」，為不應而言也。王輔嗣
> 于二爻注云：「應在于五，用心偏狹，鄙吝之道。」于五爻注云：「不
> 能使物自歸，而用其強直。」說者多為王氏所誤。〈繫辭傳〉曰：「知
> 者觀其象辭，則思過半矣。」謂文王之象辭也。今有象傳之明顯如

〔註10〕黃忠天：《周易程傳註評》，頁 118。

此，而解者何可自立臆說邪。(《十翼後錄》，頁 304)

反駁王弼說法。王弼謂：「應在乎五，唯同於主，過主則否，用心褊狹，鄙吝之道。」〔註11〕認爲由於六二與九五過於相應，而不合乎〈同人〉之義。但是黃以周指出象傳已言「中正而應」，九五與六二相應，正是合乎正道。故斥王弼不該以六二應乎九五來說明得「吝」。於是《十翼後錄》的〈同人〉九二爻辭：「同人于宗，吝。〈象〉曰：同人于宗，吝道也。」黃氏案語謂：

> 爻自〈姤〉初進二，宗指初，謂本卦本位也。〈睽〉由〈中孚〉四五易，「厥宗噬膚」，〔註12〕宗指四，亦謂本卦本位也。王注以宗指五，程傳等從之。然二五異卦異位，非宗也。且二五君臣正應，同之何吝？蘇氏諸說以宗指三，三有伏莽之志，二與之同，不特吝矣。故宗指初爲是。(《十翼後錄》，頁 309～310)

藉由卦變之理，說明六二爻所同宗者，應該是指初九而言，黃以周在《周易故訓訂》也提到：「初可以專心同二，二不可因三、四之阻，而棄遠應之五，遂伏而同初。五，乾也。二必應乎乾而後亨且利。『同人于初，吝』，必因之矣。」(《周易故訓訂》，頁 48)故可知黃以周駁王弼注說的六二同於九五爻，應是六二同於初九，才招致「吝」。

而在對於〈屯〉六四爻辭：「乘馬班如，求婚媾，往，吉无不利。」〈象〉曰：「求而往，明也。」黃氏也提出前注的錯誤而申論疏解。首先在《十翼後錄》中，黃以周引郭雍之注：「郭子和曰：六四資剛明之才，與共濟難，此所以班如有待于初九也。初九正應，以陽下陰，得婚媾之義，下待初九，求而後往，是之謂明。」郭雍是以六四求往初九而言，而黃以周案語謂：「郭氏謂四往初，亦失《易》例。」(《十翼後錄》，頁 106)由於《易》例下至上爲「往」，上至下爲「來」，所以黃以周言郭雍注說失《易》例。但是若改以初九往六四而言，在初九爻辭中並未見有「乘馬」之象。於是黃以周在《周易故訓訂》的〈屯〉六四指出：

> 乘馬般如，未求也。求而往，乘馬而進也。四與初應，般如回旋，未敢遽進。及五求其婚媾，乘初馬而俱往。(《周易故訓訂》，頁 14)

上「往」是指六四往九五言，這也符合初、四相應的婚媾之象。以《易》例而言，九五爲君，六四爲臣，待得明君召見，六四隨即偕同初九相伴乘馬而

〔註11〕《周易二種》，頁 45。
〔註12〕〈睽〉六五爻辭：「悔亡，厥宗噬膚，往何咎？」

往，符合下至上曰「往」的《易》例。可見黃以周能辨析前人注說與《易》
例，申論出符合上下爻關係的《易》疏。

六、駁舊注並引申前人易注以發揮

　　黃以周在《儆季雜著・群經說・釋坎九五爻辭》中，發揮鄭玄《易》注，
其謂：

　　〈坎〉九五曰：「坎不盈，祗既平，无咎。」〈象〉曰：「坎不盈，中
　　未大也。」漢宋舊注或順經而違傳，或顧傳而又失經意。竊謂祗當
　　依鄭讀爲坻。坎不盈，坻既平，文相對而義相互。坎不盈者，謂上
　　坎已平也；坻既平者，謂下坎亦不盈也。〈象傳〉「水流而不盈」，即
　　指九五而言。〈象傳〉之「中未大」，又對九二「求小得」爲文。水
　　之患在盈溢，而盈溢之患生於不流。〈象傳〉之流，即釋不盈之義。
　　流者，水中之陽氣也。九五以陽剛之德，居上坎之中，其水下流，
　　宜其中而大矣。而以下坎之二，本屬陰位，位祗求小得，不遽出，
　　中以應五，則五之中亦因之未大，此所謂「吉凶與民同患」〔註13〕
　　之意也。至二坻終平，下坎亦无盈溢之患，則五之中未大者，至是
　　亦大矣！何咎之有？《爾雅》：「水中可居者曰洲，小洲曰渚，小渚
　　曰沚，小沚曰坻。」坻者，九二之象也。既，終詞，詳〈釋既篇〉。
　　小沚終平，則水流而不盈，其功普矣。（《儆季雜著・群經說》，頁
　　13～14）

黃以周認爲前注〈坎〉九五往往經傳不合，如在《十翼後錄》中引虞翻注：「虞
仲翔曰：盈，溢也。艮爲止，謂水流而不盈，坎爲平，禔，安也。艮止坤安，
故禔既平，得位正中，故无咎。體屯五中，故未光大也。」而黃氏在案語駁
曰：「虞氏以〈象傳〉釋爻，是平而不盈也，以五爲未大，與易大之象不符。」
虞翻說法主要是以〈坎〉象傳提到「地險，山川丘陵也」，虞翻以逸象的方式
來說明〈坎〉有坤、艮之象，於是以坤爲安，〔註14〕而艮爲止是本來在《易
傳》中即有明言，虞氏藉由逸象之說，表示〈坎〉九五爻由於不盈，所以能
安平无咎。但是黃以周指出若依虞氏之說，則無法解釋象傳「中未大也」所

〔註13〕引自〈繫辭傳〉上第十一章。
〔註14〕參考劉玉建《兩漢象數易學研究》（南寧：廣西教育出版社，1996年），其中
　　　　「虞翻易學」一章整理虞氏逸象。

言爲何？〈坎〉九五得中正之位，且爲陽爻、爲大，然而何以「未大」？虞氏並沒有點出詳細的原因。而這也是上述引文中，黃以周說明「漢宋舊注或順經而違傳」的原因。

於是黃以周接著發揮鄭玄《易》注，《周易鄭注》提到：「九五：『坎不盈，祗既平。』注曰：『祗當爲坻，小丘也，无咎。』」〔註15〕黃氏以「坎不盈」就九五爻言，而「坻（祗）既平」是就九二爻而言。由於上坎不盈，所以下坎也不盈，黃以周指出〈坎〉九五象傳「中未大」正與九二象傳「求小得」相應。在坎險之時，不應該持滿而行，九五既爲一卦之主，自然要帶領九二同進退。所以黃以周也以〈繫辭傳〉「吉凶與民同患」爲證，並再以鄭玄所指出的「祗」爲「坻」說，引《爾雅》述「坻」爲小沚，說明九二之水只與小沙丘相平而已，可見其還未盈滿，而這也是因爲九五廣大而普遍的功勞所造成的結果。

黃以周藉由反駁虞翻《易》說，並引述鄭玄《易》注後，再詳盡地以〈坎〉上下爻關係的比較、經傳相配合的說法，以及〈繫辭傳〉、《爾雅》的引用，完整地論述發揮〈坎〉九五爻辭的《易》理內容。

此外，《儆季雜著・群經說・豐日中見斗日中見沬解》中，黃以周也是先舉出前注之誤，再引他注來發揮論述，其謂：

> 如〈豐〉彖曰：「王假之，勿憂，宜日中。」此明日未及正，或有疑疾之憂。既中，則疑疾悉去，無有蔽之者矣。而二、四爻辭曰：「豐其蔀，日中見斗。」三爻辭曰：「豐其沛，日中見沬。」徧檢漢、魏及宋、明《易》注，俱以「豐蔀」、「豐沛」爲五君柔暗之象，與「來章有慶譽」之辭既違；以「見斗」、「見沬」爲日昏而見星之象，與「勿憂宜日中」之語又戾。揆之經義，無一當也。（《儆季雜著・群經說》，頁15）

在《周易集解》中，六二爻辭「豐其蔀」，引虞翻注云：「日蔽雲中，稱蔀。」而六四爻辭「豐其蔀」，引虞翻注云：「日在雲下，稱沛，沛不明也。」而王弼《周易略例・卦略》論〈豐〉指出：「小闇謂之『沛』，大闇謂之『蔀』。闇甚則明盡，未盡則明昧；明盡則斗星見，明微故『見昧』。」〔註16〕然而上述

〔註15〕（漢）鄭玄著；（宋）王應麟輯；〔清〕丁杰後訂；〔清〕張惠言訂正：《周易鄭注》（上海：上海古籍出版社，《續修四庫全書（1）》），頁88。

〔註16〕《周易二種》，頁271。

前注與〈豐〉彖辭、爻辭所言，有所違背。〈豐〉彖辭已言：「勿憂，宜日中。」
這樣就不可再以日色昏暗而有憂慮之象來解說；而〈豐〉六五爻辭也說：「來
章，有慶譽，吉。」這也表示遮蔽之物不足爲懼，應要趁此時機蓬勃發展。
這裡可看黃以周同其父親，皆主張《周易》經傳必須一致；若是有違，則必
須再重加省視。於是黃以周接著再引鄭玄《易》注與陸德明《經典釋文》的
說法，來論述應如何解釋「蔀」、「沛」等辭，黃氏謂：

> 愚謂凡以物蔽日者，蔽之於未中時，其物雖小，而蔽之地恆較所蔽
> 之物爲大。至日中，則所蔽之物雖大，而其所蔽之景反小，故象言
> 「勿憂」，有取於日中時也。「豐其蔀」、「豐其沛」，以日未中時言之。
> 「蔀」古作菩，當依鄭訓小席。「沛」古通旆，當依《釋文》訓幡幔。
> 日未中時，用一菩之席、一旆之幔以捍之，其所蔽者已豐矣。及日
> 既中，祇見其一斗之小、一沫之微，雖不能不謂斗沫之不明，而其
> 不明之處，亦祇如斗沫之幽而已矣，終無以蔽「來章」之光也。此
> 象所謂：「勿憂，宜日中之義也。」亦即六五所謂：「來章，有慶譽
> 之義也。」（《儆季雜著‧群經說》，頁 15）

黃氏引用鄭玄《易》注，指出「蔀」當爲小席；再引《經典釋文》，指出「沛」
爲幡幔。並再進一步說明在六二、九三、九四爻位，是處於日未當中之時，
因此所遮蔽的影子如同小席、幡幔等物品般大小，而到了六五之位，也就是
日正當中之時，在太陽直射下，物品遮蔽所產生的影子，僅佔一小部分而已，
於是六五爻辭才言「吉」。黃以周先藉由前注說明字義，再引申發揮日暈情形，
將古今共同的自然現象表達出來。而在此說明下，黃以周更把握住經傳一致
的原則，環顧兼備地就六爻整體發揮，而得〈豐〉卦之義，其謂：

> 二爻辭曰：「往得疑疾。」申言日中見信發，讀如昭然若發蒙之發，
> 謂所見之斗，亦始蔽而終昭也。三爻辭曰：「折其右肱，无咎。」申
> 明日既中時，豐沛終撤也。四爻辭傳曰：「豐其蔀，位不當也。」申
> 明四之爻位，正值豐蔀所蔽之處也。曰：「日中見斗，幽不明也。」
> 申明見斗之斗，即日中之幽處。幽字略讀，謂其所值幽處尚不明也。
> 幽處不明，此外自明矣。曰：「遇其夷主，吉行也。」吉字亦略讀，
> 謂其吉在於行，行則遇夷主矣。夷主謂六五，故五曰「來章有慶譽」。
> 《易》例：物相雜謂之文，陰陽相得謂之章，之內曰來。來章者，
> 謂五來得四，而明照天下也。然則「豐蔀」、「豐沛」者，上六之所

爲，所謂「豐屋蔀家」是也。「見斗」、「見沬」者，六五之明，始尚
未澈，至「來章有慶譽」，則斗沬之幽亦銷也。全卦之義，一意相貫
如此。(《儆季雜著・群經說》，頁 15～16)

黃以周首先說明〈豐〉六二爻辭的「往得疑疾」。在〈象傳〉中指出「信以
發志」，而黃以周指出「發」爲「發蒙」。也就是說〈豐〉以六五爲日中之吉，
六二雖然暫時「豐其蔀」，但是終有發蒙見昭之日。而〈豐〉九三爻辭的「折
其右肱，无咎」，黃以周則是以六二在「發蒙」後，縱然遇有折難之時，但
終有六五日中之吉，所以能夠「无咎」。緊接著，黃以周再解釋〈豐〉九四
象傳「位不當」是由於受到「豐蔀」遮蔽的影響。而象傳言「日中見斗，幽
不明也」，黃以周藉此論述日未中與日既中的關係。在日未中時，還受到如
蔀般的幡幔所造成的遮蔽之影；等到了日正當中，就只剩斗點的遮蔽之影而
已。而九四象傳所言「遇其夷主，吉行也」，黃以周則是聯繫九四與六五關
係，由於六五下照天下，所以九四「吉」行與六五之「吉」相呼應。而黃以
周再以上六爻辭「豐其屋，蔀其家」，說明「豐蔀」、「豐沛」現象的產生由
來。黃以周在此一完整的敘說中，將各爻辭、象傳相互配合發揮，可見其論
述之周詳。

第二節　博徵釋易探討

黃以周同其父親黃式三，也善於徵引群經、古籍來疏證發揮《易》理。
黃以周在《十翼後錄》自序謂：「各經注疏及史文、史注、諸子、文選之有《易》
義者，亦兼采之，補殘闕也。」(《十翼後錄》，頁 7) 可見其旁徵博引的用心。
而熊十力（1885～1968）在《讀經示要》中指出：

夫古今中外，千家百氏之言。是非乖競，有若水火。此皆滯於偏端，
而未能觀其會通者也。置身於千家百氏之中，則異其所異，同其所
同，是非峰起；若夫超然於千家百氏之外，而冥契至道者，斯以會
千家百氏，而同於大通。夫眾異中有同，眾同中有異。於異求同，
方見爲同，而同復有異。於同求異，方見爲異，而異復有同。同異
之致，極紛紜複雜奇詭，而不可持一端以概之。此千家百氏所由互
競也。〔註17〕

〔註17〕熊十力：《讀經示要》（臺北：明文書局，1984 年），頁 321、322。

熊氏謂「不可持一端以概之」，而在民國十三年陳訓正、馬瀛等纂修的《浙江定海縣志》中，將黃以周收入於〈人物〉表二「凡負學術道義之望者入之」中，並在其學行欄記敘謂：

> 爲學一空漢、宋門戶，《詩》、《書》、《春秋》皆條貫大義，説《易》綜舉辭、變、象、占，不偏取鄭、王。……而以執一端立宗旨爲賊道，蓋四明之學，自萬斯同、全祖望以來，獨以周爲最醇云。〔註18〕

可見黃以周具有廣學多聞、不拘門戶的治學精神。以下分成「博徵群經以釋易」、「徵引史書以釋易」、「引述諸子以釋易」、「廣稽小學以釋易」四面向，來探討黃以周如何徵引古籍以釋《易》。

一、博徵群經以釋易

黃以周在易學著作的疏證、案語部分，常徵引群經來發揮《易》理。在徵引《詩經》的部分，如《周易注疏賸本》的〈屯〉象傳：「天造草昧，宜建侯而不寧。」黃以周疏證謂：

> 造謂造生也，造與作通，有生義，天造猶云天作。《詩·大雅》曰：「天作之合。」〈頌〉曰：「天作高山。」並謂天生之也。（《周易注疏賸本》，頁32）

引《詩經·大雅·大明》與《詩經·周頌·天作》之言來佐證「造」通「作」。而在徵引《尚書》的部分，如《周易注疏賸本》的〈坤〉象：「地勢坤，君子以厚德載物。」黃以周在疏證處引《尚書》論述曰：

> 地之形勢高下不一，是其德性之厚也。故君子之於物，必厚其德以載之，其合用六永貞之義矣。地有高下，故稱勢，取重坤之義。高下有九等之差者，《書·禹貢》所分九州，上下是也。（《周易注疏賸本》，頁22）

〈坤〉以地勢來擬象說明「厚德載物」，而其中淺厚九等的不同，〔註19〕正與《尚書·夏書·禹貢》所言：「禹別九州，隨山濬川，任土作貢。」可相互引證配合。此外，黃以周並引《尚書·禹貢》來論述〈坎〉九五爻辭，在《群

〔註18〕 陳訓正、馬瀛等纂修：《浙江省定海縣志》（臺北：成文出版社，《中國方志叢書》，1970年），頁365。
〔註19〕 黃以周在疏證前，有先引《周易集解》的宋衷注說：「地有上下九等之差，故以形勢言其性也。」（《周易注疏賸本》，頁22）

經說・釋坎九五爻辭》，黃氏謂：

> 昔禹之治水也，[註20]先治冀州，急帝都也，其「坎不盈」之象與；
> 冀州底績，即治兗州，急下流也，其「坻既平」之象與。禹思天下
> 之溺者猶己溺，不以冀州水治爲已足，其「中未大」之義與；下流
> 爲水所趨，其治倍艱於上流，兗州作十有三載乃同，則前此所云「既
> 道」、「既澤」者，亦祇「求小得」之義與。（《儆季雜著・群經説》，
> 頁14）

引用《尚書・禹貢》內容，與〈坎〉九五爻辭、象傳以及九二象傳相互配合。
由於〈坎〉有水象，正可與大禹治水之事蹟相互論述。黃以周以有君王之位
的九五爻辭，來配合帝都的冀州；以九五爻辭「坻既平」來指稱居河州下流
的兗州。並且再以大禹能有人溺己溺之心，不自滿於胸，處處爲民治理水患，
來說明九五象傳的「中未大」；以〈禹貢〉「既道」、「既澤」之辭，說明九二
象傳「求小得」。這可見黃以周巧妙引用《尚書》來注解、發揮《周易》。

　　而在引《周禮》發揮《周易》部分。在《周易注疏賸本》中，黃氏引《周
禮》論述〈屯〉大象：「雲雷，屯。君子以經論。」[註21]黃氏案語謂：

> 經謂經畫，《周禮》敘六官並曰：「惟王建國，辨方正位，體國經野，
> 設官分職，以爲民極。」鄭彼注曰：「經謂爲之里數。鄭司農云：九
> 夫爲井、四井爲邑之屬是也。」〈屯〉當草昧之世，必先經野，以爲
> 民極。（《周易注疏賸本》，頁32～33）

以《周禮》所言來疏證「經」爲度量畫界之義。在《周禮》的引述下，再由
鄭玄的注說，可知〈屯〉大象是有著爲人民畫定區位而使其各得其所的意涵。
再如《周易注疏賸本》的〈坤〉「先迷，後得主，利」，黃以周在疏的部分引
《周禮》謂：

> 《周禮・太宰》曰：「主，以利得民。」是後得主者，故利也。（《周

[註20]　《尚書・禹貢》：「禹別九州，隨山濬川，任土作貢。禹敷土，隨山刊木，奠
　　　　高山大川。冀州：既載壺口，治梁及岐；既修太原，至于岳陽。覃懷底績，
　　　　至於衡漳。厥土惟白壤，厥賦惟上上錯，厥田惟中中。恆衛既從，大陸既作，
　　　　島夷皮服，夾右碣石入于河。濟河惟兗州：九河既道，雷夏既澤，灉、沮會
　　　　同。桑土既蠶，是降丘宅土，厥土黑墳。厥草惟繇，厥木惟條。厥田惟中下，
　　　　厥賦貞。作十有三載，乃同。」（《十三經注疏・尚書》，頁77）
[註21]　黃以周在該句之後注云：「論，今作綸。荀、鄭、黃本作論。」筆者按：荀是
　　　　指《周易集解》所引之荀爽注，鄭、黃則是《經典釋文》所引鄭玄與黃穎的
　　　　《易》説。

易注疏賸本》，頁 16）

引用《周禮・太宰》的「以九兩繫邦國之民」說，疏證〈坤〉「後得主」之說。《周禮》：「主，以利得民。」鄭玄注：「鄭司農云：主謂公卿大夫，世世食采不絕，民稅薄利之謂利，讀如上思利民之利，謂以政教利之。」而賈公彥疏曰：「主謂大夫，宣君政教，以利得民。民則采邑之民也。」〔註22〕由於管理者能夠施行德政而薄利課民，所以人民才能夠得利。而這也如同〈乾〉之於〈坤〉的關係，黃以周在《周易故訓訂》指出：「陽為陰主，得主者，得乾之應也。」（《周易故訓訂》，頁6）由於〈坤〉能得〈乾〉德之主，所以能得利。這裡可見黃以周善引《周禮》，疏證發揮〈坤〉卦辭之「主」。

而《周禮》「九兩」之說，也引用論述於〈屯〉初九象傳：「雖般桓，志行正也。以貴下賤，大得民也。」黃氏在疏證的部分謂：

> 《周官》以「九兩」繫邦國之民：「一曰牧，以地得民；二曰長，以貴得民；三曰師，以賢得民；四曰儒，以道得民。」初九有賢德，以師儒之道得民於下，建之為侯，則牧長之得民也。（《周易注疏賸本》，頁 34）

指出〈屯〉初九有《周禮》「九兩」中的「師賢」與「儒道」特質，鄭玄對於「師賢」注曰「師諸侯，師氏有德行以教民者」；至於「儒道」的部分，鄭玄則注曰「儒諸侯，保氏有六藝以教民者」。〔註23〕黃以周引《周禮》「九兩」疏證〈屯〉初九，而其中有儒家「尊師重道」的精神，可見黃氏對於國家體政的期許。

而在引《禮記》的部分，例如《十翼後錄》的〈豫〉大象：「雷出地奮，豫。先王以作樂崇德，殷薦之上帝，以配祖考。」黃以周案語謂：

> 舊說，奮以雷言，固是。以地言，亦有奮象。《禮・樂記》曰：「天地訢合，然後草木茂，區萌達，羽翼奮，角觡生，則樂之道歸焉耳。」
> 〔註24〕是地氣奮動，樂象之也。（《十翼後錄》，頁 357）

在《十翼後錄》釋〈豫〉大象中，引《周易集解》崔憬注：「雷聲之疾，有龍奮迅豫躍之象，故曰奮豫。」與程頤注：「雷者，陽氣奮發，陰陽相薄而成聲

〔註22〕《十三經注疏・周禮》，頁 32～33。

〔註23〕同上。

〔註24〕《禮記・樂記》：「天地訢合，陰陽相得，煦嫗覆育萬物，然後草木茂，區萌達，羽翼奮，角觡生，蟄蟲昭蘇，羽者嫗伏，毛者孕鬻，胎生者不殰，而卵生者不殈，則樂之道歸焉耳。」（《十三經注疏・禮記》，頁 684）

也。陽始潛閉地中，及其動，則出地奮震也。」這些注解都是以上卦雷來說
奮動之象。而黃以周則指出下卦坤也有奮象。黃氏引用《禮記・樂記》天地
協和而萬物繁生之象，說明坤之大地之象也有奮起之意，則上下卦皆呈現著
奮發不息的氣象。而在《周易注疏賸本》的〈坤〉初六：「履霜堅冰至。」黃
以周在疏證也引《禮記・月令》而加以剪裁曰：「《禮・月令》篇：季秋之月，
霜始降；孟冬之月，水始冰；仲冬之月，冰益壯。」（《周易注疏賸本》，頁 18）
黃以周藉由《禮記・月令》疏證〈坤〉初六在「履霜」之後，接著將有「堅
冰至」的自然景象。此外，在《周易注賸本》的〈屯〉上六：「乘馬班如，泣
血漣如。」黃以周疏證曰：「《禮・檀弓》：『泣血三年，未嘗見齒。』鄭彼注
曰：『言泣無聲，如血出。』」（《周易注疏賸本》，頁 30）黃以周引《禮記》所
言，疏證〈屯〉上六的「泣血」是指其悲痛無聲地涕泣，可知該爻位宜有所
變動。

　　此外，在《十翼後錄》中，黃以周也引《左傳》之語，以解釋〈復〉上
六：「迷復，凶；有災眚。用行師，終有大敗；以其國君，凶，至于十年不克
征。〈象〉曰：迷復之凶，反君道也。」黃氏案語謂：

　　用行師，君用迷復之人行師也。《左傳》：「能左右之曰『以』。」〔註
25〕上挾制其君，曰「以其國君」。（《十翼後錄》，頁 529）

引《左傳》所言「能左右之曰『以』」，說明〈復〉上六爻「以其國君」就是
指上六爻挾制住國君，而這也是因爲國君用了「迷復之人行師」所造成的結
果。此外，同樣在《十翼後錄》的〈渙〉九二：「渙奔其机，悔亡。〈象〉曰：
渙奔其机，得願也。」黃氏案語謂：

　　《左氏・襄十年・傳》云：「怒投之以机。」《昭五年・傳》云：「設
机而不倚。」机即几字。二自〈否〉變，降而得中，是奔机之象。（《十
翼後錄》，頁 317）

引用《左傳》兩段提到「机」字的文句，說明《周易》〈屯〉九二爻辭的「机」，
有小桌子義。黃以周再以卦變說來解釋〈渙〉九二是由〈否〉九四卦變而來，
於是「降而得中」，就如同人們從站立的情形往下而坐，安穩地憑靠桌几一樣。

〔註25〕《左傳・僖公二十六年》：「宋以其善於晉侯也，叛楚即晉。冬，楚令尹子玉、
　　　　司馬子西帥師伐宋，圍緡。公以楚師伐齊，取穀。凡師，能左右之曰『以』。
　　　　寘桓公子雍於穀，易牙奉之以爲魯援。楚申公叔侯戍之。桓公之子七人，爲
　　　　七大夫於楚。」

〔註 26〕可見黃以周引《左傳》釋《周易》之一例。再如《周易注疏賸本》的〈屯〉初九：「般桓，利居貞，利建侯。」黃以周疏證曰：

> 凡曰「居」者，皆謂靜居也。《左氏・昭七年傳》曰「弱足者居」是也。「利居貞」謂利靜居勿出之貞也。君子居室，慎密不出。（《周易注疏賸本》，頁 27）

這裡黃以周也是藉由《左傳》之言，來輔證〈屯〉初九爻辭的「居」是指能夠守靜待時、不妄動而言。再如《周易注疏賸本》釋〈屯〉大象：「雲雷，屯。君子以經綸。」黃以周疏證謂：

> 〈屯〉當草昧之世，必先經野，以爲民極。《孟子》曰：「經界既正，分田制祿，可坐而定也。」（《周易注疏賸本》，頁 33）

爲了疏證〈屯〉大象「經」野的用意，黃以周引述《孟子》〔註 27〕來說明處〈屯〉之時，必須從畫定經界開始，以期達到文明盛世。以上皆可見黃以周善引群經以釋《易》之例。

二、徵引史書以釋易

黃以周同其父親黃式三皆善於史學，〔註 28〕在易學著作中也常引用史書

〔註26〕楊蔭深指出：「古几之制，據《周禮・春官》有五几之別，鄭玄以爲：『五几：左、右、玉雕、彤漆、素。』至其大小高下如何，據《三禮圖》云：『阮湛〈圖〉：『几長五尺，高尺二寸，廣二尺，兩端赤，中央黑漆。』馬融以爲：『長三尺。』案：『司几筵掌五几，左、右、玉雕、彤漆、素。』詳五几之名，是无兩端赤中央黑漆矣，蓋取彤漆類而槩之也。王皆立不坐，設左右几者，優至尊也。几左者王憑之，右者神所依。』是古時的几，不能人人皆得用之，原爲優禮至尊而設，其形制頗似今坑床的几，長方而低，不若今稱茶几的高了。至於几的用處，無非憑依而已。故古人文字中，頗多『隱几』之語，隱亦憑的意思。」楊蔭深：《細說萬物由來》（北京：九州出版社，2005 年），頁 333。
〔註27〕《孟子・滕文公上》：「使畢戰問井地。孟子曰：『子之君將行仁政，選擇而使子，子必勉之。夫仁政必自經界始。經界不正，井地不均，穀祿不平。是故暴君汙吏必慢其經界。經界既正，分田制祿，可坐而定也。』」（《十三經注疏・孟子》，頁 90）
〔註28〕李慈銘在《〈儆季雜著〉讀後》指出：「閱黃元同（黃以周）《儆季雜著》，其補《史記・越世家》，辨王無彊之見殺在楚懷王二十二年，爲周赧王八年，非楚威王時。無彊之敗，僅失江淮南故吳地，其子玉尚保郎邪，更傳王尊王親兩世，始爲楚考烈王所伐，失郎邪。而其族人尚據浙東故越地。直至秦始皇降越君，置會稽郡，其子孫始居東甌及閩中，非無彊敗時已失會稽。皆考訂細密，確有據依，言越事者所必采也。」（《越縵堂讀書記》，頁 1233）可見黃以周史學之精深。

資料來論述。如在《十翼後錄》中，特引了史書《後漢書》與《唐會要》爲漢代易學家鄭玄作簡要傳略說明，黃以周謂：

> 鄭君當袁紹、曹操官渡相拒之時，爲袁譚逼令隨軍，不得已，載病到元城縣注《周易》，事見《後漢書》本傳及《唐會要》七十七引鄭君自敘。然則注《易》在患難之中，其踳駁可原也；注在七十四歲將卒之時，其精者不可及也。（《十翼後錄》，頁10～11）

將鄭玄注《周易》的情形加以說明，並引了《後漢書》與《唐會要》兩本史書來補證。《後漢書・鄭玄列傳》提及：

> 五年春，夢孔子告之曰：「起，起，今年歲在辰，來年歲在巳。」既寤，以讖合之，知命當終，有頃寢疾。時袁紹與曹操相拒於官度，令其子譚遣使逼玄隨軍。不得已，載病到元城縣，疾篤不進，其年六月卒，年七十四。遺令薄葬。自郡守以下嘗受業者，縗絰赴會千餘人。〔註29〕

而《唐會要（卷七十七）・論經義》也有論述：

> 則孝經非玄所註，其驗十有二條。據鄭自序云：遭黨錮之事，逃難註《禮》。黨錮事解，註《古文尚書》、《毛詩》、《論語》。爲袁潭所逼，來至元城，乃註《周易》。都無註《孝經》之文，其驗一也。〔註30〕

經由黃以周史書的引證，可知鄭玄易學特色，雖然受戰亂影響，體例較爲雜亂不一致，但這是鄭玄將卒之時，集畢生心思所注之作，所以有其獨到見解之處。

此外，黃以周疏解《周易》，也常引用史書中引《易》之言。如在《十翼後錄》的〈坤〉六五：「黃裳元吉。」〈象〉曰：「黃裳元吉，文在中也。」黃以周案語謂：

> 《隋書・李德林傳》引鄭君此注云：「爲舜試天子，周公攝政。」〔註31〕觀象傳云：「文在中也。」〈文言傳〉云：「黃中通理。」非諸聖

〔註29〕《新校本後漢書（卷三十五）》，頁1211。
〔註30〕引自（宋）王溥：《唐會要》（臺北：世界書局，1974年），頁1406。
〔註31〕《新校本隋書（卷四十二）・李德林列傳（第七）》：「即位之元，《春秋》常義。謹按魯君息姑不稱即位，亦有元年，非獨即位得稱元年也。議云：受終之元，《尚書》之古典。謹按《大傳》：周公攝政，一年救亂，二年伐殷，三年踐奄，四年建侯，五年營成周，六年制禮作樂，七年致政成王。論者或以舜、禹受終，是爲天子。然則周公以臣禮而死，此亦稱元，非獨受終爲帝也。」（《新校本隋書》，頁1195）

人之盛德，何以當此。〈坤〉，臣道也。五柔得中，臣道之純也。南
蒯不臣，違〈坤〉獲咎，《左傳》言之矣。〔註32〕（《十翼後錄》，頁
72）

黃以周藉由《隋書·李德林列傳》之言，以周公輔政史事說明六五「黃裳，
元吉」之理。由於〈坤〉在君臣關係中是爲臣子，而六五又是「臣道之純」，
在《周易注疏賸本》的〈坤〉六五象傳，黃以周疏證曰：「得黃中之色，供裳
下之職，以黃文裳。是〈坤〉五能降乾二，居下之中也。此如周公攝政七年，
有元德之吉者也。」（《周易注疏賸本》，頁25）可見〈坤〉六五是臣者能盡德
之爻釋，而這正也是周公所秉持的精神。黃以周並再引《左傳》所記南蒯不
盡臣道的借鏡來補充說明。黃以周善引史書中的《易》論，以及善引史事來
說明《易》理，從上述引例可略見一斑。

三、引述諸子以釋易

　　黃以周也多引用諸子古籍之說來闡述《易》理。胡自逢在〈易道與先秦
諸子論道之貫通〉指出：

先秦諸子所言之道，即易道之條貫也，今易道自有條貫，諸子論道，
每與易道之條貫，若合符契者，雖先聖後彥，時有參差，要於道之
全體大用，默識心通，其思維一揆，其理固無不同。此蓋本枝源流，
沆瀣一氣之關係，舉諸子所言之道，以觀周易之易道，固若網在綱，
有條而不紊，斯又易道含弘光大而流風久遠之故也，今必以先秦諸
子所言之道，以闡明易道者，蓋知人論世，其爲時至近者，其思想
亦至切合，考其人之生活習慣與其書之思想範型，往往相與關聯，
互爲感通。據此以觀易道，譬若溯流探源、登高眺遠，其所見所獲，
必較之千百世以下，僅憑一人之私臆鑿空揣摩者，遠爲落實而可徵

〔註32〕《左傳·昭公十二年》：「南蒯之將叛也，其鄉人或知之，過之而歎，且言曰：
『恤恤乎，湫乎攸乎！深思而淺謀，邇身而遠志，家臣而君圖，有人矣哉！』
南蒯枚筮之，遇坤之比曰：『黃裳元吉』，以爲大吉也。示子服惠伯曰：『即欲
有事，何如？』惠伯曰：『吾嘗學此矣，忠信之事則可，不然，必敗。外強內
溫，忠也；和以率貞，信也，故曰『黃裳元吉』。黃，中之色也；裳，下之飾
也；元，善之長也。中不忠，不得其色；下不共，不得其飾；事不善，不得
其極。外內倡和爲忠，率事以信爲共，供養三德爲善，非此三者弗當。且夫
《易》不可以占險，將何事也？且可飾乎？中美能黃，上美爲元，下美則裳，
參成可筮。猶有闕也，筮雖吉，未也。』」（《十三經注疏·左傳》，頁791）

足信也。〔註33〕

《易》道廣大，更顯得集思廣益的重要性。以下即觀黃以周如何引用諸子之說來發揮《周易》。

　　例如在《周易故訓訂》中，黃以周引用《列子》來釋〈履〉彖傳：「說而應乎乾，是以履虎尾，不咥人，亨。」黃氏謂：

> 《列子・黃帝篇》：「食虎者，不敢以生物與之，爲其殺之之怒也；不敢以全物與之，爲其碎之之怒也。時其飢飽，達其怒心。虎之與人異類，而媚養己者，順也。故其殺之，逆也。」〔註34〕六三柔居說體，上應乎乾，能順乎虎者也。故虎亦媚之而不咥，不咥乃亨，反言之，即三之咥人凶也。（《周易故訓訂》，頁35）

黃以周藉由《列子・黃帝篇》食虎之心的論述，以此來說明〈履〉中的待虎之道。由此明白下卦兌以和悅之心待虎，所以才能得〈履〉卦辭「履虎尾，不咥人。亨」的吉辭；若是處在待虎之時，而又以逆叛行事，則將有六三爻辭「履虎尾，咥人凶」的情況出現。再如《十翼後錄》的〈无妄〉九五爻：「九五，无妄之疾，勿藥有喜。〈象〉曰：無妄之藥，不可試也。」黃以周案語謂：

> 《列子・力命篇》：「季梁得疾，其子請醫盧氏，盧氏曰：『汝疾不由天，亦不由人，亦不由鬼。稟生受形，既有制之者矣，藥石其如汝何？』季梁曰：『神醫也。』俄而季梁之疾自瘳。」推之天下事，有庸人震駭，而智者靜以坐鎮之，卒帖然无事，皆勿藥有喜之謂也。（《十翼後錄》，頁547）

〔註33〕　胡自逢：〈易道與先秦諸子論道之貫通〉，收錄於林尹等著：《易經研究論集》（臺北：黎明文化事業，1981年），頁105。

〔註34〕　《列子・黃帝》：「周宣王之牧正有役人梁鴦者，能養野禽獸，委食於園庭之內，雖虎狼鵰鶚之類，無不柔馴者，雄雌在前，孳尾成群，異類雜居，不相搏噬也。王慮其術終於其身，令毛丘園傳之。梁鴦曰：『鴦，賤役也。何術以告爾？懼王之謂隱於爾也，且一言我養虎之法：凡順之則喜，逆之則怒，此有血氣者之性也。然喜怒豈妄發哉？皆逆之所犯也。夫食虎者，不敢以生物與之，爲其殺之之怒也；不敢以全物與之，爲其碎之之怒也。時其饑飽，達其怒心。虎之與人異類，而媚養己者，順也。故其殺之，逆也。然則吾豈敢逆之使怒哉？亦不順之使喜也。夫喜之復也，必怒；怒之復也，常喜。皆不中也。今吾心無逆順者也，則鳥獸之視吾猶其儕也。故游吾園者，不思高林曠澤；寢吾庭者，不願深山幽谷。理使然也。』」（《文淵閣四庫全書》，子部十四，《列子》，卷二，頁10、11）

藉由《列子》的寓言，說明《周易》所要告訴靜待時局、養晦伺機的道理。
這不只在體患受病時期，推展到困頓危厄的憂難時刻也是一樣。

再如，黃以周也引《淮南子》來解釋「太極」。在《經訓比義》訓「道」
的部分，黃以周案語謂：

> 《淮南子·覽冥訓》：「陽燧取火于日，方諸取露于月，以掌握之中，
> 引類于大極之上，而水火可立致。」據此，則大極即天也，天地人
> 爲三極，三極之大者，天是也。（《經訓比義》，頁 128）

引用《淮南子·覽冥訓》所言：「夫陽燧取火於日，方諸取露於月。天地之間，
巧曆不能舉其數，手徵忽怳，不能覽其光；然以掌握之中，引類於太極之上，
而水火可立致者，陰陽同氣相動也。」由此將《周易》的「太極」以日月水
火等大自然的天道來立論。可見黃以周即是引《淮南子》來論述《周易》天
道觀。

黃以周也引用《管子》與賈誼《新書》來疏證《周易》。在《周易注疏賸
本》的〈乾〉九五：「飛龍在天，利見大人。」黃氏疏證曰：

> 管子曰：「龍生於水，被五色而游，故神。尚則凌於雲氣，欲下則入
> 於深泉。」賈子曰：「亢龍往而不能返，故曰『有悔』。」龍之神也，
> 其惟飛龍乎！能與細細，能與巨巨，能與高高，能與下下。」是飛
> 龍之神，而无所拘也。（《周易注疏賸本》，頁 7）

藉由《管子·水地》：「龍生於水，被五色而游，故神。欲小則化如蠶蠋，欲
大則藏於天下，欲尚則凌於雲氣，欲下則入於深泉，變化無日，上下無時。」
〔註 35〕以及賈誼《新書·容經》：「龍也者，人主之辟也。亢龍往而不返，故
《易》曰『有悔』。悔者，凶也。潛龍入而不能出，故曰『勿用』。勿用者，
不可也。龍之神也，其惟蚩龍乎！能與細細，能與巨巨，能與高高，能與下
下。吾故曰：『龍變無常，能幽能章。』」〔註 36〕黃以周藉此將〈乾〉九五「飛
龍」出神入化的狀態，曲盡其妙地表現出來。

再如黃以周也引《呂氏春秋》來說明《周易》。在《群經說·儆季雜著·
賁无色解》中，黃氏謂：

> 〈序卦傳〉曰：「賁者，飾也。」〈雜卦傳〉曰：「賁，无色也。」二
> 傳義似相反，而實相足。賁，无色者，謂其文駁雜，無正色也。〈象

〔註 35〕《文淵閣四庫全書》，子部三，《管子》，卷十四，頁 3。
〔註 36〕《文淵閣四庫全書》，子部一，《新書》，卷六，頁 9。

傳〉曰：「柔來而文剛，分剛上而文柔。」言其色之雜也。物相雜謂
之文，故賁訓文飾；亦相雜而文不純，故賁訓无色。《呂覽・壹行篇》：
「孔子卜〈賁〉曰：『不吉。』子貢曰：『夫賁亦好矣，何謂不吉？』
孔子曰：『白者白，黑者黑，夫〈賁〉又何好乎？』」高注：「賁色不
純也。」（《儆季雜著・群經說》，頁 598）
指出《周易》〈賁〉卦的「賁」字，在〈序卦傳〉與〈雜卦傳〉說法雖然似乎不
同，但其實都是指色彩駁雜而無正色的意思。黃以周除了引〈賁〉象傳來說明
外，並引《呂氏春秋・壹行篇》來說明〈賁〉之所以不吉，即是由於色彩駁雜
而無正色。這對於君子來說，就是無法正己，所以孔子謂「不吉」。由於無正色
所以才稱「无色」。由上述諸例，可見黃以周善引諸子古籍來發揮《周易》。

四、廣稽小學以釋易

　　黃以周自小即受父親黃式三家學薰陶，在明訓詁以通經的學習中，黃以
周能善引小學來論述《易》理。例如在《周易注疏賸本》的〈屯〉六二：「屯
如邅如，乘馬班如。匪寇，婚媾，女子貞不字，十年乃字。」黃以周在疏的
部分謂：
屯邅者，駗驙之借狀，馬不進之詞也。《說文》曰：「駗驙，馬載重
難行也。」（《周易注疏賸本》，頁 27）
引《說文解字》訓釋「駗」義，說明「屯如邅如」有難行之意，所以才會乘
馬而又復返。此外，黃以周在《經訓比義》訓「敬」的部分，先引〈坤・文
言傳〉：「敬以直內，義以方外。」並在案語謂：
《說文》：「直，正視也，從十目Ｌ。」會意，十目視Ｌ，無得隱匿
而褻慢之，知直內者，則知敬矣，故曰「敬以直內」。（《經訓比義》，
頁 268）
引《說文解字》：「直，正見也。從十目Ｌ。」來說明〈坤・文言傳〉「敬以
直內」。由於「Ｌ」在《說文解字》中提到：「Ｌ，匿也。象迟曲隱蔽形。」
〔註37〕而「直」即是由於以「十目」視「Ｌ」，所以黃以周說明：「十目視Ｌ，
無得隱匿而褻慢。」而這也是由於內心能「敬」，才得如此。黃以周以《說
文解字》的「直」與「Ｌ」解釋，使得「敬以直內」有更清楚的闡示之義。

〔註37〕《說文解字》，頁 640。

　　此外，黃以周在《經訓比義》闡發「才」義的部分，引〈繫辭傳〉：「有天道焉，有人道焉，有地道焉。兼三才而兩之，故六。」與〈說卦傳〉：「昔者聖人之作《易》也，將以順性命之理。是以立天之道，曰陰與陽；立地之道，曰柔與剛；立人之道，曰仁與義。兼三才而兩之，故《易》六畫而成卦。」在案語謂：

> 陰陽者，天之氣；剛柔者，地之質；仁義者，人之性。而所以立之者，才也。才與材古字通，析言之，有異。材以體質言；才以作用言，故三才皆言立。天地人並稱「三才」，才無不善也，不善何以言才。（《經訓比義》，頁 67）

黃以周以「才」與「材」的相通與析言來論述發揮。「才」是就作用義而言，所以其中有「立」的行動狀態存在，表現出實踐性。〔註38〕若是以「體質義」言「才」，則黃以周又說明了「才無不善」，這也表現出《周易》的道德性。而在這裡可看出黃以周以「才」、「材」析言分訓的方式，將《周易》的「三才」加以闡述。而同樣在《經訓比義》訓「道」的部分，黃以周謂：

> 道猶行也，地氣宜行不宜伏也。……天地之氣化流行不息，是謂道；人有當行之路流通無阻，亦謂之道。仁與義，皆正路也。人所當行之路也，人之道也。（《經訓比義》，頁 130～131）

黃氏將「道」訓為行，這是根據《說文解字》：「道，所行道也。」〔註39〕「行」古字即像道路之狀。而這裡解釋《周易》的「道」，即是在說明「地道」之氣必須上行與天道相交而成〈泰〉，不宜阻塞伏行而成〈否〉。而在「人道」上，即是說明必須以「仁」、「義」之正道來行動，這樣行為處事才可以正大光明而無礙，而能與天地之道的流行不已相呼應。

〔註38〕牟宗三〈中國哲學的重點何以落在主體性與道德性〉：「中國的哲人多不著意於理智的思辯，更無對觀念或概念下定義的興趣。希臘哲學是重知解的，中國哲學則是重實踐的。實踐的方式初期主要是在政治上表現善的理想，例如堯、舜、禹、湯、文、武諸哲人，都不是純粹的哲人，而都是兼備聖王與哲人的的雙重身分。這些人物都是政治領袖。與希臘哲學傳統中那些哲學家不同。在中國古代，聖和哲兩個觀念是相通的。哲字的原義是明智，明智加以德性化和人格化，便聖了。因此聖哲二字常被 連用而成一詞。聖王重理想的實踐，實踐的過程即為政治的活動。此等活動是由自己出發，而關連著人、事和天三方面。」牟宗三：《中國哲學的特質》（臺北：臺灣學生書局，1994年），頁 15。

〔註39〕《說文解字》，頁 76。

而黃以周在〈豐日中見斗日中見沬解〉中，則以聲韻方法來發揮《周易》，其謂：

> 愚更以孟氏《易》推之，「豐蔀」、「豐沛」一象，「見斗」、「見沬」別取他象，義不上蒙。斗本作主，斗、主古音相近，經典多通用。「沬」，《釋文》云「徐武蓋切」，其字從本末之末，不從午未之未。經文「蔀」、「斗」叶韻，「沛」、「沬」叶韻，「沛」、「沬」同在祭泰部，較從午未字之「沬」入微脂部爲近。主謂火主，沬謂水泡，古火炷字用主，水泡字用沬，日中之火主，祇見其昏黑，喻讒諂之將熄也。日中之水沬，立見其銷滅，喻流言之終止也。此別一義存參。(《儆季雜著・群經說》，頁 16～17)

黃以周在該篇前段論述中，已詳述〈豐〉的「豐蔀」、「豐沛」、「見斗」、「見沬」之義，[註40]這裡再以聲韻訓詁的方式來發揮。黃以周首先由孟喜《易》注的啓發，[註41]黃氏認爲「見斗」、「見沬」另取他義。關於「斗」字，黃以周指出「斗」與「主」古音相近，《經典釋文》即有指出：「『見斗』，孟作見主。」而「沬」字，黃以周則指出可能爲「沬」。黃以周則先以〈豐〉六二爻辭「豐其蔀」的「蔀」與「日中見斗」的「斗」字協韻；而推以〈豐〉六三爻辭「豐其沛」的「沛」與「沬」都是在古韻的祭泰部，這比起「沬」的古韻微脂部，更加協韻，所以「沬」可作「沬」來解。於是黃以周以「主」與「沬」，來說明遮蔽日中的惡祥終將消失，而六五也將有「吉」。

而黃以周也在《儆季雜著・群經說》中的〈賁无色解〉，以聲韻訓詁的方式來說明「賁」義：

> 《說文》：「賁，飾也。從貝，卉聲。」當云從貝、奔省聲。古人異義不異音，賁飾之賁，以虎賁之賁爲正音，其讀如斑。《釋文》引傅氏云：「賁，古『斑』字，文章皃是也。」《說文》無「斑」，《廣韻》云：「斑、辬同。」《集韻》「斑」、「辬」、「賁」皆逋還切，云：「辬或作斑，斑古作賁。」傅氏以「賁」爲古「斑」字，爲其音同也。《說文》「辬」，駁文也。鄭注〈王制〉、〈祭義〉斑白者云：「雜色曰『斑』。」是辬斑義同。而《一切經音義》引〈蒼頡篇〉云：「辬文皃也；雜色

〔註40〕詳可見本章第一節「六、駁舊注並引申易注以發揮」的引例說明。

〔註41〕黃以周在《十翼後錄》〈豐〉上六爻辭的部分，引用孟喜之注：「天際祥，天降下惡祥也。」(《續修四庫全書（37)》，《十翼後錄》，頁 264)

—149—

爲斑。」是斑辮之義亦有別。「賁」爲雜色,「斑」亦爲雜色。傅氏
以賁爲古斑字,亦爲其義同也。且「賁」字从貝,奔省聲,而其色
爲黃白者,後人亦多不得其義,凡貝以元色爲正,而亦有黃白、白
黃二色。《爾雅》釋魚云:「元貝、貽貝,餘貾黃白文,餘泉白黃文。」
郭注:「元白,黑色貝也。餘貾以黃爲質,白爲文點;餘泉以白爲質,
黃爲文點。」郭注之「文點」,即傅氏所謂「斑」也。則賁之本義爲
貝之黃白文點,訓爲文飾者,引申義也。其字爲「斑」之古文,讀
彼義切者,後人轉音也。(《儆季雜著・群經說》,頁 19)

黃以周首先由字音方面來探討,他引用了《說文解字》、《經典釋文》、《廣韻》
《集韻》等書,來論證「斑」、「辮」、「賁」字音相同而可通假。再就字義方
面來探討,他引用《說文解字》、鄭玄《禮記》注、《一切經音義》所引〈蒼
頡篇〉,來論證「斑」、「賁」都有雜色之義。黃以周在說明完「賁」、「斑」音
義相同後,再論證「賁」爲黃白色,他引《爾雅》與郭璞注來論述貝殼上的
黃色或白色的點是爲「斑」,而「斑」既與「賁」義同,則可得知「賁」爲黃
白色斑點。所以「賁」的本義爲貝殼黃白色的斑紋,而之後再訓釋爲裝飾的
色彩,是就引申義而言。經由此例可知黃以周也善於引用古代小學相關書籍,
以音韻訓詁的方式來解釋《周易》。

其它訓讀上的注解,如在《十翼後錄》的〈大畜〉象傳「大畜,剛健篤
實,輝光篤實」,黃以周案語謂:「輝,《釋文》、《集解》並作『煇』,煇、輝,
正俗字。」(《十翼後錄》,頁 550)指出古籍異文的情形。或者是更進一步從
異文中提出別義,如在《周易注疏賸本》的〈屯〉六三:「即鹿無虞,惟入于
林中;君子幾,不如舍。往吝。」黃氏在疏語謂:「鄭本作『機不如舍』。惠
疏從之謂:『機張不如舍拔。』別一義。」(《周易注疏賸本》,頁 28)指出《經
典釋文》所收錄鄭玄《易》說中,將「幾不如舍」的「幾」作爲「機」,而有
弩弓之義。而惠棟在《周易述》中也引鄭玄之說,惠氏謂:「今君子張機不能
獲禽,不如舍者。舍,拔而已,言無所獲。無獲而往,必困窮矣!故云『往
吝』也。」〔註42〕藉由異文的提出,黃以周以此作爲卦爻辭別義的補充說明。
諸如此類,都可看出黃以周在文字訓釋上的用心,以求更周詳解釋、發揮《周
易》之理。

〔註42〕《文淵閣四庫全書》,經部一,《周易述》,卷一,頁 16。

第三節 易學內涵

　　本節分爲「引易闡義」、「論消息」、「論卦變」來論述。黃以周在《經訓比義》中,多引《周易》來闡釋義理命題;而在《儆季雜著‧群經說》的〈升上爻消不息說〉,黃氏對於《周易》「消息」有所發揮,這是有別於其它多著重在隨文疏證《易》注的解釋,而較獨自成爲一體系的部分,並再就黃氏其他易學著作的「消息」論述加以補充;而黃以周承繼其父黃式三重「卦變」的易學特色,對於「卦變」說也有一番見解,在其易學疏證中,多有援引卦變來論述發揮。以下分別探討。

一、引易闡義

　　黃以周在《經訓比義》中,引十三經來發揮心、性等義理學說。在本小節中,專就《經訓比義》引《周易》來闡述義理命題的部分,作一論述。

(一)命

　　在〈命〉的部分,黃以周引〈說卦傳〉「窮理盡性以至于命」,並引黃式三的說解:「儆居子曰:天有揚善遏惡之道,立命者不敢懈天;有窮通得失之數,安命者不敢違天;有仁義禮智之性,承命者不敢棄此。明乎天命之原,而盡性至命者也。」黃以周案語曰:

> 《說文》:「至,下來也。」下來者,順從之義,《易》之至哉。坤元至臨貞吉,取義並同。以至于命,以順乎命也。能窮理,斯能盡性,能盡性,斯能順乎天命。命兼理數言,理本一定數有可以轉移者,君子能保受仁義禮智之性,而窮通得失,自隨所遇而安,是順命也。至其眞積力久,而天且弗違,則命自我立書,所謂惟克天德,自作元命是也,儆居子之所言義本一貫,讀者勿截然分之。(《經訓比義》,頁 19、20)

以〈說卦傳〉「窮理盡性」將「命」義之說加以開展。由於君子「保受仁義禮智之性」,所以可以通達天命。而〈坤〉卦辭爲:「元亨,利牝馬之貞。君子有攸往,先迷後得主。利,西南得朋,東北喪朋。安貞吉。」〈坤〉有柔牝的象徵,〈象傳〉也指出「柔順利貞」,所以黃以周謂:「坤元至臨貞吉。」以〈坤〉的柔順,說明必須窮理盡性以「順」命中的窮通得失。可看出黃以周經由《易》理將「命」義所作之發揮。

（二）情

在「情」的部分，黃以周引〈乾‧文言〉「乾元者，始而亨者也。利貞者，性情也」與「大哉乾乎！剛健中正，純粹精也。六爻發揮，旁通情也」，以闡示「情」義。黃以周案語謂：

> 利者，乾元之情；貞者，乾元之性。剛健中正，純粹精也，貞之性也。〈象傳〉曰：「各正性命。」性命正則純粹之精也。六爻發揮，旁通情也，利之情也。〈象傳〉曰：「乾道變化。」發揮即變化之義，以己之情旁通乎人，傳所謂「利以和義」。〈樂記〉所謂「反躬」〔註43〕也。據虞仲翔乾坤旁通〔註44〕成〈既濟〉，定則利貞者，情性也，謂六爻發揮，坤之情得其利，而乾之性亦得其正也。（《經訓比義》，頁 78～79）

論〈乾〉四德的「元、亨、利、貞」的「貞」是為「性」，而「利」則為「情」。並且以「貞性」為「純粹精也」，而「利情」則是由「貞性」變化流行、發揮旁通而成。而其中的變化由情感來說，黃以周提出〈乾‧文言傳〉所言「利物足以和義」與《禮記‧樂記》「反躬」之說，說明必須反省自我並適宜地將情感發揮而出。並且再以虞翻的乾坤「旁通」，說明性情的關係是緊密而相承者，「乾貞」之性由坤卦之情得以旁通，於是有「六爻發揮，乾道變化」的作用，而「乾貞」之性也得以有「既濟」之呈現。所以黃以周同樣在《經訓比義》訓「情」的部分，引了〈咸〉象傳「觀其所感，而天地萬物之情可見矣」、〈恆〉象傳「觀其所恆，而天地萬物之情可見矣」、〈大壯〉象傳「正大而天地之情可見矣」，以示「情」在天地萬物間的存在性，並在案語謂：「天地聖人不能無情，讀《易傳》自知之。」（《經訓比義》，頁 78）

（三）道

〔註43〕《禮記‧樂記》：「人生而靜，天之性也；感於物而動，性之欲也。物至知知，然後好惡形焉。好惡無節於內，知誘於外，不能反躬，天理滅矣。」（《十三經注疏‧禮記》，頁 665）

〔註44〕劉玉建在《兩漢象數易學研究》的第十二章「虞翻易學」的「旁通之象」謂：「《乾‧文言》說：『六爻發揮，旁通情也。』對此，虞翻的好友陸績解釋說：『乾六爻發揮變動，旁通于坤。坤來入乾，以成六十四卦，故曰旁通情也』（《周易集解》）。虞氏雖然沒有明言其『旁通』之稱出自何處，但從陸績的解釋來看，虞氏當本于此《文言》所謂的『旁通』。」劉玉建：《兩漢象數易學研究》（南寧：廣西教育出版社，1996 年），頁 720。

引《易》論「道」的部分，黃以周案語謂：

《淮南子・覽冥訓》：「陽燧取火于日；方諸取露于月。以掌握之中，引類于大極之上，而水火可立致。」據此，則大極即天也，天地人爲三極，三極之大者，天是也。故天偶大極；天之元氣，渾淪分之，則爲陰陽兩儀。陰陽也，陰陽匹也，故偶儀。或謂：「大極，無偶之偶，大極無也。」不知孔子明言有大極安得以無言邪。有大極是生兩儀，無則安能生邪？或謂：「大極，天地未分以前，混一之氣，兩儀謂天地已分。」不知天地以前，聖人所弗論也。《易・序卦傳》：「有天地，然後萬物生焉。」干令升注：天地之先，聖人弗論是也。或謂：「大極理也，形而上也；陰陽氣也，形而下也。大極生兩儀，理生氣也。」不知陰陽雖有氣而無形，大極乃元氣渾淪之偶，未始非氣也。（《經訓比義》，頁 128）

其中藉由「道」的論述，將《周易》的天道觀加以發揮。黃以周指出太極即是「天道」，而陰陽則是「天之元氣，渾淪分之」。可以肯定陰陽是就氣而言。而黃以周反對以「無偶之偶」來指稱「太極」。例如韓康伯在〈繫辭傳〉：「是故《易》有大極，是生兩儀。」韓氏注謂：「夫有必始於无，故『大極』『生兩儀』也。大極者，无偶之偶，不可得而名，取其有之所極，況之大極者也。」〔註45〕這裡可看出道家「有生於無」的觀念。而黃以周則以〈繫辭傳〉言：「是故《易》有太極。」說明「太極」確實存在，才能進一步說明陰陽二氣。而黃以周接著說明「太極」是處在天地未生之前，黃氏據〈序卦傳〉與《周易集解》所引的干寶注，說明聖人對於未可知的事物，不窮究探索的態度。《論語・陽貨》指出：「子曰：『予欲無言。』子貢曰：『子如不言，則小子何述焉？』子曰：『天何言哉？四時行焉，百物生焉，天何言哉？』」天地未生之理，必須要躬身實踐地體會；經典所重者，在於人爲的努力上。所以黃以周也反對將「太極」視作一形上認知的理，而是將其拉回經驗世界，在人事往來上的「元氣渾淪」加以論述。〔註46〕

───────────────

〔註45〕《周易二種》，頁 216。

〔註46〕關於清代學者的思維特色，張麗珠指出：「然而也因爲形上的道（自天道言是『道體』，自人道言是『性體』），是不能以直覺、感性的直觀方式，來加以把握、驗證的，所以主於探討道德性命微旨的宋明理學，就只能是一種循著抽象、邏輯的理性思辨方式進行的學術活動。而此一思維方式，也就大異於歷來儒學重經驗、感性之直覺思考模式。但是此一內向、抽象思辨的形上思維，

　　而在「三才」的「地道」的部分，黃以周引〈說卦傳〉：「立地之道，曰
柔與剛。」案語謂：

> 地為純陰至順，故曰「柔」；其氣能上達于天，故曰「剛」。〈文言傳〉
> 曰：「坤至柔而動也剛」是也。夫地氣下伏，不與天應，則閉而成〈否〉；
> 地氣上行，與天相應，則交而成〈泰〉。道猶行也，地氣宜行不宜伏
> 也。（《經訓比義》，頁129～130）

同樣是以「氣」來論述「地道」。在《經訓比義》論「道」中，黃以周也有引
〈文言傳〉：「坤道其順乎，承天而時行。」而在案語謂：「地承天故曰『順』；
地時行故曰『道』。『地道』謂地氣之行，于此可見。」（《經訓比義》，頁130）
而「地道」的特性是「柔」與「剛」，黃以周在上述引文中，輔以〈文言傳〉
來說明，並再以〈否〉、〈泰〉二卦的比較，說明地道之氣必須「柔」、「剛」
具備，能順應天而上行，才可以成〈泰〉，於是以「成天地之道」。

　　而在「三才」的「人道」的部分，黃以周引〈說卦傳〉：「立人之道，曰
仁與義。」案語謂：「天地之氣化流行不息是謂道，人有當行之路，流通無阻，
亦謂之道。仁與義，皆正路也，人所當行之路也，人之道也。韓子謂『儒者
之道德合仁義言』本此。〔註47〕仁禮義信智為五德，簡言之，則曰仁義，而
禮信智在其中，孟子常言仁義本此。」（《經訓比義》，頁131、132）黃以周將
「人道」與前述的天地之道氣化流行結合，並申論五德可包括在「仁」、「義」
之中，而這也就是做人的基本道理。

在歷經了末流玄虛蹈空、空言義理的流弊之後，受到了清儒很大的排斥。清
儒多責宋明儒不讀書、蹈空言理、遊談無根；更由於明清之際，學術重心已
由『理』而轉為對『欲』的探討，由『形上』而落實到『形下』，則此重視氣
化現實世界的價值觀，在成為時人普遍的共識以後，必然有相應於此一價值
觀轉變的學術方法被提出。所以價值觀之趨變，正為構成學術最重要的核心
思想，提供了立論根據、與思維方式的基礎。既然氣化的經驗世界已經不再
被輕視，形上的抽象世界、以及屬於形而上的抽象思辨方式，也就不再被推
崇。因此清儒從崇尚客觀實證的經驗論出發，斥棄無從證驗的主觀主義；從
實事求是的角度、以羅列證據的方法，來從事學術研究。很自然地，對崇實
思維方式的弘揚，就是對玄虛思維方式的一種批判。所以伴隨著考據學興盛
而出現的，是對理學形上思辨方式不滿的各種批判，而這也就是一般人所謂
的清學中具有反理學的精神。」張麗珠：《清代義理學新貌》（臺北：里仁書
局，2002年），頁80、81。

〔註47〕韓愈〈原道〉：「凡吾所謂道德云者，合仁與義言之也，天下之公言也。」（《文
淵閣四庫全書》，《五百家注昌黎文集》，卷十一，頁2）

黃以周在《經訓比義》中，藉由〈說卦傳〉所言：「昔者聖人之作《易》也，將以順性命之理。是以立天之道，曰陰與陽；立地之道，曰柔與剛；立人之道，曰仁與義。」將「道」作一闡述，可見其易學與義理發揮的精要。

（四）理

而在訓「理」的部分，黃以周也多引用《周易》來發揮。如其引〈繫辭傳〉之言：「乾知大始，坤作成物。乾以易知，坤以簡能。易則易知，簡則易從。易知則有親，易從則有功。有親則可久，有功則可大。可久則賢人之德，可大則賢人之業。易簡而天下之理得矣。天下之理得而成位乎其中矣。」而在案語謂：

> 此明有簡易之德業者，能得天下之條理也。乾之大始以易知之，易知則內不紊于心，故有親而可久；坤之成物以簡能之，簡能則外不謬于事，故有功而可大。如是謂之得理，理也者，內不紊于心，外不謬于事，恆簡、恆易者也。若其事理既失，紛紜雜亂無所統紀心，欲求簡易不可得，何望親可久、功可大之德業？（《經訓比義》，頁149）

這裡指出《周易》的「易」、「簡」之理，是成「親可久」、「功可大」德業的重要因素。黃以周同樣在訓「理」的案語中指出：「《易》言天道，人將于杳冥中求之，而不知聖人作書之意，祇欲人自順其性命之條理，勿戕賊而錯亂之。能循夫人心之固然，即依乎天理之自然也。性理二字本乎此，豈欲人求之高眇哉。」（《經訓比義》，頁151）「理」並非高妙而不可及的，只要內心條理分明、寧謐不紊，則可成不朽的德業。這裡黃以周藉由《周易》「易簡」的特質，闡發有條不紊之「理」。

（五）五德

釋「五德」的部分，黃以周在「義」與「信」，多引《周易》來發揮。如訓「義」，黃以周引〈坤〉文言：「敬以直內，義以方外。」而在案語說明：「敬者，隨事肅警也，外能肅警，斯內可直制乎外，所以養其中也；義者，心能裁斷也，內能裁斷，則外自方于中，而應于外也。」（《經訓比義》，頁225）所以《周易》「義」、「敬」，是表裡一澈、相互發揮。再如關於「義」的發揮，黃以周在訓「敬」的案語部分，也有言：「敬以直內，即義以方外也。行吾敬即是義；存其義即是敬。敬與義本一貫，內與外非可兩忘也。」（《經訓比義》，頁269）此外，黃以

周也引〈乾‧文言傳〉「利者，義之利也」、「利物足以和義」，而在案語謂：「利者，和也。能和物不以己害物，于事情無爽失，是謂和義，是謂大利。大利者，以美利利天下，不言所利。言所利者，利之小義之次。此〈乾〉四德之利，所以有異于他卦之『利建』、『利居』、『利往』也。」〔註48〕（《經訓比義》，頁228）黃以周藉由《周易》〈乾〉四德之「利」與他卦之「利」的比較，說明大義與小義的不同。而在「義」的部分，黃以周也指出實務之事，他引〈繫辭傳〉：「理財正辭，禁民為非，曰義。」黃以周在案語謂：「理財亦義中之一事。後世儒者不務實用，往往避理財之名，絕口不言。言之者又無仁義之意，而肆其聚斂之才，損下以益上，剝民以奉國。而人主方以君子為迂拙，一見其人，一聞其說，以為通達時務，遂舉國家之大計屬之言利之小人，由是民怨而天怒，菑害並至。」（《經訓比義》，頁231、232）可見黃以周主張儒者應能正視經國濟民之大義，不可迂闊而罔顧民生之利。

至於「五德」的「信」，黃以周在案語論道：

　　《易》曰「貞固」、曰「不可貞」、曰「貞凶」、「貞屬」、曰「小貞吉、大貞凶」，皆有固守之義，當以貞為信也。貞于四時為冬，于五行為水，天下之水，莫神于潮信，往來可以時刻定，故孔聖于〈坎〉傳言「不失其信」，〔註49〕坎居北方，為冬、為水。〔註50〕（《經訓比義》，頁156～157）

以《周易》之「貞」來論述五德之「信」，「信」有「固守之義」，所以〈乾‧文言傳〉言：「貞固足以幹事。」表示君子能夠信守正道而不移易。而黃以周又以〈坎〉象傳與〈說卦傳〉來說明「信」在五行中配以「水」，這有別於漢儒以土配信的五行說。

（六）靜

引《周易》論「靜」的部分。黃以周引〈繫辭傳〉：「夫乾，其靜也專，

〔註48〕《周易》言「利建」之卦，如〈屯〉卦辭：「元亨，利貞。勿用有攸往，利建侯。」〈豫〉卦辭：「豫，利建侯行師。」；《周易》言「利居」之卦，如〈屯〉初九爻辭：「磐桓，利居貞，利建侯。」〈隨〉六三爻辭：「係丈夫，失小子。隨有求得，利居貞。」《周易》言「利有攸往」之卦，如〈復〉卦辭：「亨。出入無疾，朋來無咎。反復其道，七日來復。利有攸往。」〈賁〉卦辭：「亨。小利有攸往。」
〔註49〕〈坎〉象傳：「習坎，重險也。水，流而不盈，行險而不失其信。」
〔註50〕〈說卦傳〉：「坎者，水也，正北方之卦也。」

其動也直，是以大生焉。夫坤，其靜也翕，其動也闢。」與〈坤・文言〉：「坤至柔而動也剛，至靜而德方。」黃氏在案語謂：

> 〈乾〉陽，動物也，而有潛藏之靜；〈坤〉陰，靜物也，而有剛方之
> 動。傳言〈乾〉之靜專動直、〈坤〉之靜翕動闢，見陰陽各有動靜，
> 非陽偏于動，陰偏于靜也。仁知亦各有動靜，知者動，仁者靜，以
> 本質之大判言之耳。非知者一于動，仁者一于靜也。若夫動氣、動
> 志不能靜存，非知者之動也；靜寂、靜虛不知動察，非仁者之靜也。
> （《經訓比義》，頁 261～262）

《周易》的〈乾〉、〈坤〉各有動靜之質，《論語・雍也》所言：「知者動，仁者靜。」也是強調出動靜的不同，這是大致的分判。但是〈繫辭傳〉也有指出「剛柔相推，變在其中矣」、「陰陽合德而剛柔有體」。在剛柔動靜之間，兩者的互相調和可以使彼此更為完整，也更可以知道兩者特質的不同而相互發揮。

（七）剛

引《周易》訓「剛」的部分，黃以周引〈文言傳〉：「大哉〈乾〉乎，剛健中正，純粹精也。」而在案語謂：

> 黃帝作《歸藏易》，謂之〈坤〉、〈乾〉。卦首〈坤〉，重柔德，《老子》
> 本其義以立說。文王、周公作《周易》，卦首〈乾〉，重剛德，孔子之
> 道本諸此。《周易》重剛，尤重剛中，孔子言「剛毅，近仁」〔註51〕、
> 「不得中行，必與狂狷」，〔註52〕是孔子重剛德，重其剛之可造乎。
> 中正也，中正九五之君道也。孔子又曰：「柔之為道，不利遠者，其
> 要無咎，其用柔中也。」〔註53〕依《老子》所言，而得柔中之道，則
> 臣道也。柔之過，則〈小過〉之道也。（《經訓比義》，頁 279）

《周易》以〈乾〉剛為主，〈坤〉柔為從，可見其重「剛」的特性。若與《歸藏易》與《老子》重柔相比，《周易》將「剛」的中正之德突顯出來。所以黃以周又引《論語》孔子所言來輔證，說明「剛毅」才得「近仁」，而「巧言令色」者，往往「鮮矣仁」。黃氏並再以〈繫辭傳〉說明「柔」可以無咎，但無

〔註51〕《論語・子路》：「子曰：『剛毅木訥，近仁。』」
〔註52〕《論語・子路》：「子曰：『不得中行而與之，必也狂狷乎！狂者進取，狷者有所不為也。』」
〔註53〕語出〈繫辭傳〉下第九章。

法行之久遠，就如同《論語》記載子夏之語：「子夏曰：『雖小道，必有可觀者焉；致遠恐泥，是以君子不爲也。』」柔雖可避一時之危，但若想要行之光明正大，則必須要能剛健不息。黃以周再以〈小過〉來說明「柔」。〈小過〉象傳言：「小過，小者過而亨也。過以利貞，與時行也。柔得中，是以小事吉也。剛失位而不中，是以不可大事也。」柔雖得中，但只能行於一時下位，無法任重道遠，所以「不可大事」。黃以周引用《歸藏易》〈坤〉主〈乾〉從、《老子》守「柔」，與《論語》、〈繫辭傳〉、〈小過〉象傳之注證，切中地發揮「剛」義。

在本節中，可見黃以周善引《周易》來發揮訓解各字義理。黃氏在《經訓比義》跋語曰：「凡事之殽雜，吾前必比而次之、義而度之，而後異同，以別是非。乃明聖人有以見天下之動，而觀其會通，以行其典禮。」（《經訓比義》，頁 362）這裡也是引用自〈繫辭傳〉之語。〔註 54〕這些都足以見黃以周研《易》深入，並且可以由《易》理將心、性等義理作一適切的發揮。

二、論消息

黃以周從〈升〉上六爻來闡明消息之理。在〈升上爻消不息說〉指出：

> 消息爲《易》中大義。聖傳於〈剝〉〔註 55〕、〈豐〉〔註 56〕二卦已明著之，而象爻經文卻未有並及，惟〈升〉上「利于不息之貞」略示斯恉，聖傳又以「消不富」申明其義，以爲陽不息，陰亦不富，不息不富，悉由於消。此消息之機，所以爲《易》之大關鍵也。（《儆季雜著・群經說》，頁 17）

由〈升〉上六指出陽若不長不息，則陰也將不富，可見黃以周是將〈升〉上六中的「不息」，解作「不長」，而非以「不已」來解。而黃以周再以前人注說、君子小人對說、〈升〉它爻與它卦例等，將陽息陰消之理，反覆說明之。

〔註 54〕〈繫辭傳〉上傳第八章、第十二章皆言：「聖人有以見天下之賾，而擬諸其形容，象其物宜，是故謂之象。聖人有以見天下之動，而觀其會通，以行其典禮，繫辭焉以斷其吉凶，是故謂之爻。」（《十三經注疏・周易》，頁 150、158）

〔註 55〕〈剝〉象曰：「剝，剝也。柔變剛也。不利有攸往，小人長也。順而止之，觀象也。君子尚消息盈虛，天行也。」

〔註 56〕〈豐〉象曰：「豐，大也。明以動，故豐。王假之，尚大也。勿憂宜日中，宜照天下也。日中則昃，月盈則食，天地盈虛，與時消息，而況于人乎，況于鬼神乎。」

〈升上爻消不息說〉指出：

> 而後之學者，悠忽聖言，乃以冥升不息，爲不已之辭，與消息之義
> 違，知其義者，惟荀、虞，虞注已佚，荀之解曰：「陰用事，爲消；
> 陽用事，爲息。陰升失實，故消不富也。」〔註57〕皆與全《易》之
> 例合然。……自注家以爲息爲冥升之不已，上下文義致不相蒙。或
> 謂以「不息」之正，用於爲物之主則喪；或謂以不已之心，施之「不
> 息」之正則利。其說之迂曲回惑，不足深辨，獨怪惠氏定宇、張氏
> 皋文，崇尚古學，於此爻仍沿舊解，而不能發明消息眞諦，則三聖
> 人作《易》微言，其終晦霾而莫之明矣！爰爲之說。（《儆季雜著·
> 群經說》，頁17～18）

由上述所立消息之理，黃以周在此段中，指出荀爽的注說才是符合《易》例。
「息」當作陽息陰消的「息長」之意，而非「不已之辭」，如王弼注〈升〉上
六爻辭曰：「處〈升〉之極，進而『不息』者也。進而不息，故雖冥猶升也。
故施於不息之正則可，用於爲物之主則喪矣。終於不息，消之道也。」〔註58〕
而程頤注〈升〉上六爻辭也謂：「六以陰居升之極，昏冥於升，知進而不知止
者也，其爲不明甚矣。然求升不已之心，有時而用於貞正而當不息之事，則
爲宜也。」〔註59〕王弼與程頤都是以上六升之「不已」來論述。而黃以周在
《十翼後錄》釋〈升〉上六爻也引胡瑗的注說：「胡翼之曰：上六不達存亡之
幾，以至于上位。固當消虛自損，不爲尊大，以自至于富盛也。」黃以周案
語謂：

> 先儒解〈泰〉、〈謙〉之「不富」，〔註60〕以爲贊辭，胡氏此說正同，
> 近儒多從之。周謂〈傳〉言「不富」，與〈无妄〉之言「未富」同，
> 〔註61〕皆咎其遠陽實之富，非贊辭也。〈泰〉、〈謙〉之「不富以其鄰」，

〔註57〕 李鼎祚《周易集解》在〈升〉上六爻辭「冥升，利于不息之貞」引荀爽注：「坤
性暗昧，今升在上，故曰『冥升』也。陰用事，爲消；陽用事，爲息。陰正
在上，陽道不息，陰之所利，故曰『利于不息之貞』。」而在〈升〉上六〈象
傳〉：「冥升在上，消不富也」亦引荀爽注：「陰升失實，故消不富也。」（《周
易集解》，頁228）

〔註58〕 《周易二種》，頁145。

〔註59〕 《周易程傳註評》，頁534。

〔註60〕 〈泰〉六四爻辭：「翩翩，不富以其鄰，不戒以孚。」〈謙〉六五爻辭：「不富
以其鄰，利用侵伐，無不利。」

〔註61〕 〈无妄〉六二象：「不耕穫，未富也。」

陰之不富，用陽鄰以富之，非贊其不富，祇贊其用鄰耳。凡《易》
之言「不富」者例如此。(《十翼後錄》，頁 106)

也是以胡注之說爲非，來闡明陽息陰消的關係。由於〈升〉上六陽不息，所
以〈升〉上六象對於陰消陽實之富，以「消不富」來立說。「不息」與「不富」
皆就呈現一平衡狀態而言，並沒有要求陽爻再作進一步息長，也沒有將「不
富」作一贊辭來解釋。而黃以周也以君子、小人之道來說明陽息陰消：

謂陽道不息，陰之所利，是《易》爲小人幸，而不爲君子謀，甚乖
扶陽抑陰之道。夫卦之所以名〈升〉者，以陽有上升之才，而陰亦
能以時升之也。則「冥升」者，謂坤性柔。謂坤性柔暗，昧於升陽
之義，非謂陰自升不已也。上茍昧於升陽，則下陽爻自不宜上息用
事。故曰：「利于不息之貞。」此正深爲君子謀也，而陽實爲富，陰
虛爲貧，陽不上息用事，陰亦自此遠實終不得富，故曰「消不富」。
此惟不爲小人幸，且深爲小人危矣。(《儆季雜著・群經說》，頁十七
～十八)

由於〈升〉上六爲陰爻，所以爲「冥升」，而此時九三陽爻不宜升之與其相應，
所以上六爻才說明「利于不息之貞」，而上六象也才說明陰之小人不得陽實之
富，因爲以小人之位，已不宜再妄自上升的緣故。這裡黃以周將義理德性的
君子、小人，與象數的陽爻、陰爻相互呼應著。也表現出《易》是爲君子謀、
不爲小人幸的精神。而黃以周並再以〈升〉卦的其他爻位與他卦來說明消息
之義。其謂：

〈升〉自〈臨〉來，〈臨〉初升三，故卦名「升」。初曰「允升」，信
〈臨〉初之宜升三也。五曰「升階」，知〈升〉二之宜升五也。九三
已升，九二待升，初信其升五，又能以時升以時升陽，如階之有級，故曰「升
階」。皆明陽息之利也。至上爻則反其辭，以明全卦大義，曰：「冥升，
利于不息之貞。」與〈泰〉極將〈否〉，〈既濟〉終亂同例，此聖人
憂盛危明之至意，不憚反覆其辭，以示消息之機也。(《儆季雜著・
群經說》，頁 18)

〈升〉與〈臨〉上卦皆爲坤，〈升〉下卦爲巽，〈臨〉下卦爲兌。黃以周指出
〈升〉由〈臨〉初九升爲九三而來，並以〈升〉初九爻辭：「允升，大吉。」
來說明〈臨〉初九宜升爲〈升〉之九三，而又以九五爻辭：「貞吉，升階。」
來說明九二宜升至第五爻。唯獨上六爻辭爲「冥升」，黃以周指出這與〈泰〉、

〈既濟〉之例相同。〈泰〉上六爻辭爲：「城復于隍。勿用師，自邑告命。貞吝。」而〈象〉謂：「城復于隍，其命亂也。」而黃以周在《十翼後錄》〈泰〉上六案語指出：「自邑告命，所以治其命之亂也。而告命有不行者，不能用師以正之，所以長守此而吝也。」（《十翼後錄》，頁 279）從這可看出〈泰〉極將〈否〉的發展。至於〈既濟〉上六爻辭：「濡其首，厲。」〈象〉曰：「濡其首，何可久也。」黃以周在《十翼後錄》該爻案語同樣有謂：「〈既濟〉之初濟也，其尾又濡，故初曰『濡尾』；〈既濟〉之終亂也，其首先濡，故上曰『濡首』。濡首濡尾，常自惕厲，所謂『懼以終始』〔註62〕也。」（《十翼後錄》，下，402）這裡也是以「懼以終始」，必須慎保其身來立說。而再回視〈升〉上六爻，因其已升至極點，又以陰爻居上，則下卦陽爻必須「不息」，如此也才能使「消不富也」。處在極盛時期，自然要維持不息不消的平衡狀態，這也是〈泰〉與〈既濟〉所告誡的「憂盛危明」的道理。在此段中，可看出黃以周藉由〈臨〉與〈升〉的卦變，與〈升〉其它爻的上升關係，以及〈泰〉、〈既濟〉它卦之例，將〈升〉上六爻的消息之理加以發揮。

綜觀之，黃以周在〈升上爻消不息說〉，其中能駁正前家注解，並以君子、小人義理對立論述，以及同卦它爻與它卦之例等，在多方引述論證中，將《周易》「消息說」作一詳盡論述。也由此告誡陰陽平衡發展的重要性。

三、論卦變

在《周易注疏賸本》的〈屯〉象傳：「屯，剛柔始交而難生。」黃以周在疏語的部分，對卦變說作了一番論述，謂：

> 卦變之例，象傳已發之。漢、魏注家之言卦變者，莫詳荀、虞、蜀才、盧氏諸人，今玩索其例，當以荀說爲最允，餘不能及也。卦變皆出自乾、坤，分言之有震、坎、艮三男主變；有巽、離、兌三女主變；有〈姤〉、〈復〉、〈剝〉、〈夬〉一陰一陽主變；有〈臨〉、〈遯〉、〈大壯〉、〈觀〉二陰二陽主變；有〈泰〉、〈否〉三陰三陽主變。荀注〈屯〉、〈蒙〉諸卦，發六子卦主變例；於〈訟〉、〈晉〉諸卦，發二陰二陽卦主變例；於〈蠱〉、〈賁〉、〈損〉、〈困〉、〈井〉、〈旅〉、〈渙〉、

〔註62〕引自〈繫辭傳〉下第十一章：「《易》之興也，其當殷之末世，周之盛德邪？當文王與紂之事邪？是故其辭危。危者使平，易者使傾，其道甚大。百物不廢，懼以終始，其要無咎。此之謂《易》之道也。」

〈未濟〉諸卦，發三陰三陽卦主變例；於〈蹇〉、〈解〉諸卦，發〈乾〉、
〈坤〉爲卦變之主例。說詳卷首。自東漢後三千年，无知此者，今
其明乎？至於虞氏卦變，冗雜疊出，有同此一卦而曰自某來或自某
來，想虞氏自无定例也。後儒烏能申之歟？近之申虞者，錢氏大昕
說爲最近，然非自然法象也，惠疏申之尤鑿矣。（《周易注疏賸本》，
頁 30～31）

黃以周指出漢魏諸家對於卦變說的應用，其中以荀爽的說法最爲允當。黃氏
並指出《周易集解》引荀爽卦變說來注解各卦的諸例。而對於荀爽之後的虞
翻卦變說，指責爲「冗雜疊出」，並對於清代學者申論虞翻卦變說者，如錢大
昕、惠棟等人的疏解，也是過度繁雜而失去《周易》易簡自然之理。

而關於荀爽的卦變說，如在《十翼後錄》的〈屯〉卦部分，黃以周即在
注語之首，引荀爽注說：「荀慈明曰：物難在始生，此本坎卦也。」黃氏並在
案語謂：「荀注，六子主變之例，〈屯〉自〈坎〉變；《漢上傳》，十辟卦主變
之例，〈屯〉自〈臨〉變。以重卦圖攷之，〈屯〉自〈震〉變，謂〈震〉四之
五者是也。」可見各家說法在卦變運用上也都有所不同，但是黃以周還是以
荀爽注說爲主，這在他《十翼後錄》之後的作品——《周易注疏賸本》，更可
以見得。同樣在《周易注疏賸本》的〈屯〉象傳：「屯，剛柔始交而難生。」
疏語部分，黃以周接著以荀爽卦變說來說明，其謂：

〈屯〉自〈坎〉來，三男卦主變之例。初六升二，始與九五交；九
二降初，始與六四交。爻曰：「匪寇，婚媾。」又曰：「求婚媾。」
是剛柔始交之象也。〈序卦傳〉曰：「屯者，物之始生也。」物難在
始生，爻曰：「女子貞不字，十年乃字。」是難生之象也。（《周易注
疏賸本》，頁 31）

由於〈坎〉卦變爲〈屯〉，也就是〈坎〉「初六升二、九二降初」，所以變爲〈屯〉，
而如此上、下卦中，初九應六四，六二應九五，所以〈屯〉六四有「求婚媾」
爻辭，六二有「婚媾」爻辭。經由卦變說，才能有求往婚媾的行動狀態。可
見卦變說切合著〈繫辭傳〉「變動不居，周流六虛，上下無常，剛柔相易，不
可爲典要，唯變所適」的道理。

黃以周的易學著作也還有多處以卦變說來發揮。如《十翼後錄》注解〈同
人〉六二爻辭：「同人于宗，吝。象曰：同人于宗，吝道也。」黃以周在案語
謂：

爻自〈姤〉初進二，宗指初，謂本卦本位也；〈睽〉由〈中孚〉四五
易，厥宗噬膚，宗指四，亦謂本卦本位也。王注以宗指五，程傳等
從之，然二五異卦異位，非宗也。(《十翼後錄》，頁 309～310)

藉由卦變說，將〈姤〉初六爻進到六二爻而成〈同人〉，與〈睽〉六三爻進到
六四爻而成〈中孚〉相較。由於〈睽〉六五爻辭言：「悔亡，厥宗噬膚，往何
咎？」黃以周指出其中「宗」字，是就本卦的六四爻言，此正與〈同人〉的
「宗」是就本卦的初九爻言相同。所以〈同人〉六二所「宗」者，在於初九
「同人」，但這與〈同人〉象傳：「柔得位、得中，而應乎乾，……中正而應，
君子正也。」九二該與九五相應不相符合，所以才會得「吝」。而黃以周也指
出王弼、程頤等人以「宗」為九五之說的錯誤。

　　而在《周易注疏賸本》也有以卦變說來發揮。如在釋〈乾〉：「終日乾乾，
反復道也。」黃以周在疏語的部分謂：

三變之卦〈履〉。跛履之行，非〈乾〉也；履虎之危，非惕也。(《周
易注疏賸本》，頁 14)

藉由卦變說，表示如果〈乾〉九三爻不持有「夕惕若，厲无咎」的憂患意識，
則一變為陰爻，將成為〈履〉六三爻辭：「眇能視，跛能履，履虎尾，咥人凶。
武人為于大君。」黃氏指出這是由於未能保有「〈乾〉惕」之心所造成的後果。
黃氏藉由卦變說的方式，將〈乾〉九三保有的「夕惕」之心，由〈履〉六三
比較而出。

　　黃以周在〈與人書〉言：「《易》之道重變通，變通者，趣時者也。孔子
象傳於〈頤〉、〈大過〉、〈解〉、〈革〉言時之大，於〈坎〉、〈蹇〉言時用之大，
於〈豫〉、〈隨〉、〈遯〉、〈姤〉、〈旅〉言時義之大。由此推之，六十四卦皆時
也，皆合乎時之用，得乎時之義。孔子特舉十二卦明其例，以待學者之隅反，
則學者務求變通以趣時而已矣。」〔註63〕從中可知黃以周重視《易》道的「變
通趣時」，所以在「論卦變」上，有如此的見解與發揮。

〔註63〕〔清〕黃以周：《儆季雜著・文鈔・與人書》，文四，頁 16～17。

第六章　黃式三、黃以周父子易學比較分析

　　本章分爲「黃式三、黃以周父子易學承繼述證」、「黃式三、黃以周父子易學『實事求是』探討」、「黃式三、黃以周父子卦變釋易探討」、「黃式三、黃以周父子引史述易比較」、「黃式三、黃以周父子易禮關係探討」五節。

　　在第一節中，先引述探討黃以周對於父親黃式三《易》學說法的引證、發揮，以明其家學中易學的承繼情形。此對於浙東學術私學的蓬勃與清代家學的興盛情形，也可作一家之佐證。

　　而在第二節中，論述探討黃氏父子所主張的「實事求是」精神與「曷爲學分漢宋也乎」的反思。從黃氏父子對於《易》學中象數與義理的調和發揮，以及黃氏父子引《易》注的辨正論析，由此兩面向來探討黃氏父子「實事求是」的治學精神。

　　第三節則就黃氏父子在治《易》上的共同特色——善以卦變釋易，探討黃以周承繼黃式三以卦變說發揮《易》理的情形，並再分別引述探究黃式三、黃以周卦變釋《易》情形。

　　第四節則是論述黃氏父子如何引史來發揮《易》理。由於黃氏父子有浙東學術的淵源，在浙東學術重史學的薰陶下，其《易》學著作引史發揮定當有其獨到之處。本節並指出黃氏父子引史述《易》的差異。

　　在第五節中，主要探討黃氏父子《易》學著作引《禮》論述情形。然而黃式三在《易》學上，未多就《禮》學作引述發揮。所以本節主要探究黃以周《易》學著作引禮情形。由於向來黃氏父子爲人所重視之處，多在於禮學，所以在《易》、《禮》關係的溝通上，甚值得研究。

第一節　黃式三、黃以周父子易學承繼述證

　　黃以周自幼即跟隨父親黃式三問學，並且始終隨侍在其身旁，《續碑傳集》曾提到：

> 先生（黃以周）恪守父訓，以傳經明道爲宗旨。其事父三十餘年，未嘗去左右。〔註1〕

可見黃以周多年向父親勤懇問學的情形，在家學承繼上定當有著密切的關係。而黃氏父子身處浙東，浙東地區向來即有家學承繼的淵源傳統。董建和、盧香霄在〈南宋浙東學派的「家學」源與流〉指出：

> 浙東家學者，年齡、文化素質層次較高，其家教的形式自然有別於學齡前後的幼童。據史籍所載，其成才的途徑似可歸爲二類。首先，自學，獨立思考。自學成才是一條卓有成效的通途，亦是「家學」的主要涵義。浙東學派的學者大多循規蹈軌，刻苦奮發讀書，而成爲佐世之才。諸如止齋家學中的陳武「於書無所不讀，尤長於《春秋》」（《宋元學案》卷53，頁1917）。大梁趙汝讜，受水心「名門子，安可不學」之悔，「自是折節讀書」（《宋元學案》卷55，頁1814）。黃度之婿周南「絕意當世，敝衣惡食，挾書忘晝夜」（《宋史》卷393，頁12012）。在讀書思考上認眞下功夫者如水心門人孟猷「其學以觀省密察爲主，外所涉歷，皆切於心身，所覺知，皆反於性……」（《宋元學案》卷55，頁1813）。金華戚榮僧「居常默座一室，環書數百卷，非有故不出，人稱朝陽先生」（《宋元學案》卷82，頁2790）。汪開之「居貧力學」自著「貧約」十條，強行約束自己。其次，父兄指授。這是「家學」最常通用的家教方法。金華唐仲友「先生兄弟皆自教之」。義烏傅定，杏溪先生兄子。「杏溪自程其子姪於學，嚴而有節」。（《宋元學案》卷60，頁1964）。浦江龍川門人戚廓，「初，先生之兄抑任家事，督先生以學……」（《宋元學案》卷56，頁1852）。古往今來，治學者成效大小，與治學方法不無關係。歷來，家學頗有治學方法之究，可謂五花八門，色彩繽紛，值得後人借鑒。〔註2〕

由此可見家學的方法與浙東地區家學淵源的明例。而到了明清時期，浙東家

〔註1〕〔清〕繆荃孫纂錄：《續碑傳集》，卷七十五，頁3。
〔註2〕董建和、盧香霄：〈南宋浙東學派的「家學」源與流〉，《浙江師大學報（社會科學版）》，1994年第3期，頁80～84。

學依舊活躍在當時的學術體系中，董建和、陳培敏在〈明清浙東經、史「家學」〉中指出：

> 經術家學。廣微博覽，深入探求，南雷家學在這方面極爲突出。黃宗羲自明十三朝實錄，上溯二十一史靡不究心而歸宿于諸經，既治經則旁求之九流百家，於書無所不窺。以治經爲歸宿，而究心於諸史，旁求於諸子百家，這是治學通向成功的有效途徑。《明儒學案》、《宋儒學案》、《元儒學案》的輯成，不能不視爲集諸朝經、史、子、集之巨作。全祖望晚年補續宗羲的《宋元學案》，爲之充實、豐富了不少內容。宗羲又著《易學象數論》、《明夷待訪錄》。其弟宗炎亦著《周易象辭》。其子百家傳宗羲學，著《勾股矩測解原》。嚴謹、樸實的南雷治學成爲浙東學派以至後世治學的風範。一向爲宗羲所贊頌，被稱爲宗漢學的斯大治經，「以爲非通諸經不能通一經，非悟傳注之失，則不能通經⋯⋯」（《清史稿》，頁 13170），日沉酖六經之中。其尤精《春秋》、《三禮》。著有〈論社〉、〈論帝〉、〈論讓宗〉、〈論明堂泰壇〉、〈論喪服〉等。斯同亦深于經，應徐乾學之請纂《續禮通考》，又撰《喪禮辨疑》、《廟制折衷》等。斯大子經晚年增補《禮記集解》；《春秋》定哀二公未畢又續纂之，各數萬言；又訂從兄言《尚書說》，輯成一編，以成萬氏經學。晉涵「經緯史涉獵百家，略能誦記」，著有《孟子述義》、《谷梁正義》、《韓詩內傳考》等，以繼南江學統。〔註3〕

其中指出明清浙東學者治經情形，並且可看出家學之間有豐厚博實的治學方法，或承繼、或增補，皆有非凡的學術成果。這些都可作爲黃式三、黃以周父子借鏡的優良家學風範。而在劉永翔、王培軍所著的《家學淵源》中，也將黃氏父子列爲從西漢司馬史學之後，其中還有東漢班氏、三國三曹、北宋三蘇⋯⋯等，優秀家學風範之殿軍。〔註4〕可見黃氏父子的家學地位與價值。以下就黃氏父子易學內容的諸例，說明黃氏家學中《易》學的承繼關係。〔註5〕

〔註 3〕 董建和、陳培敏：〈明清浙東經、史「家學」〉，《浙江師大學報（社會科學版）》，1995 年第 6 期，頁 29～33。

〔註 4〕 詳見 劉永翔、王培軍：《家學淵源》（上海：上海人民出版社，2002 年）。

〔註 5〕 關於歷代易學家的家傳情形，可參考本論文第一章註7。

　　雖然黃以周在《易》學著作上，多以注疏、案語為主，但其中多有引用黃式三《易釋》之內容。例如黃以周在〈豐日中見斗日中見沫解〉謂：「《周易》六十四卦象爻同辭者，皆一意相承，不可作異解。先君子《易釋》言之詳矣。」（《儆季雜著·群經說》，頁 15）即是闡述其父黃式三《易釋》卷二「同辭合釋」的主張。而在《易釋》卷三〈疑義分析三〉，在上篇經傳的部分，黃式三謂：

　　　　〈乾〉象傳曰「雲行雨施」，坎也；「大明」，離日也。〈晉〉象傳「大明」，亦指離日。《禮》「大明生于東」〔註6〕是也。日有昏必有旦，終而復始，昏旦各行六辰，六辰由大明而成。〈乾〉象乘六龍，以行天之氣，坎離通亨之道也，天之亨必順其時，坎雨以時施，離明以時行。（《易釋》，頁 103）

而黃以周在《十翼後錄》注〈乾〉象傳中，即收錄上述引文。並且黃以周在《周易注疏賸本》中，再次指出：「大明終始當指離日為是，……〈晉〉象傳曰：『順而麗乎大明。』亦謂離日。《禮》〈禮器〉篇曰『大明生乎東』是也。」（《周易注疏賸本》，頁 10）這裡可見黃以周承繼黃式三易學說法的情形。

　　再如對於〈乾〉用九象傳言：「天德不可為首也。」黃氏父子說法一致。在《易釋》卷三，黃式三即謂：「羣龍者，上下各以剛德相見也。剛為天德，羣龍盡見天德之盛，无以上之首上也。『不可為首』，言无有駕其上者也，非謂乾剛不可為物首也。不可為物首，則非天德矣。」（《易釋》，頁 106～107）而黃以周在《經訓比義》訓「剛」義時，即完整引用上述黃式三之言來加以訓釋，並也批評王弼而在案語謂：「王輔嗣有剛健居首、物所不與之說，天德晦，治術亦不明矣！」（《經訓比義》，頁 280、281）可見黃氏父子都反對「〈乾〉不能為首」之說，而共同主張〈乾〉已為天德之盛，所以再也沒有上之者。

　　而在《周易故訓訂》中，黃以周也有引證、發揮黃式三《易》說。黃式三在《易釋》卷三曾謂：

　　　　〈坤〉上象傳：「龍戰于野，其道窮也。」戰，交也；窮，極也。〈坤〉陰盛極，與〈乾〉交媾也。《說文》：「戰，鬥也；鬥，遇也。」又于

〔註6〕　《禮記·禮器》：「天道至教，聖人至德。廟堂之上，罍尊在阼，犧尊在西。廟堂之下，縣鼓在西，應鼓在東。君在阼，夫人在房。大明生於東，月生於西，此陰陽之分、夫婦之位也。君西酌犧象，夫人東酌罍尊。禮交動乎上，樂交應乎下，和之至也。」（《十三經注疏·禮記》，頁 469）

「壬」字下引《易》云：「戰者，接也。」〔註7〕遇、接、交同義。
鄭君于〈說卦傳〉「戰乎乾」注云：「戰，言陰陽相薄，西北陰也。
而〈乾〉以純陽臨之，猶君臣對合也。」于「雷風相薄」注云：「薄，
入也。」鄭君、許氏「入」、「接」二義相足。鄭君言君臣對合者，
彼承帝出言之，故言君臣。而爻義則以夫婦交媾言也。〈坤〉六陰成
于亥。〈乾〉位西北，正陰陽交媾之義。〈坤〉血黃，既交〈乾〉則
兼有玄色，故曰「其血玄黃」。曰「血」者，初交未成胎也。其後震
爲龍、爲玄黃，本於乾坤之氣血也。（《易釋》，頁 110、111）

其中黃式三以鄭玄與許慎之言，說明「龍戰于野」是指君臣之間有所入合、
交集，也就是〈乾〉與〈坤〉作一陰陽交合，於是有一渾然玄黃之新生血色。
並也由於坤陰有陽而成震卦，於是〈說卦傳〉說明：「震爲龍、爲玄黃。」這
也與乾、坤陰陽交相而成玄黃相呼應。而黃以周所著《周易故訓訂》的〈坤〉
上六：「龍戰于野，其血玄黃。象曰：龍戰于野，其道窮也。」在訓解中，完
整引述上列黃式三之語，並在案語論述：

〈乾〉居西北之地爲野。凡言龍以喻陽；言血以喻陰也。陰交乎陽，
兼陽之氣，故曰「龍」；血凝於陽，猶未離類，故曰「血」；天玄而
地黃，陰陽兼天地之氣雜，故曰「玄黃」。一索而得震，故震爲龍、
爲玄黃，得乾坤之氣血也。（《周易故訓訂》，頁 10）

黃以周引申發揮黃式三《易釋》之言。黃以周說明陰陽兩者相交，既然尙未
脫離〈坤〉，所以尙有陰血之存在，但已是陰陽交雜而天地玄黃之象。並且再
一次地強調震從乾、坤中，得龍與玄黃之象。而黃以周也在《周易注疏賸本》
〈坤〉上六象傳中，疏證指出：「〈繫辭傳〉曰：『《易》，窮則變，變則通。』
此謂陰窮知變，能兼於陽也。上變之卦〈剝〉，坤而爲艮，坤西南與陰爲類，
何如艮東北有陽之慶也。」（《周易注疏賸本》，頁 25）這裡黃以周再以〈繫辭
傳〉與〈說卦傳〉，以及黃氏父子皆見長的卦變說，補充說明〈坤〉上六陰陽
交接之慶。經由〈坤〉上六之說，可見黃氏父子兩者在《易》學上的承繼關
係。

　　其它在黃以周的《易》學著作中，也多可見黃以周引述黃式三之語，或
是直接引用，或是引申發揮。這都是黃以周直接承繼其父黃式三《易》說的

〔註 7〕　《說文》：「壬，位北方也。陰極陽生，故《易》曰：『龍戰于野。』戰者，接
　　　　　也。」

明例。而其它相關的家學承繼情形，可以再就下列諸節的「實事求是」、「卦變釋易」、「引史述易」、「易禮關係」等面向，加以探討。

第二節　黃式三、黃以周父子易學「實事求是」探討

　　黃氏父子為清代浙江人士，而浙學的「求實」精神是有其淵源承繼的。吳光〈試論「浙學」的基本精神——兼談「浙學」與「浙東學派」的研究現狀〉指出：

> 在浙東學術文化史上，有不少思想家是很強調在理論上實事求是、在行動上經世致用的。他們主張，治學務必探究實理、遠離實踐的高談闊論。這一點，早在東漢時代的傑出思想家王充（浙江上虞人）著作中已有充分體現。王充著《論衡》一書，以「實事疾妄」（〈對作篇〉）為指導思想，嚴厲批判了當時流行的「天人感應」等各種虛妄迷信，提出了「事有徵驗，以效實然」（〈實知篇〉）和「以心原物，留精澄意」（〈薄葬篇〉）等哲學命題，表達了一個哲學家實事求是的可貴精神。後來浙東學派的學者，也大都能夠提倡並堅持這種求實精神。……批判並不是否定一切，而是揚棄，是取其精華，剔其糟粕。在浙學發展史上，一些重要的代表性人物都具有兼容並包、博采眾長的風格與特色。如呂祖謙就是一個虛心好學、不私一說而能兼取眾長的學問家。全祖望稱他有「宰相之量」，並且評論說：「宋乾、淳以後，學派分而為三：朱學也，呂學也，陸學也。三家同時，皆不甚合。朱學以格物致知，陸學以明心，呂學則兼取其長，而復以中原文獻之統潤色之。門庭路徑雖別，要其歸於聖人則一也。」（《宋元學案》卷五十一〈東萊學案‧案語〉）實際上，東萊之學確是有「折衷朱陸，兼取其長」的思想傾向和特色的。又如王陽明，雖然是孜孜以求「超凡入聖」的標準儒家，卻大量吸取了佛教、道家的思想養料，以建立和完善其心學理論體系。黃宗羲不僅有「折衷朱陸」、「宗王而不悖於朱」的學術特點，而且鑽研並吸收了當時西方天文曆算方面的科學知識，並有理論上提出了「一本而萬殊」、「會眾以合一」的方法論主張。這種兼容博采的精神，正是一個開放型學者應當具備的風格和胸襟。〔註8〕

〔註8〕吳光：〈試論「浙學」的基本精神—兼談「浙學」與「浙東學派」的研究現狀〉，

從這可看出浙學「不拘門戶」、「實事求是」的優良學風是有其淵源的。而關於「實事求是」精神的探討，可由黃氏父子對於前代《易》注的辨正取捨情形，以及《易》學中「象數」與「義理」的趨向情形，作一探討，以明其「實事求是」的精神。「象數」、「義理」同是《易》學的重要本質內涵。早自先秦的《易傳》與《左傳》、《國語》所載筮例開始，即同時對「象數」與「義理」有豐富的相關探討。而到了漢代，更是將《易》學象數推到一高峰，如孟喜、京房的卦氣說，鄭玄五行說、荀爽的乾升坤降說、虞翻的卦變說等，都將《易》學象數作一詳盡的發揮應用。而在漢代將象數《易》學發展到一高度後，到了王弼則掃象以明義理，以及後來宋代張載、程頤、朱熹等人，也將儒家心學、義理、天人之際等形上哲學，推展到一定高度。身處在清代的黃氏父子，在象數與義理易學的闡發中，兼善兩者之長，以達到「實事求是」之發揮。以下分別就黃式三、黃以周的易學論著，探討其「實事求是」的治學精神。

一、黃式三易學「實事求是」探討

　　黃式三論學強調不立門戶，除了在第二章所引《儆居集·經說三·漢宋學辯》的言論之外，〔註9〕在《論語後案》的敘中也有言道：

> 夫近日之學，宗漢宗宋，判分兩戒。是書所采獲，上自漢魏，下逮元明，以及時賢。非主為調人，說必備乎眾是，區區之忱，端在於此。而分門別戶之見，不敢存也。顧惟聖道閎深，經緒紛賾，人之精力學問各有限量，奚以終窮，尚有疏略。〔註10〕

可見黃式三反對存有「門戶之見」。此外，在〈漢學師承記跋〉中指出：

> 元、明以降，一遵朱子，竟不讀宋以前之書，所有撰者，大抵堅持門戶，拘守而複衍之，遂欲坐分朱子闡明斯道之功。幸得閻氏百詩、江氏慎修、錢氏竹汀、戴氏東原、段氏懋堂諸公，心恥斯習，不糾纏朱子所已言。乃蒐輯古今遺說，析所可疑，補其未備。其心誠，其論明，其學實能合漢宋所長，徹其藩籬，通其溝澮，而盡掃經外之浮言。則經學得漢宋之注，十闖六七；如今大儒之實事求是，庶

收錄於萬斌主編《浙學研究集萃》（上海：世紀出版集團、上海古籍出版社，2005年），頁18、19、20。

〔註9〕 詳見本論文頁42。

〔註10〕 徐世昌：《清儒學案》（臺北：國防研究院；中華大典編印會，1967年），頁2666。

幾十闃八九數！而江氏宗師惠（棟）、余（蕭客），攬閻、江諸公爲
漢學，必分宋學而二之，適以增後人之惑也。〔註11〕

這都指出爲學不應分門別戶、判若兩立。而黃式三更積極的「實事求是」態
度在〈求是室記〉可以見到：

余之家塾舊題「求是室」，所藏之書用「求是室藏書印」。丙申（道
光十六年）後復題「晚徹居」之顏，而「求是室」之舊顏不廢焉。
由今思之，前之所謂求是者，是耶，抑非耶？今有自知其非者矣，
有前之非而不盡知者，不能強也。然則今之所謂是者，安知其實是？
今之所謂非者，安知其眞非？天假我一日，即讀一日之書，而求其
是。求之云爾，其是與非，俟後人定之，已不能定也。〔註12〕

這種積極求是的態度，正是爲學不立門戶的來源。若是先畫地自限，就有被
蒙蔽的可能性。以下就黃式三《易》學著作的「象數」、「義理」論述，以及
黃氏對於前家《易》注的辨正情形，具體檢視黃式三「不拘門戶」、「實事求
是」的精神。

首先就黃式三易學著作中純以象數論述的部分來探討，例如在《易釋》
卷一釋〈大有〉中，黃式三謂：

二之大車以載，是正應而爲五所升者也。五降二升則上乾下離，是
即〈同人〉之義矣。（《易釋》，頁16）

這裡以「五降二升」的象數易學說明〈大有〉與〈同人〉的關係。關於「乾
升坤降」之說，漢代荀爽注〈乾・文言傳〉：「本乎天者親上，本乎地者親下。」
荀爽謂：「謂〈乾〉九二，本出于乾，故曰『本乎天』，而居坤五，故曰『親
上』；謂〈坤〉六五本出於坤，故曰『本乎地』，降居乾二，故曰『親下』也。」
〔註13〕清代惠棟在《易漢學》也引用荀爽說而論述曰：「以陽在二者，當上
升坤五爲君；陰在五者，當降居乾二爲臣。」〔註14〕而黃式三注〈大有〉
時，也以二、五升降之說，來說明〈大有〉與〈同人〉的關係。這裡黃式三
是以象數來說解《易》學。而在《易釋》卷一釋〈臨〉，也有以象數的方式
來發揮，黃式三謂：

〔註11〕見張舜徽在《清儒學記》引述黃式三之語。（頁280）
〔註12〕黃式三：《徹居雜著》，卷四，頁26。
〔註13〕李鼎祚：《周易集解》，頁14。
〔註14〕《文淵閣四庫全書》，經部一，《易漢學》，卷七，頁1。

三當初、二之大以未變〈泰〉，而位不當。不憂，則无利；憂之，則
免咎。其剛之所由浸長歟？剛浸長則三之无攸利；感化于二之无不
利矣。(《易釋》，頁 21)

以〈泰〉消爲〈臨〉的卦變說來立論，並結合了〈臨〉六三爻辭：「甘臨，无
攸利；既憂之，无咎。」與〈象傳〉言：「甘臨，位不當也。既憂之，咎不長
也。」爲什麼〈象傳〉會言「位不當」？黃式三指出由於〈臨〉六三爻以陰
爻而位於初九與九二兩陽爻之上，這阻止了〈臨〉變爲〈泰〉的可能發展，
所以「位不當」。但在此一形勢下，〈臨〉六三若能時常保持警惕之心，誠心
愉悅地臨近九二，雖然非同類，但反而能善加發揮陰爻的柔悅特質，則可以
「咎不長」而「无不利」。這裡也可看出黃式三以象數來闡述《易》理的一面，
然而其中也寓意了「憂患意識」的義理思想。此外，黃式三也以五行來發揮
《易》理，在《易釋》卷一釋〈坎〉與〈離〉，謂：

坎之二陰，爲土中一陽之水，爲流水，土克水，水陷土，故象險水。
流不失信，如潮信之有定時，故水于五德配信。〔註15〕(《易釋》，
頁 29)

以二、五尊卑之分言之，則二爲繼明之子，二曰「黃離」，火生土，
得黃中之色，是順子也。四爲不順子，乘五之柔弱而欲篡取之也。(《易
釋》，頁 30～31)

在釋〈坎〉中，以五行相剋之說，〔註16〕說明〈坎〉九二爻：「坎有險，求小
得。」之所以有險，即是因爲水陷於土中；在釋〈離〉中，則是以五行相生

〔註15〕黃式三以信配水，有別於漢代五行學說中以土配信。如董仲舒《春秋繁露·
五行相生》：「中央者土，君官也，司營尚信。」而《漢書·律曆志》也有言：
「土稼嗇蕃息，信者誠，誠者直，故爲繩也。」都是以土配信。黃式三在〈釋
五行配屬〉指出：「水爲信者，天地之水莫神于潮，而潮信有日夜時刻。〈坎〉
之象傳曰『行險而不失其信』者，此也。諸卦言孚者，皆以二五之坎言，則
坎水之爲信，可無疑矣。」(《儆居集·經説四》，頁 27)黃式三在這裡引〈坎〉
象傳：「習坎，重險也。水，流而不盈，行險而不失其信。」論述水於五德配
信。而「潮信」一詞，唐代白居易《浪淘沙六首》之四言：「相恨不如潮有信。」
也有所見。而黃以周在《經訓比義》也有論述：「當以貞爲信也。貞于四時爲
冬，于五行爲水，天下之水莫神于潮，而潮信往來可以時刻定，故孔聖于〈坎〉
傳言不失其信。」(《經訓比義》，頁 156、157)

〔註16〕《白虎通義·五行》：「五行所以相害者，天地之性。衆勝寡，故水勝火也；
精勝堅，故火勝金；剛勝柔，故金勝木；專勝散，故木勝土；實勝虛，故土
勝水也。」(《文淵閣四庫全書》，子部十，《白虎通義》，卷上，頁 42)

之說，﹝註17﹞指出六二「黃離」是由上卦離六五所生，因爲火生土的關係，土於五行中爲黃色，﹝註18﹞故稱「黃離」。而九四以剛爻處六五下，則有逆位篡取之心。

　　上述所引諸例，可見黃式三以象數解《易》的深厚基礎，但黃式三並不偏向於象數或義理，胡玉縉所作《續四庫提要三種》，在〈《易釋》書後〉謂：「蓋義理與象數兼參，又融會全經，不泥于一章一句，在易說中最爲通貫。」﹝註19﹞如在《易釋》卷一釋〈震〉中，黃式三分別以天象與人事言之，其謂：

> 二乘初剛曰「震來」，五下有二剛曰「震往來」。以天象言，雷內外皆震；以人事言，內外往來，諸侯皆震，五「危屬」也。三「位不當」，而「震行无眚」；上「畏鄰」，而「无咎」，皆以恐致福之象歟。（《易釋》，頁49）

先就爻位說明〈震〉六二爻辭曰「震來屬」與六五爻辭「震往來屬」的不同，主要在於震卦一剛與震卦重卦之二剛差別。並再以天象言震重卦二剛是「內外皆震」，可見天象之猛烈；再以人事而言，由於情況激烈，於是上下大臣、各國諸侯皆危殆不安。同時黃式三也指出六三雖然「位不當」而上六「畏鄰」，但由於具有憂患意識，能夠防患未然，故得以六三「震行无眚」、上六「无咎」。黃式三由此總結指出：「以恐致福之象。」可見其釋《易》兼具象數與義理。

　　再如在《易釋》卷三，黃式三藉由象數來表明義理思想，其謂：

> 〈坤〉文言傳：「正位居體。」正位者，正〈坤〉位也。居，蹲也，見《說文》。體謂四體也，今字作腜、作腿，古祇作體。君爲元首，臣爲股肱，故言「體」以喻臣道也。君子以黃中行道，正其臣位，蹲屈其股肱，所謂擎跽、曲拳，人臣之禮也。居體是暢于四支，必先美在其中，所謂仁義根于心，四體不言而喻也。說者以〈坤〉五爲篡居君位，固失之；謂〈坤〉五旁通〈乾〉，能正〈坎〉五之位，亦失之。（《易釋》，頁111～112）

﹝註17﹞ 董仲舒《春秋繁露・五行對》：「天有五行：木、火、土、金、水是也。木生火，火生土，土生金，金生水。」（《文淵閣四庫全書》，經部五，《春秋繁露》，卷十，頁10）

﹝註18﹞ 《呂氏春秋・有始覽・應同篇》：「凡帝王者之將興也，天必先見祥乎下民：黃帝之時，天先見大螾大螻，黃帝曰：『土氣勝！』土氣勝，故其色尚黃，其事則土。」（《文淵閣四庫全書》，子部十，《呂氏春秋》，卷十三，頁5）

﹝註19﹞ 胡玉縉撰、吳格整理：《續四庫提要三種》（上海：世紀出版集團、上海書店出版社，2002年8月），頁408。

藉由體象與六五爻位，說明〈坤〉之於〈乾〉，就猶如四體於心，並由此可觸
類旁通至《孟子・盡心上》所言義理：「君子所性，仁義禮智根於心。其生色
也，睟然見於面、盎於背。施於四體，四體不言而喻。」這裡黃式三溝通《周
易》象數與義理，能在象位之間見得心性之理。

　　而黃式三主張「實事求是」的治學精神，也表現在駁正前代《易》注的
疏證中。黃式三雖然尊崇鄭玄，但在《易釋》卷二〈釋中行〉則指出鄭玄與
漢代學者以及後代漢學家的錯誤。首先說明：

> 《易》象爻之言中者，皆指二、五。二爲下卦之中，五爲上卦之中
> 也。〈泰〉二曰：「得尚乎中行。」言五中行二，則二得上之。〈夬〉
> 五曰：「中行无咎。」言五中行二，則「夬夬」无咎。〈師〉五象傳
> 曰：「以中行。」謂五中行二，則長子用事。〈臨〉五象傳曰：「行中
> 之謂也。」亦五中行二也。此皆指二五爲中，其象固甚明矣。（《易
> 釋》，頁 93）

指出「中」爲一卦二、五爻的《易》例。而黃氏接著論述〈復〉、〈益〉二卦
的「中行」，其謂：

> 而〈復〉、〈益〉之言「中行」者三，前儒或不依例言之何邪？〈復〉
> 六四曰：「中行獨復。」中謂二，獨對三言也。初復仁，二庇庇初之
> 復仁。三與初非應、非比，得二而並復仁，故无咎而屬。四、二同
> 功，又同用〈坤〉之六二之中，既行于四，而其志獨能應初之復仁，
> 非如三之待二竝〈復〉，是從道不從人矣，故傳曰「從道」。〈益〉六
> 三「有孚中行，告公用圭」，陽實爲孚，謂孚自五來，告三用圭也。
> 〈益〉六四「中行，告公從，利用爲依遷國」，謂五告四從依以遷國
> 也。三侯國五等之公，四近臣之三公，「告用圭」、「告從」，皆五之
> 告三、四也。（《易釋》，頁 93～94）

詳析〈復〉六四「中行獨復」，由於六四有〈坤〉六二之用，所以能獨自復道，
「中行」當指第二爻而言。而〈益〉六三「有孚中行，告公用圭」與六四「中
行，告公從，利用爲依遷國」，則都是依於上卦「中行」之第五爻，也就是九
五告訴六三、六四所當行之道。也是以「中行」當爲第五爻言。於是黃式三
接著駁斥鄭玄、虞翻、惠棟、張惠言之誤，謂：

> 虞仲翔于〈復〉四注云：「中謂初，俗說以四位在五陰之中，而獨應
> 初，非也。四在外體，非內象，不在二五，何得稱中？」虞說既知

非二五不得稱中，而因以中謂初，則以內卦爲中也。于〈益〉三、四，以震爲中行，〔註20〕則仍以內卦爲中也。虞氏所斥俗說，本指鄭君康成要之中必指二五，鄭固失之，虞亦未爲得矣。惠氏《周易述》于〈復〉注從虞，〔註21〕于〈益〉注云：「初至四體復，故曰中行。」與《本義辨證》、《易漢學》〔註22〕二書自相岐異，无定見，故无定論也。張氏皋文于〈復〉注惠申虞，于〈益〉注並改虞氏震爲行，震位在中之文，以爲錯誤。〔註23〕非特失《易》之例，並失虞之意。（《易釋》，頁94、95）

在虞翻的部分，〈復〉六四爻辭謂：「中行獨復。」而黃式三指出虞翻以內卦爲中，雖然虞翻已經指出鄭玄以六四爲五陰之中的錯誤，但其不能遵循《易》例所言「中」專指二、五爻，而反以內卦爲「中」來解釋六四「中行」，可見虞翻還是有誤。黃式三並再舉虞翻注〈益〉六三爻與六四爻之「中行」，也都是以內卦爲中。所以黃式三指出「鄭固失之，虞亦未爲得矣」。黃式三雖然在釋《易》上，有肯定鄭玄之處，〔註24〕但在這裡則能明確指出其錯誤，可見

〔註20〕《周易集解》在〈益〉六三象傳引虞翻注：「虞翻曰：公，謂三，伏陽也。三動體坎，故有孚。震爲中行，爲告，位在中，故曰中行。」（《周易集解》，頁207）而在〈益〉六四爻辭亦引虞翻注：「虞翻曰：中行，謂正位在中。震爲行、爲從，故曰中行。」（《周易集解》，頁207）

〔註21〕惠棟曰：「虞氏作『朋來』云：『兌爲朋，在內稱來，五陰從初，初陽正息而成兌，故朋來无咎。』」（《文淵閣四庫全書》，經部一，《周易述》，卷四，頁4）

〔註22〕惠棟曰：「〈益〉之三、四，〈復〉之六四，亦稱『中行』。先儒謂一卦之中，非也。〈乾〉之三、四，〈文言〉謂之『不中』，獨非一卦之中乎？」（《文淵閣四庫全書》，經部一，《易漢學》，卷七，頁5）

〔註23〕〈益〉六三爻辭：「有孚中行，告公用圭。」
虞翻注：「三動體坎，故有孚。震爲中行、爲告。」、「位在中，故曰中行。」
張惠言疏：「震爲行、爲告，中字誤衍耳。」、「中行謂初，初體復初九。〈復〉六四：『中行獨復』注云：『中謂初，震爲行。』正此也。必云『位在中』者，中爲內，初在內，乃得稱『中行』。初雖震，不得爲中行也。」
〈益〉六四：「中行，告公從。」
虞翻注：「中行，謂震位在中。震爲行、爲從，故曰中行。」
張惠言疏：「謂初也，嫌與三異義，故更說之也。」（筆者按：《周易集解》曰：「虞翻曰：中行，謂正位在中。」這裡張惠言將「正位在中」，改爲「震位在中」。）
參自《續修四庫全書（26）》，《周易虞氏義》，頁478。

〔註24〕例如黃式三在《易釋》卷四〈釋卦爻十二辰〉謂：「鄭君以十二爻配天星十二宮，正當與十二消息分別言之。聖人作《易》，仰觀天，俯觀地，近取身，遠取物，取象本无所拘。鄭君爻辰，仰觀之一端，既可各成一象，讀者安得偏

黃式三「實事求是」是眞能作一實踐。而對於惠棟的駁正，黃式三指出惠棟在《周易述》重申虞翻以初爲中，但是在《本義辨證》、《易漢學》，卻又都以中爲二、五，所以黃式三指責「无定見，故无定論也」。而對於張惠言的錯誤，黃式三指出張惠言既然以虞翻說「中謂初」來立論，卻又擅改虞翻「震爲中行」之說，所以黃式三指責「非特失《易》之例，並失虞之意」。黃式三藉由〈釋中行〉，明確地駁正前代注家之誤。可見雖然黃式三有著深厚的象數《易》學基礎，但也能不偏主漢代象數易學家之說，而是以「實事求是」的治學態度追求《易》理的正確。

在〈書惠氏《周易述》後〉，黃式三也有指出：

> 王西莊問戴東原曰：「子之學于定宇何如？」東原曰：「不同定宇求古，吾求是。」西莊用東原之言而轉之曰：「求古即所以求是，舍古无是。」式三亦用西莊之言而轉之曰：「求是必于古，而古未必皆是。」（《易釋》，頁202～203）

其中「求是必于古，而古未必皆是」正是黃式三「實事求是」的最佳解語。而黃式三在〈易釋序〉曰：

> 孔聖慮儒者之學與思有所偏也，戒之曰罔、曰殆，式三于讀《易》而親驗之，年三十發家所藏之《易》書盡覽之，漢魏迄唐宋元明不敢有所偏棄，懼其隘也。无如大道多歧，南轅北轍，往往分道揚鑣，先儒各是其是，不知其誰爲實是，則其互相非者，亦不知其實非矣。……自治經者判漢宋爲兩戒，各守婣家而信其所安，必幷信其所未安，自欺欺人，終至欺聖欺天而不悟，是式三所甚憫也，爰是增刪《易釋》。（《易釋》，頁3～4）

在上述所舉出的黃式三釋《易》中，可見其眞能融象數、義理於一爐，善取兩者精妙，而相輔證成。這也明白顯示《周易》的象數、義理本應俱足，不可強加分割而偏執。而黃式三也在〈畏軒記〉言：

> 夫緩讀經而急治心，「致良知」者之所以求速成也。考訓詁、辨文字聲者，自謂「格致」之道宜如是；而于性情之大，置之不治，即治之而未深其功。此「致良知」者之所歎惜，而讀經者之所宜知畏也。適避兵甘溪，爰題所寓之軒曰「畏軒」。聞人說兵戎事則悚然畏之；讀經而不治心，猶將百萬之兵而自亂之，尤可畏耳。（《儆居雜著》，

廢之。」（《易釋》，頁192）

卷四，頁 27）

經學中的訓詁、義理之異，並不在於孰優孰劣，而在於是否能夠達到詳析透徹、展現精妙的完善境界，這就如同《易》學中的象數、義理，並非是何者才眞可以表現《周易》的智慧，而應是相輔相翼，以求得到更完整《易》理。黃式三「實事求是」精神，是能夠在易學作品中具體實踐，也對於其子黃以周有深刻的影響。

二、黃以周易學「實事求是」探討

受家學淵源影響，黃以周在治學上也是力主「實事求是」。黃以周在〈答吳孟飛書〉謂：

> 經學之盛，推乾嘉時；而説《易》之壞，亦於斯爲烈。《易》之爲書，廣大悉備，不可執一家言，以隘聖人之道。……《易》有君子之道四，曰：辭、象、變、占。辭主義理，義理與象數不可偏主，説義理不參象數，則〈屯〉爻可迻於〈蒙〉，〈師〉爻可迻於〈比〉，其失在儱侗，而不知軌涂；説象數不參義理，則剛爻而解以柔，消卦而解以息，其失在離畔而不守繩墨。且近時講學之通病，祇求解於一章一句，未常融會全經説易。〔註25〕

可見黃以周「實事求是」的治學精神與兼備「象數」、「義理」的治《易》態度。黃以周「實事求是」的治學精神，可先從其對虞翻、惠棟的批評看出一概要。黃以周謂：

> 虞云者，虞仲翔翻説也。虞氏奏上易注，自言傳其家五世孟氏之學，其發明經義有過諸儒，而支離穿鑿，亦特甚焉。近之惠氏定宇，力持其説，而王氏引之直斥之謂：虞氏月體納甲，本丹家附會之説，其説爻之象，舍本卦而求於旁通，剛爻而從柔義，消卦而以息解，適滋天下之惑。今世言易者，多宗虞氏，而不察其違失，非求是之道。王氏此説爲惠疏發也，惠疏專以虞義爲宗，好古不好是，誠有如戴氏所識者，然虞注自有不可沒者，要在學者善擇之也。（《周易注疏賸本》，頁 11）

黃氏反對當時漢學家惠棟專主尊奉虞翻《易》説的作法，但也不全盤否定虞

〔註25〕黃以周：《儆季雜著・文鈔》，文三，頁 28。

翻學說，而指出「要在學者善擇之也」。黃以周不偏頗於以漢代象數或宋代義
理的方式來解釋《易》理，黃氏重視的是應以何種方式最能切應《周易》內
涵。當然其中有釋以象數，也有釋以義理的部分。在具體內容上，有側重在
以象數釋《易》，如在《周易故訓訂》中，黃以周以象數的方式來解釋〈履〉
象傳所言：「說而應乎乾，是以履虎尾，不咥人，亨。」其謂：

> 凡言虎者，皆取艮象。〈荀九家〉逸象：「艮爲虎。」〔註26〕〈說卦
> 傳〉：「艮爲黔喙之屬。」〔註27〕鄭君云：「虎豹之屬。」〔註28〕〈履〉
> 上九伏艮爲虎，四爲虎之尾，履虎尾，三蹴四也。四爻變，互艮，
> 亦虎象。卦變爲〈中孚〉，不咥象。《列子·黃帝篇》：「食虎者，不
> 敢以生物與之，爲其殺之之怒也；不敢以全物與之，爲其碎之之怒
> 也。時其饑飽，達其怒心。虎之與人異類，而媚養己者，順也。故
> 其殺之，逆也。」六三柔居說體，上應乎乾，能順乎虎者也。故虎
> 亦媚之而不咥，不咥乃亨，反言之，即三之咥人凶也。（《周易故訓
> 訂》，頁35）

其中黃以周善用象數多法來解《易》。如一開始先以逸象來說明經卦艮有虎
象，並再說明〈履〉上九伏艮爲虎，而九四爻正是虎尾的位置。此外也引用
到互卦說與爻變說，說明三、五互卦爲艮，也有著虎象。並且再說明九四若
卦變爲〈中孚〉，就無〈履〉虎咥人之象。這可由〈履〉卦辭「履虎尾，不咥
人，亨」與六三爻辭「履虎尾，咥人，凶」的差別看出，黃以周引《列子·
黃帝篇》說明虎的咥與不咥，即在於是否能夠順以待之，而〈象傳〉也指出：
「履，柔履剛也。說以應乎乾，是以履虎尾，不咥人。」這都說明能以順處
逆，則自可亨行。

〔註26〕《周易》逸象經過〈荀九家易〉與孟喜逸象的發揮後，在漢代虞翻中集一大
　　　成。而其產生原因，據王新春分析，有六項：一、直接由經文引衍；二、參
　　　合經文及傳所引衍；三、直接由傳文引衍；四、當代思想結合易學所引衍；
　　　五、漢代易學所引衍；六、由月體納甲說所引衍。綜而論之，逸象即爲漢代
　　　易學思想揉合時代之集大成。見王新春：《周易虞氏學（上）》（臺北：頂淵文
　　　化事業有限公司，1999年），頁155～158。
〔註27〕〈說卦傳〉第十一章：「艮爲山、爲徑路、爲小石、爲門闕、爲果蓏、爲閽寺、
　　　爲指、爲狗、爲鼠、爲黔喙之屬、其於木也爲堅多節。」（《十三經注疏·周
　　　易》，頁186）
〔註28〕《周易鄭康成注》：「乾當爲幹，陽在外，能幹正也。爲科上槀，爲黔喙，謂
　　　虎豹之屬，貪冒之類。兌爲羊，其畜好剛鹵。」（宋）王應麟編：《周易鄭康
　　　成注》（臺北：臺灣商務印書館，1966年），頁24。

上例突顯出黃以周側重象數發揮的部分，但黃氏也有將爻位、義理融攝發揮的部分。如《周易故訓訂》的〈復〉六五：「敦復，无悔。象曰：敦復无悔，中以自考也。」黃以周在訓解的部分謂：

> 失位无應，悔易招也。「敦復无悔」，厚於初也，中以自考，內省諸己也。四與初正應，五從而附益之，厚於初之復，可以无悔。因其居位之中，以賢人爲準的，而能自考其得失也。（《周易故訓訂》，頁83）

黃氏在早期《易》學著作《十翼後錄》中，該爻注的部分引程頤說法：「程正叔曰：五以陰居尊，處中而體順，能敦篤其志，以中道自成，則可以无悔也。自成，謂自成其中順之德。」與王安石注：「王介甫曰：考，自省考，能以中道自考，則動作不離乎中。」黃以周依此二說，在《周易故訓訂》中論述六五爻能夠自考反省，反求諸己，並再以六五在上卦中爻，能夠「以賢人爲準的」，有六四之輔，所以能使該卦得到初爻復陽的契機。黃以周藉由爻位關係，將《周易》的義理性作一發揮。

　　而黃以周對於前代《易》注的辨正取捨情形，也可看出其「實事求是」的治學精神。如〈升上爻消不息說〉對於〈升〉上六：「冥升，利于不息之貞。」黃以周在易學注解上有一番見解，其謂：

> 自注家以爲息爲冥升之不已，上下文義致不相蒙。或謂以「不息」之正，用於爲物之主則喪；〔註29〕或謂以不已之心，施之「不息」之正則利。〔註30〕其說之迂曲回惑，不足深辨，獨怪惠氏定宇〔註31〕、張氏皋文，〔註32〕崇尚古學，於此爻仍沿舊解，而不能發明消息眞諦，則三聖人作《易》微言，其終晦霾而莫之明矣！爰爲之說。（《儆季雜

〔註29〕 王弼注〈升〉上六爻辭曰：「處〈升〉之極，進而『不息』者也。進而不息，故雖冥猶升也。故施於不息之正則可，用於爲物之主則喪矣。終於不息，消之道也。」（《周易二種》，頁145）

〔註30〕 程頤注〈升〉上六爻辭謂：「六以陰居升之極，昏冥於升，知進而不知止者也，其爲不明甚矣。然求升不已之心，有時而用於貞正而當不息之事，則爲宜也。」（《周易程傳註評》，頁534）

〔註31〕 惠棟在《周易述》的〈升〉疏曰：「不已即不息。二升五積小以成高大，有不息之義。升五得正，故云不息之貞。上比于五，五陽不息，陰之所利，故利于不息之貞也。」（《文淵閣四庫全書》，《周易述》，卷六，頁27）

〔註32〕 張惠言在〈升〉上六爻辭疏云：「當升之時，陰性暗昧，故冥升。貞亦謂二五。惠微士云：二升五積小以成高大，故曰不息。陽道不億，陰之所利，故曰利于不息之貞。」（《續修四庫全書（26）》，《周易虞氏義》，頁483）

著‧群經說》，頁 18）

黃以周認爲「不息」非就不已、不停止來解說，而應該是指上六陰爻在上，陽爻不宜再陽息上升。所以黃以周指出王弼、程頤等人注解的錯誤，並且也指出惠棟、張惠言沿用舊說，而不知明辨其中《易》理。可看出黃以周治學不拘門戶的用心，不偏向以義理解《易》的王、程，也不側重於清儒惠棟、張惠言的以漢學爲宗，而是直究《周易》經傳，以求得一完備疏證。

再如在《十翼後錄》的〈无妄〉象傳：「其匪正有眚，不利有攸往，無妄之往，何之矣？天命不祐，行矣哉？」黃以周將漢學家鄭玄與宋理學家程頤兩人的《易》注作一合釋，案語謂：

> 三四上，易居會位，會居易位，其位不正，則有災眚。四特以堅守之久而免咎耳，上尤窮之災也，是匪正本以位言也。然則鄭君言「所望匪正」；程傳言「匪正由往」，何也？位正，則可望天之行而得正也；位不正者，无望于天之祐，而猶往焉，是自失正也。兩義相足。

（《十翼後錄》，頁 534）

黃氏先在《十翼後錄》該象傳注的部分引鄭玄說法：「鄭康成曰：妄之言望，人所望宜正，行必有望；行而无所望，是失其正，何可往也？」〔註33〕與程頤所言：「程正叔曰：所謂无妄，正而已。小失於正則爲有過，乃妄也。所謂匪正，蓋由有往，若无妄而不往，何由有匪正乎？无妄者，理之正也，更有往，將何之矣？乃入于妄也。往則悖于天理，天所不祐，可行乎哉？」於是，黃以周結合兩家說法：鄭玄之意，在於正位之人可以望得所該行道路，可以得知自己所做的行爲舉止；不正之人則沒有遠見、沒有先見之明。這是就〈无妄〉所要告訴事前謀慮的重要性而言。而程頤之意，在於若是知道前方不宜遠行，舉止不妄動，就能夠看到〈无妄〉之理；若是意氣用事而執意前往，則將會妄爲而得災禍。這是由於未能看清楚該望慮的前方所造成的結果。鄭玄之言在於〈无妄〉之望的重要性；程頤之言則是重在罔顧〈无妄〉而妄行招禍的後果。黃以周結合鄭玄、程頤兩家說法，而更能完備述說〈无妄〉之理。可見其不拘門戶、實事求是的治學態度。

而黃以周也有將虞翻、程頤、蘇軾、胡炳文四家之說相互融攝之例。在《周易故訓訂》的〈師〉六五爻：「田有禽，利執言，无咎。長子帥師，弟子

〔註33〕黃以周在該注旁註明：「見《後漢書》四十五，今輯鄭注者失錄。」今已收錄在《續修四庫全書（1）》的《周易鄭注》，頁 87。

興尸，貞凶。象曰：長子帥師，以中行也，弟子興尸，使不當也。」黃以周
在訓解的文末列出：「述虞仲翔、程子、蘇子瞻、胡仲虎。」黃以周應是整合
《十翼後錄》所抄錄的蘇軾、程頤、胡炳文〔註 34〕三家對於〈師〉六五的說
法，而在《周易故訓訂》中再加上虞翻之《易》注。在《十翼後錄》中，黃
以周抄錄蘇軾《易》注：「蘇子瞻曰：以陰柔為師之主，患其弱而多終，故告
之曰：禽暴尔田，執之有辭矣，何咎之有。既使長子帥師，又使弟子眾主之。
此多終之故也，凶。」抄錄程頤《易》注：「程正叔曰：師之興，若禽獸入于
田中，侵害稼穡，于義宜獵取之。執言，奉辭也，明其罪而討之也。長子帥
師，謂二以中正之德，合于上，而受任以行。若復使其餘者眾尸其事，是任
使之不當也。」抄錄胡炳文《易》注：「胡仲虎曰：長子，即象所謂『丈人』
也。自眾尊之則曰『丈人』，自君儷之則為『長子』，皆長老之稱。」而在《周
易集解》中，〈師〉六五爻辭「長子帥師」中引虞翻注：「長子謂二，震為長
子，在師中，故帥師也。」而同樣在六五爻辭的「弟子興尸，貞凶」也是引
虞注：「弟子謂三，三體坎。坎，震之弟而乾之子，失位乘陽，逆，故貞凶。」
在上述諸家《易》注中，黃以周綜合融攝曰：

> 田有禽，宜獲之也；利執言，師有名也。長子帥師，以眾正也；弟
> 子興尸，大无功也。九二能以眾正，動而有獲，奉辭致討，宜無不
> 利。然以陰柔為師之主，弱而多疑，既使長子帥師，又使弟子眾主
> 其事，何利之有？此不可不戒也。長子謂二，即象之「丈人」也。
> 自眾尊之為「丈人」，自君稱之為「長子」。弟子謂三弟，次也，小
> 也。弟子謂之次而小者，與長子對文。以中行二有帥師之吉，以其
> 中，得行於五也。使不當，三有興之凶，五實使之，不得辭其咎也。
>
> （《周易故訓訂》，頁 26～27）

由虞翻《易》注，指出九二為長子，能帥師致討；而六三為弟子。並再以蘇
軾與程頤的《易》注，說明九二師出有名，並有中正之德，所以「以中行二

〔註 34〕潘雨廷〈胡炳文《周易本義通釋》附《雲峰文集易義》提要〉指出：「《周易
本義通釋》十二卷，元胡炳文著。炳文字仲虎，號雲峰，婺源人。父斗元受
易學於朱子從孫朱洪範。雲鋒蓋家學，以發揮朱說為鵠的。生於宋理宗淳祐
十年（1250），卒於元順帝元統元年（1333），年八十四。凡諸子百氏、陰陽、
醫卜、星曆、術數，靡不推究。嘗為信州道書院山長，再調蘭溪州學正，不
赴。初集諸家《易》解成書，曰《精義》。後嫌其繁，乃統一於《朱義》而通
釋之，以成此書。時當仁宗延祐三年（1316），年已六十七。」潘雨廷：《讀
易提要》（上海：上海古籍出版社，2006 年），頁 273、274。

有帥師之吉」。也說明若是由六三或是其他爻來受六五國君之名，則將「有輿之凶」，六五也在任人上難「辭其咎」。黃以周再以胡炳文的九二長子為彖辭「丈人」之說，補證由九二長子出師率征，自然可以有「貞，丈人吉，无咎」的彖辭之吉。黃以周整合漢代易學家虞翻，與宋代學者蘇軾、程頤，以及宋、元之際的胡炳文《易》注說法，表現出其「不拘門戶」、「實事求是」的治學精神，也充分將〈師〉卦之理闡述清楚。

在孫運君、楊振姣所著〈從書院祭主變化看晚清學術思想之轉圜——以詁經、南菁兩書為為例〉中，對於黃以周曾作為南菁書院院長並為書院立祭主所作發聲，有評論道：

清人對於選擇書院祭主的態度是十分慎重的，書院初落成時，張文虎和黃體芳等人已經決定奉鄭玄、朱熹為祭主，但是正式立祀時還是發生了激烈的爭論，黃以周還為此專門寫了篇〈南菁書院立主議〉，敘述當時經過：有的認為「立明經之主」，且以文士為輔；有的認為應該遵照詁經精舍舊制，不作改變；有的認為「漢儒之能囊括大典、網絡眾家者，惟高密一人」，立許慎實在是多餘；還有人認為應該立程朱理學家為祭主。如此眾多的立主意見，正是當時漢學衰退，宋學興起，實學應時而現的關鍵時期，對於書院辦學宗旨眾說紛紜固是題中應有之意。黃以周從實際出發，提出了兼收並蓄、漢宋兼采的觀點。他認為：「今之調停漢宋者有二術，一曰兩通之，一曰兩分之，夫鄭朱之說自有大相徑庭者，欲執此而通彼，瞀儒不學之說也，鄭注之義理，實有長於朱子，朱子之訓詁亦有勝於鄭君，必謂訓詁宗漢，理義宗宋，分為兩截，亦俗儒一孔之見也。茲奉鄭君、朱子二主為圭臬，令學者各取其所長，互補其所短，以求合於聖經賢傳，此古所謂實事求是之學，與調停正相反，以此為駁，失察孰甚！」(《儆季雜著·南菁文集序》文二) 黃氏為南菁書院第一任主講，細繹其言，面點眾說紛紜的關於學院宗旨的議論，黃可謂力排眾議，堅持中庸和實事求是的問學態度，不但駁斥了純漢學，也否認了純宋學。從某種意義上說，黃得罪了學術界最有勢力的兩大集團，但是黃所處的時代又讓他代表了時代的呼聲，不再斤斤於無謂的學派鬥爭，而是面對現實，以是為尚，從而在晚清波詭雲譎的政治事件中保持了學術的通達與平允，為晚清浮躁虛華的學術界投入了一劑清新的良藥，不僅如此，南菁書院

在以後的學術實踐中一直遵照「漢宋兼采」這一學術宗旨，而且作出
了重大的成績。〔註35〕

其中對於黃以周「漢宋兼采」的治學態度，給予極高之評價。而在《十翼後錄》、《周易故訓訂》、《周易注疏臟本》中，也都可見黃以周不受學派拘束，能夠蒐羅、善擇前代注《易》者精確卓見之說，而加以發揮或補充疏證，具體顯現「實事求是」的治學態度。

第三節　黃式三、黃以周父子卦變釋易探討

　　黃式三、黃以周父子皆善以卦變說來解釋發揮《周易》，這是黃氏家學治《易》上的共同特色，而這也發揮《易傳》「變通」之理。黃以周多有承繼其父黃式三以卦變釋《易》的方式。如在《易釋》卷一的釋〈復〉中，黃式三謂：

> （〈復〉）初即〈剝〉上「碩果」之仁，仁者，生生之德也。二、三〈坤〉朋以順動而「朋來无咎」。二將變〈臨〉，下庇初之仁吉也。休庥通，庇也。（《易釋》，頁 25）

指出〈復〉初九即是由〈剝〉上九卦變而來，由於〈剝〉上九爻辭的「碩果」能不食，所以保有「復仁」的核仁。而〈復〉二、三爻，則從〈坤〉朋而來，〈坤〉有順從之資，能「順承天」而得「亨」，於是〈復〉象辭才言「朋來无咎」。至於黃式三對於〈復〉六二，則是以已變的〈臨〉九二陽爻，說明若能陽長，則可以庇佑〈復〉初九。由此可見黃式三善於卦變說，由已變之〈剝〉與未變之〈臨〉來論述發揮〈復〉理。而黃以周在《周易故訓訂》的〈復〉六二：「休復，吉。象曰：休復之吉，以下仁也。」在訓解的部分即引上述黃式三的引文，而案語謂：

> 下仁謂初之元。初九有元德之人也。六二知初之爲仁人也，而休庇之是以吉也。（《周易故訓訂》，頁 82）

黃以周承繼家學之說，說明六二是能夠受到初九德召，而誠心施以庇佑。雖然黃以周沒有明言〈復〉六二將變爲〈臨〉九二，但是由其引黃式三之言，以及在案語部分指出六二同感於初九之說，則從〈復〉六二將變爲〈臨〉九

〔註35〕孫運君、楊振姣：〈從書院祭主變化看晚清學術思想之轉圜——以詁經、南菁兩書爲爲例〉，《船山學刊》，2006 年第二期，頁 80、81。

二也是可以得見的。這裡可見黃氏父子在卦變說的一脈相承。

再如黃式三在《易釋》卷三「上篇經傳」謂：

〈坤〉初象傳曰：「馴致其道，至堅冰也。」明其六陰凝聚，陽自馴
成之，而初欲變〈復〉之難也。坤亥月卦，六陰凝聚，時不甚寒，
或有霜无冰，或有冰不堅。至子月，一陽生，陰與陽敵，激爲甚寒，
堅冰乃至。〈坤〉初欲變〈復〉，〈復〉者陰轉爲陽之交，正陰欲敵陽
之候。聖人望其變，而戒其變之易激也。（《易釋》，頁108）

即是以〈坤〉變〈復〉來說明〈坤〉初六爻辭、象傳之意義。由於〈坤〉初
六陰爻欲變爲陽而成〈復〉，此時正是「陰轉爲陽之交，正陰欲敵陽之候」，
在此時刻，飛霜結爲堅冰，呈現出陰陽相激盪的頑固對立象，也就是〈坤〉
卦變爲〈復〉之時。而此說在黃以周的《十翼後錄》與《周易故訓訂》皆有
收錄。黃以周在《十翼後錄》的〈坤〉初六部分，除了引黃式三的注解外，
黃以周並在案語部分曰：「堅冰，地气之寒，陰易相激而成。當群陰萃聚之時，
一正人立乾，眾奸必起而相敵，敵則乱，此其象歟。」（《十翼後錄》，頁60）
也是以陰陽相變來立論說明。可見黃以周承繼其父黃式三卦變之說來發揮
《易》理。

至於黃氏父子卦變說的個別論述，除了本論文第四、五章的例證引述外，
以下再舉例以補充說明。在黃式三部分，如《易釋》卷一釋〈豫〉，謂：

〈豫〉由〈剝〉變。自〈剝〉而〈比〉，王者建侯；自〈比〉而〈豫〉，
柔主得建侯之利。四其賢侯之豫建者乎，此即〈乾〉四之躍淵者也。
六五有大能，謙惟恐己不勝任，依四守豫。（《易釋》，頁18）

黃式三以〈剝〉卦變爲〈比〉，再由〈比〉卦變爲〈豫〉來說明〈豫〉九四是
能輔佐〈豫〉六五柔主的賢臣。〈豫〉六五雖有柔順之能，但還無以做到〈比〉
九五的君主建侯之位，所以雖然已經有「建侯之利」，但也還要得到九四「大
有得」之助。黃式三也有指出〈豫〉九四與〈乾〉九四相當，由於〈豫〉六
爻中，除九四爻外，皆已變陰爻，惟獨〈豫〉九四還保有〈乾〉躍淵之才，
所以才得以助〈豫〉六五「建侯」。再如《易釋》卷一釋〈既濟〉與〈未濟〉
中，謂：

〈既濟〉无不亨矣，而曰「小者亨」，由〈泰〉二五易，陰柔亨于陽
也。（《易釋》，頁58）

〈未濟〉三陽雖失位，以剛柔相應而亨，由〈否〉而變者也。〈否〉

不亨則不濟，亨則未濟也。(《易釋》，頁 58)

黃式三釋〈既濟〉、〈未濟〉兩卦也都是以卦變說來發揮。在〈既濟〉中，黃式三藉由〈泰〉九二、六五相易而成〈既濟〉，於是〈既濟〉六二、六四、上六陰爻，可得初九、九三、九五陽爻的亨濟，所以黃式三謂：「陰柔亨于陽也。」而在釋〈未濟〉中，則是以〈否〉卦變成〈未濟〉來立說。〈否〉若是不卦變，則將無法亨通；但若已卦變成〈未濟〉，由於才從「天地不交」的狀態，變而成為「柔得中、未出中」的狀態，已有亨通的可能性，但也還「未濟」。這裡是由〈否〉卦變為〈未濟〉來加以發揮。

　　黃以周也善於以卦變來發揮《易》理。如《周易注疏賸本》中的疏解〈乾〉象傳：「雲行雨施，品物流形，大明終始，六位時成，時乘六龍以御天。」其謂：

> 〈乾〉二五之〈坤〉為〈坎〉。〈坎〉之上行為雲，如雲雷〈屯〉是也；〈坎〉之下施為雨，如雷雨〈解〉是也。品物者，各爻之物也。
> 〈繫辭傳〉曰：「爻有等，故曰物。」萬物之形成於〈坤〉，〈坤〉為形，〈乾〉之〈坤〉成〈坎〉，〈坎〉為雲雨以流〈坤〉，是〈乾〉以雲雨流〈坤〉之形也。(《周易注疏賸本》，頁 10)

這裡以〈乾〉卦變二、五陽爻而成〈坎〉，來說明「雲行雨施」是為〈坎〉象。並再結合〈屯〉與〈解〉，說明坎的上下流動能品育萬物。由於「〈乾〉知大始，〈坤〉作成物」，才有〈坎〉的「品物流行」。經由卦變的分陳說明，黃以周表現出「生生之謂易」。

　　再如釋〈坤〉六四小象：「括囊，無咎，慎不害也。」《周易注疏賸本》疏證曰：

> 四變之卦〈豫〉，「括囊」自斂何如？「盍簪」之大得也。(《周易注疏賸本》，頁 25)

〈坤〉六四之時，還未得以明陽見動，所以尚須「括囊自斂」，若能如此，則可由六四變九四而得〈豫〉，於是有〈豫〉九四爻辭所言「大有得」的吉辭。這裡黃以周以卦變說來闡示〈坤〉六四能有「括囊」的德行，才能有〈豫〉九四「盍簪大有得」的德業。

　　再如《周易注疏賸本》〈屯〉大象：「雲雷，屯。君子以經論。」〔註36〕黃以周在疏的部分謂：

〔註36〕黃以周在經文後有注明：「論今作綸。荀、鄭、黃本作論。」

〈屯〉之卦〈鼎〉，〈鼎〉取新也，〈屯〉則草昧矣，故經論以新之。

上下易爲〈解〉，解，不屯也。(《周易注疏騰本》，三十三)

以〈屯〉陰陽顛倒卦變成〈鼎〉，說明由草昧未開化時期邁向文明的新氣象，所以〈雜卦傳〉才說明：「鼎，取新也。」而若是〈屯〉上下卦顛倒而爲〈解〉，則本來「雷雨之動滿盈」(〈屯〉象傳) 的情形，也可變爲「天地解而雷雨作」(〈解〉象傳)，而能「不屯」。

〈繫辭傳〉指出：「子曰：『書不盡言，言不盡意。』然則聖人之意，其不可見乎？子曰：『聖人立象以盡意，設卦以盡情僞，繫辭焉以盡其言，變而通之以盡利，鼓之舞之以盡神。』」(上傳第十二章) 在陰陽剛柔的變通中，六十四卦有著周流不息的往來變化。黃氏父子掌握卦變說，將各卦之間的變化脈絡深度地發揮。

第四節　黃式三、黃以周父子引史述易比較

關於浙東史學，方祖猷在〈陳訓慈論浙東學術及其精神〉指出：

訓慈先生對浙東史學的特殊精神作如下歸納：大抵諸儒爲學，博涉而能返約，造詣有專長，立言有宗旨。博約之精神，此其一也；危言躬行，氣節懍然，不溺記誦而忽踐履，不矜文采而呈放恣，充其志量，抑將以史明道而勵行。躬行之精神，此其二也；不空言，貴在經世，活故聞而不忘知今，講道誼而歸本實用。經世精神，此其三也；梨洲以故事國遺志，甚匡復無成，乃以故國之思，發之於治史。萬、全諸氏，咸拳拳於黍離之痛，嘉道以後，此風猶未能泯。民族思想之寓於史學，此其四也；朱陸異國之辨，相沿已久，漢宋門户之爭，在清尤甚，而浙東學者，類能不落偏曲，求其會同，持平其間，此則豁然大公，無間門户，尤爲浙東史學家之特長，此其五也。因此，博約 (就治學方法而言)、躬行 (就道德實踐而言)、經世致用 (就學風而言)、民族思想 (即愛國主義)、不立門户與大公 (就學術研究而言) 這五種，是浙東史學的精神。……黃式三、黃以周是皆所周知的「禮學」家，訓慈先生說：「而定海黃氏父子窮經好古，尤隱然足爲浙東史學之後勁。」爲什麼呢？他說黃式三「而所著《周季編略》，尤可徵其治經而歸宿于史」，黃以周「尤深《三

禮》,《禮書通故》一書,不惟集禮學之大成,且亦為古代典章文物
之淵藪」。所以,近世浙東學術的特徵為史學。〔註37〕

這裡可見陳訓慈對於浙東史學特色的說明以及對於黃氏父子的高度評價,並
且指出黃氏父子為浙東史學的後勁。黃氏父子受到浙東史學的薰陶,在治史
上也有所成就。而觀察黃氏父子易學著作,兩人皆善於發揮史學來論述《周
易》,這在第四、五章中,已分別探討。本節再就兩人《易》學引史方式的不
同作說明。黃式三在《易釋》中,多以史事融入的方式來發揮《易》理,而
黃以周則多引用史書中的《易》說來發揮《易》理。以下分別引述探討。

一、黃式三善以史事發揮易理

黃式三善以史事來發揮易理。黃式三熟諳史事,這可從《周季編略》跋
後方成珪之言得知一二,方氏曰:

> 黃君薇香乃博覽群書,斐然有作。以《國策》、《史記》為主,輔以
> 《通鑑》、《稽古錄》、《大事記》,參以《汲冢紀年》、酈氏《水經注》,
> 旁采諸子傳記。于時事有關合者,彙而編之,分若列眉,合若貫串。
> 每條下各載出處,令人易于覆檢。即用《大事記》之例,尤非杜撰
> 炫博者比閒,有刪繁就簡,並與原書有異者。此著譔之體,所以別
> 于鈔胥而擇善而從,不拘一說,正見其去取之明而不苟也。至于二
> 百四十八年中之嘉言懿行,錄之倍詳,誠有如自敘所云:「周季之衰,
> 猶見周德之遺者。」視唐劉允濟《魯後春秋》、國朝陳泗源《戰國通
> 表》,有過之無不及矣。〔註38〕

可見黃式三對於史事編列的用心與熟諳。現代學者黃忠天在《宋代史事易學
研究》指出:

> 史事易可謂易學與史學之整合,蓋史事易家大抵均懷有淑世濟民之
> 精神,欲使《易》為有用之學,不致淪為空談,故援史以入《易》,
> 俾能透過具體存在之事蹟,使原本隱微難明之易理,得推隱以之顯,
> 以為民用也。〔註39〕

〔註37〕方祖猷:〈陳訓慈論浙東學術及其精神〉,《寧波黨校學報》,2000 年第 4 期,
頁 60～61。

〔註38〕〔清〕黃式三:《周季編略》,頁 221。

〔註39〕黃忠天:《宋代史事易學研究》(高雄:國立高雄師範大學國文研究所博士論
文,1995 年),頁 2。

在黃式三的《易釋》中，即可見其善引史事來發揮《易》理，使之切合人世之用。如在《易釋》卷三，謂：

> 上曰：「亢龍有悔。」荀慈明釋之曰：「升極當降，故有悔。」〔註40〕
> 鄭君康成釋之曰：「堯之末年，四凶在朝，是以有悔，未大凶也。」
> 〔註41〕其皆以倦勤者言歟。式三案：象傳曰：「亢龍有悔，盈不可久
> 也。」以天道言，如亢陽爲旱；以人事言，如昏耄倦勤而猶未退，
> 皆盈不可久之象也。人主當倦勤之時，不擇攝政之賢，貴而失位，
> 有民而失民，有賢人而不升，此亢之所以爲害。周穆王即位年已五
> 十，能振衰微，末年有侈心之失，適爲盛德之累；堯之末年，洪水
> 泛濫四岳，四凶雜用，未嘗无悔，而卒舉舜以禪位焉，是知進退之
> 聖人，有悔，終无凶也。李氏鼎祚于上之爻解之曰：「以人事明之，
> 若桀放於南巢，湯有慚德。」是以九五之湯，爲上九之有悔者也。
> 〔註42〕于〈文言傳〉轉一解曰：「此論人君驕盈過亢，必有喪亡。若
> 殷紂招牧野之災，太康遘洛水之怨。」〔註43〕信如是，則大凶矣！
> 豈止悔乎？又于「不失其正」之注，引崔氏憬之說云：「失其正者，
> 如燕噲讓位于子之之類。」不思燕噲非亢之悔，擬不于倫矣！漢魏
> 諸儒之說，賴李氏而存，而此注如崔氏說不必存。而鄭君之說，宜
> 存而不存，可謂擇之不精矣。然則漢、魏之舊注，有足以翼經而不
> 存者，豈止此哉。（《易釋》，頁104～106）

黃式三在說解〈乾〉上九「亢龍有悔」中，舉出鄭玄以唐堯史事爲例，由於英明如堯之聖王，在晚年也無法處理四凶的問題，所以「有悔」而禪讓給虞舜。黃式三藉由鄭玄所引史事之例，再以周穆王中興周朝後，晚年也懈怠於

〔註40〕此是《周易集解》引荀爽注〈乾・文言傳〉「是以動而有悔也」所言。（《周易集解》，頁15）

〔註41〕此是《十三經注疏・周易》的〈乾〉上九爻辭，孔穎達在疏解中所引鄭玄注說。（《十三經注疏・周易》，頁10）

〔註42〕《尚書・商書・仲虺之誥》：「成湯放桀于南巢，惟有慚德，曰：『予恐來世以台爲口實。』仲虺乃作誥，曰：『嗚呼！惟天生民有欲，無主乃亂；惟天生聰明時乂，有夏昏德，民墜塗炭，天乃錫王勇智，表正萬邦，纘禹舊服。茲率厥典，奉若天命。』」（《十三經注疏・尚書》，頁110）

〔註43〕《尚書・夏書・五子之歌》：「太康尸位以逸豫，滅厥德，黎民咸貳，乃盤遊無度。畋于有洛之表，十旬弗反。有窮后羿，因民弗忍，距于河；厥弟五人，御其母以從，徯于洛之汭，五子咸怨；述大禹之戒以作歌。」（《十三經注疏・尚書》，頁99）

國事的史例，說明極盛後的聖君，有著「亢龍有悔，盈不可久也」的倦勤。並且對於《周易集解》中李鼎祚所引商湯討桀的史例，黃式三補充說明商湯也由於發展過盛，而有如亢龍之悔憾與慚德。這些都是九五君王發展過盛，或倦怠、或剛烈的史例，黃式三以此來說明〈乾〉上九的內涵。而黃式三接著對於錯誤的史事引例加以駁正。同樣在《周易集解》中，李鼎祚在〈乾‧文言傳〉「知得而不知喪」中，李氏案語指出夏太康、商紂荒淫無度而導至滅亡的史例，以說明〈乾〉的「亢龍有悔」，黃式三則指出這不能表示明君德業已盛而自恃功高的「亢龍有悔」現象。由於太康、紂荒淫暴虐，在自身德業失守中，即種下滅亡的因果，這已經是罪無可赦，所以黃式三指出「信如是，則大凶矣！豈止悔乎」。太康、紂的過錯，已不是用「悔」即可原諒的。黃氏由此指出史事的引徵錯誤，而無法與爻辭涵義相互配合。此外，黃式三也指出《周易集解》中崔憬以燕噲史事來說明「亢龍有悔」的《易》注錯誤。燕噲之事在《戰國策‧燕王噲既立》與《史記‧燕召公世家》皆有所記載。主要是就燕王噲以禪讓，幾近亡國的史事。燕噲想要效法堯禪讓舜，以得世譽，但反致國家大亂，而幾乎亡國。這與唐堯、周穆王勤於政事，晚年有所倦怠，以及商湯伐桀而有慚德，皆有所不同。只因沽名釣譽不可稱爲「亢龍有悔」，所以黃氏才說「不思燕噲非亢之悔，擬不于倫矣」。經由黃式三對於「亢龍有悔」的說解，可知其精於以史事內容來解釋《周易》，或有引證史例以證《易》，或有補充論述前家注《易》所引史事，或有駁斥前家引史論《易》的錯誤，這些都可看出黃式三的明曉史事。

再如《易釋》卷一釋〈隨〉，黃式三謂：

> 震爲主器之長子，初剛來下柔，反爲柔順入息之小子，无震初主器之責。而曰「出門交有功」者，如周老就養、孔聖周流，隨時不執一也。（《易釋》，頁 19）

先以〈序卦傳〉：「主器者莫若長子，故受之以震。」說明震卦本有長子主器之責，但是〈隨〉下卦震以「剛來下柔」，能處柔順而「入息」，也尚無位，所以沒有「主器之責」。黃式三並引用「周老就養」與「孔聖周流」的史例，也就是春秋時，老子西出函谷關〔註44〕與孔子周遊列國的史事，說明〈隨〉初九「出

〔註44〕《史記‧老子韓非列傳第三》：「老子脩道德，其學以自隱無名爲務。居周久之，見周之衰，迺遂去。至關，關令尹喜曰：『子將隱矣，彊爲我著書。』於是老子迺著書上下篇，言道德之意五千餘言而去，莫知其所終。」（《新校本

門交有功」之義。這裡也可見黃式三善引史事來發揮《周易》的一例。

　　而在《易釋》卷三的上篇經傳部分，黃式三釋〈否〉小人之道，引北宋黨爭來發揮，其謂：

> 由〈否〉而〈觀〉，而〈剝〉，而〈坤〉，君子之道消必盡矣。世運之
> 盛衰，視乎道之消長。苟當小人道長之日，爲君子者不行否閉小人
> 之道，而思調停小人之計。如宋元祐之轉爲紹聖，君子盡黜，而國
> 遂亂，是可鑒也。（《易釋》，頁116）

黃式三先由消息卦變，說明陽將消盡而君子之道也將殆盡之理，再引北宋哲
宗元祐、紹聖年間黨爭史事來輔證說明。〔註45〕從上述諸例，可見黃式三善
引史事來論述《易》理。

二、黃以周善引史書易說以論易

　　黃以周則是側重在對於史書中的易學論述作一引述發揮，並記載易學家
傳略與其易學作品的成書情形。這主要是由於黃以周易學著作的體例是以疏
證、案語的方式撰寫而成，而黃以周就其中引用到的注《易》者，作一簡要
傳略說明。而這也顯露出其父黃式三對於黃以周的治學要求：必須要先能對
歷代治易家以及其易學注說有一基礎了解後，才能再進一步地作論述發揮。
黃以周在《十翼後錄》自序中即有提到：

> 以周幼先習《禮》，次讀書，次誦《書》、《詩》，三經既畢，然後受
> 《易》，年既長，已能彙萃諸說而問所疑。及研討既久，略有會悟，
> 乃承家君命，廣搜《十翼》之注，不拘時代，擇其醇者而錄之，名
> 之曰《十翼後錄》。（《十翼後錄》，序，頁6）

可見其縴實的治學方法，是承繼自優良家學風氣而來。而在家學的影響下，

史記》，頁2141）

〔註45〕羅家祥謂：「元祐新、舊黨爭對北宋後期政治產生了巨大影響，而在此次黨爭
中處於主動地位的舊黨應負有重大的歷史性責任。舊黨將新黨一例當作唯利
是圖的『小人』，予以殘酷的打擊；將新法一概視作病民傷國之法，予以徹底
的廢除，在北宋歷史發展的重要關口埋下了後患無窮的禍根，從而直接、問
接地導致了政治上的長期動亂。這一段史實表明：在複雜的政治生活中，如
果缺乏政治上的遠見卓識和經邦治國的才能，僅靠對封建統治的所謂耿耿忠
心，再加上對其它政治勢力的殘酷傾軋、不僅無濟於事，反而會遺害無窮。」
羅家祥：《北宋黨爭研究》（臺北：文津出版社，大陸地區博士論文叢刊，1993
年），頁173。

黃以周在治《易》上，特別注重《易》家傳略並能博徵史書中的易學論述來發揮《易》理。如在《十翼後錄》的〈乾〉九五：「飛龍在天，大人造也。」黃以周引陸德明《經典釋文》之說：「陸德明曰：造。鄭，徂早反，爲也。王肅，七到反，就也、至也。劉歆父子作聚。」而在案語謂：

> 陸氏名元朗，撰《經典釋文》。《漢書》劉子政疏云：「聖人在上位，則引其類而聚之於朝，故曰『大人聚也』。」〔註46〕顏注言：「聖王正位，臨馭四方，則賢人君子皆來見也。」〔註47〕據劉文顏注，「大人聚也」，是釋「利見大人」之義。爻傳不引全經，固有此例。《漢書·王褒傳》曰：「世必有聖知之君，而後有賢明之臣。故曰『利見大人』。」〔註48〕與劉說正同。（《十翼後錄》，頁38）

在《經典釋文》中，陸德明指出劉向是以「大人『聚』也」來立說，不同於今本〈乾〉九五小象的「大人造也」。黃以周於是引用《漢書》的〈劉向傳〉與〈王褒傳〉來疏證何以陸德明有如此說明。並且再一步論述由於聖王有大德，所以有吸引四方賢者聚集的特質。黃以周引證史書《易》說，論述發揮〈乾〉九五之理。

再如《周易注疏賸本》的〈坤〉象傳：「地勢坤，君子以厚德載物。」黃以周在疏證謂：

> 地之形勢高下不一，是其德性之厚也。故君子之於物，必厚其德以載之，其合用六永貞之義矣。地有高下，故稱勢，取重坤之義。高下有九等之差者，《書·禹貢》所分九州，〔註49〕上下是也。〈楚語〉曰：「地有高下。」〔註50〕《漢書》敘贊曰：「墜勢高下九則。」〔註51〕

〔註46〕《漢書·楚元王傳》：「賢人在上位，則引其類而聚之於朝，易曰『飛龍在天，大人聚也』。」（《新校本漢書》，頁1945）

〔註47〕《漢書·楚元王傳》顏師古注曰：「此乾卦九五象辭也。言聖王正位，臨馭四方，則賢人君子皆來見也。」（《新校本漢書》，頁1946）

〔註48〕《漢書·漢書/列傳/卷六十四下嚴朱吾丘主父徐嚴終王賈傳》：「故世必有聖知之君，而後有賢明之臣。故虎嘯而風冽，龍興而致雲，蟋蟀俟秋唫，蜉蝣出以陰。易曰：『飛龍在天，利見大人。』」（《新校本漢書》，頁2825）

〔註49〕《尚書·夏書·禹貢》：「禹別九州，隨山濬川，任土作貢。」（《十三經注疏·尚書》，頁77）

〔註50〕《國語·楚語上·范無宇論國爲大城未有利者》：「且夫制城邑若體性焉，有首領股肱，至于手拇毛脉，大能掉小，故變而不勤。地有高下，天有晦明，民有君臣，國有都鄙，古之制也。先王懼其不帥，故制之以義，旌之以服，行之以禮，辯之以名，書之以文，道之以言。既其失也，易物之由。夫邊境

坤之旁通卦乾。乾高明以覆物，坤博厚以載物。(《周易注疏賸本》，
頁22)

其中為了說明〈坤〉的地勢有高下之別，黃以周引用了《尚書》、《國語》，也引證《漢書》關於〈坤〉的論述等，發揮〈坤〉「厚德載物」之理。

再如《十翼後錄》的〈比〉初六：「有孚，比之，無咎。有孚盈缶，終來有他，吉。象曰：比之初六，有他吉也。」黃以周引注：「魯仲康曰：言甘雨滿我之缶，誠來，有它而吉矣。」而案語謂：

魯語見《後漢書》本傳。李注云：坎為水，故曰甘雨滿我之缶。有
誠信，則它人來附而吉也。(《十翼後錄》，頁203)

黃以周指出魯恭之語出自《後漢書》。〔註52〕黃氏並且再引《後漢書》的唐代李賢注加以輔證。〔註53〕由此可見黃以周對於史書中的《易》說有格外用心之處。此外，《十翼後錄》引用到的注說，黃以周在案語部分也會將《易》學家基本傳略作一介紹，如「以周案：楊氏名震，語見《後漢書》本傳」(《十翼後錄》，頁45)、「以周案：《釋文》蜀才，〈七志〉云是王弼後人，《蜀李書》云：姓范，名長生，一名賀，隱居青城山，自號蜀才」(《十翼後錄》，頁46)等。黃以周在〈讀古今人表〉謂：「列傳之上溯祖父、世澤、師家授受，一檢此表，其人之品第與時代之先後瞭如指掌，不待更尋前書，故斷代為史，必續前代人表，乃可以承其緒。而當代人表必俟論定之後，再加編輯，以為後史之統。」〔註54〕可見黃以周對於「知人論世」的注重。

者，國之尾也，譬之如牛馬，處暑之既至，蟁蝱之既多，而不能掉其尾，臣亦懼之。不然，是三城也，豈不使諸侯之心惕惕焉。」(《文淵閣四庫全書》，史部五，《國語》，卷十七，頁12)

〔註51〕《漢書‧敘傳》：「坤作墜勢，高下九則，自昔黃、唐，經略萬國，變定東西，疆理南北。三代損益，降及秦、漢，革剗五等，制立郡縣。略表山川，彰其剖判。述地理志第八。」張晏注曰：「易曰『地勢坤』。」劉德曰：「九則，九州土田上中下九等也。」師古曰：「墜，古地字。易象曰：『地勢坤，君子以厚德載物。』高下謂地形也。一曰，地之肥瘠。」(《新校本漢書》，頁4243)

〔註52〕《後漢書‧卓魯魏劉列傳》：「今邊境無事，宜當脩仁行義，尚於無為，令家給人足，安業樂產。夫人道義於下，則陰陽和於上，祥風時雨，覆被遠方，夷狄重譯而至矣。易曰：『有孚盈缶，終來有它吉。』言甘雨滿我之缶，誠來有我而吉已。夫以德勝人者昌，以力勝人者亡。」(《新校本後漢書》，頁876)

〔註53〕〔唐〕李賢注《後漢書》：「比卦坤下坎上。坤為土，缶之象也。坎為水，雨之象也。坎在坤上，故曰甘雨滿我之缶。有誠信，則它人來附而吉也。」(《新校本後漢書》，頁877)

〔註54〕〔清〕黃以周：《儆季雜著‧史說略‧讀古今人表》，史二，頁4。

經由上述的探討，黃式三在易學中的史學發揮，多以史事引述來發揮《易》理，而黃以周則多就易學家傳略以及援引史書中的《易》說來加以發揮，可見兩人在引史述《易》上的不同。但也可看出黃式三、黃以周父子對於史學都有著甚高的造詣，經由引史述《易》，使《易》理更能切合人世之用。

第五節　黃式三、黃以周父子易禮關係探討

黃氏父子通曉群經，在禮學上的造詣更是受後人所尊崇。黃式三在易學著作上，雖未多見引禮來闡發《易》理，但是其禮學在清代仍舊有著一定地位。例如在〈約禮說〉中，黃式三謂：

> 且古之所謂理者，何邪？《禮器》曰：「義理，禮之文也。」《樂記》曰：「禮也者，理之不可易者也。」然則禮之三百三千，先王所條分縷析燦然顯著，別仁義明是非，君子不敢褻而叛之者，此理也。王氏（王守仁）所謂「微而難見之理」，則自信本心之光明洞徹，萬理畢備，己知其是，人莫能見耳。何所據而言之？由來漸矣。《論語》言心，自「從心所欲不逾矩」始。聖人心與矩一，獨以矩自印，雖曰不勉而中，抑亦聖心之不敢自是也。況下者，可無矩乎。胡氏致堂之注，則曰：「人心一疵不存，萬理明盡，日用之間，本心瑩然，隨所意欲，莫非至理。」則以臆見爲聖心矣。《論語‧八佾》篇詳言禮不空言理。胡氏於媚灶章注曰：「天即理也，理無不在，在人則人心之昭昭者是也。」心即理即天理說，起於謝氏顯道。胡氏喜道謝說，於是先王之禮不言，直言心已矣，直言本心之天理爲天秩之禮已矣。陸氏象山言本心，祖謝胡二氏也。王氏祖陸氏而張皇言之也，以心之臆見爲理，而理已誣；以本心之天理言禮，而禮又誣。（《儆居集‧經說一‧約禮說》）

這裡足見黃式三在禮學上的主張與堅持，不可妄自以理即爲本心，而以爲「隨所意欲，莫非至埋」。黃式三認爲要有禮學的見識與禮儀的遵循，才能達文質彬彬、內外顯用。雖然黃式三在易學上引用禮學來發揮的地方並不多，但從上述〈約禮說〉，可見其禮學的眞知灼見。此外，在《清史列傳》也提到：「（黃式三）尤長三禮，論禘郊，宗廟、謹守鄭學；論封域、井田、兵賦、學校、明堂、宗法諸制，有大疑義，必釐正之。其〈復禮說〉、〈崇禮說〉、〈約禮說〉，

識者以爲不朽之作。」〔註 55〕可見黃式三禮學的高度成就。

　　而黃以周更是以《禮》學聞名於世。在禮學方面的專書有《禮書通故》一百卷與《禮說》六卷。黃以周受到父親黃式三重視禮學的影響，黃式三在〈崇禮說〉謂：「君子崇禮以凝道者也，知禮之爲德性也，而尊之；知禮之宜問學也，而道之。」〔註 56〕黃以周承繼家學，而爲清代中葉後重要的禮學大家。黃以周的《禮書通故》備受學者推崇。俞樾（1821～1906）爲之作序曰：

> 惟禮家聚訟，自古難之。君爲此書，不墨守一家之學，綜貫群經，博采眾論，實事求是，惟善是從。……至其宏綱巨目，凡四十有九。洵足究天人之際奧，通古今之宜。視秦氏《五禮通考》博或不及，精則過之。〔註 57〕

可見俞樾對黃以周禮學的肯定。而章太炎（1869～1936）作〈黃先生傳〉曰：「其說經陳事，象物閎肅，超出錢大昕、阮元諸儒上遠甚。……先生之作，莫大乎《禮書通故》。其餘有《子思子輯解》、《經訓比義》、《古文世本》、《黃帝內經集注》及《儆季雜著》五種，皆卓然可傳世。」〔註 58〕梁啓超（1873～1929）在《清代學術概論》也指出：「晚清則有黃以周之《禮書通故》，最博贍精審，蓋清代禮學之後勁矣。」〔註 59〕當時而後的著名學者皆予以高度評價，可見黃以周禮學之精深。

　　黃以周在疏解《周易》中，常藉由《禮》學將《易》理發揮得更加透徹。例如在《十翼後錄》釋〈屯〉大象：「雲雷，屯。君子以經綸。」在注的部分共引了荀爽、姚信、鄭玄、黃穎、孔穎達、劉牧、代淵、程頤、郭雍、楊時、項安世、吳澄、張次仲、夏應銓等人的注解，但是到了後來所著的《周易注疏賸本》中，獨引鄭玄與黃穎注：「鄭云：論謂論譔書禮，樂施政事；黃云：經論匡濟也。」而黃以周在疏曰：

> 雲合雷鳴，鬱結不雨，其象爲〈屯〉。君子用其象於政事，必經營以施之；於禮樂，必論譔而書之。所以匡濟其屯也。……經謂經畫，《周

〔註 55〕　王鍾翰點校：《清史列傳》（北京：中華書局，1987 年），頁 5660。

〔註 56〕　〔清〕黃式三：《儆居集》（臺灣大學圖書館 5 樓中文線裝書館藏，清道光戊申（廿三年）刊本），經說一，頁 18。

〔註 57〕　〔清〕黃以周：《禮書通故》（臺北：華世出版社，1976 年），序，頁 1、2。

〔註 58〕　章太炎：《太炎文錄》（上海：上海書店，1992 年），頁 53。

〔註 59〕　梁啓超：《中國近三百年學術史（附《清代學術概論》）》（臺北：里仁書局，2000 年），頁 46。

禮》敘六官並曰:「惟王建國,辨方正位,體國經野,設官分職,以
爲民極。」鄭彼注曰:「經謂爲之里數。鄭司農云:九夫爲井,四井
爲邑之屬是也。」〈屯〉當草昧之世,必先經野,以爲民極。《孟子》
曰:「經界既正,分田制祿,可坐而定也。」禮樂度數之繁,必待考
訂,故論譔之。(《周易注疏賸本》,頁32～33)

《經典釋文》引鄭玄注「經論」:「論謂論譔書禮,樂施政事。」黃以周指出
君子必須考訂禮樂並且訂定制度以教導百姓。而在政事經營的內容上,黃以
周又引了《周禮》述六官之文,爲〈屯〉大象的「經」字意義作一補證說明。
黃氏也指出雖然「禮樂」繁複,但也因此更須愼加論述考訂,使百姓能夠明
瞭而遵從。從這可看出黃以周在治《易》上善引《禮》學。

　　而在《經訓比義》中,黃以周常以《易》、《禮》共述性、命等義理命題。
例如在論「性」的經文中,黃氏引〈繫辭傳〉:「一陰一陽之謂道,繼之者善
也,成之者性也。」並在訓的部分引《大戴禮記‧本命》:「分於道,謂之命;
形於一,謂之性。」經由兩者的引證,黃以周在案語部分曰:

一陰一陽之氣化流行不息,是繼其道也,善也;其太和之氣化凝而
生,人各得陰陽順健之正,是成其道也,性也。命者,限制之名。
命爲人則有人之性;命爲物,則有物之性。故曰:形于一。言人、
物之命不同也。(《經訓比義》,頁24)

這裡將《周易》與《大戴禮記》作結合發揮。陰陽之道的氣化流行不息是「繼
之者善也」,而在氣化流行不息後的「化凝而生」則是「成之者性也」。而在
「分於道」、「形於一」之後,各有著性命之不同。

　　此外,在《經訓比義》論述「情」的部分,黃以周在案語謂:

象傳曰:「乾道變化。」發揮即變化之義,以己之情旁通乎人,傳所
謂「利以和義」,〈樂記〉所謂「反躬」也。(《經訓比義》,頁79)

《禮記‧樂記》記載:「人生而靜,天之性也;感於物而動,性之欲也。物至
知知,然後好惡形焉。好惡無節於內,知誘於外,不能反躬,天理滅矣。」〈乾〉
道流行變化於人情上,要能夠適宜地發揮兩端變化而得中庸之道,須有利物
之心,並與人相和而不爭,時時反躬自省,以求能夠誠身正己,發揮天性而
知天理。在〈乾〉象傳、〈乾〉文言傳與〈樂記〉的相輔相合中,可知人我之
間如何通情達理。

　　在《經訓比義》論「心」的部分,同樣有以《易》、《禮》相互發揮的部

分。黃以周引〈復〉彖傳:「復,其見天地之心乎。」與《禮記‧禮運》:「人者,天地之心也。」而在案語謂:

> 天地以生物爲心,謂天地無心成化者,非也。〔註60〕冬之閉藏不固,
> 即夏之生長不堅,亥月純陰,此心閉藏未嘗非物生之心,而不可見
> 也。至一陽來復,而天地之心見矣。聖人體天地生物之心以爲心,
> 其于物生殺並用,當其用殺之時,未嘗非好生之心,亦人所不見也;
> 至于生物,而聖人之心見矣。夫見不見者,時也。天地與聖人豈有
> 二心哉。《禮》曰:「人者,天地之心。」謂能體天地生物之心以爲
> 心者,惟人也。(《經訓比義》,頁 97～98)

黃以周以〈復〉彖傳與十二月消息卦的〈坤〉亥月,〔註61〕說明天地生物之心。當冬令之際,時值純陰而萬物潛藏,但是天地並非無心,待到天地恢復生氣,則又有顯現復見之時。而聖人可以體會這其中的生滅變化,所以黃以周引《禮記》「人者,天地之心」(〈禮運〉),說明聖人之心能明瞭天地生物之理。

再如《經訓比義》訓「靜」的部分,黃氏引述〈繫辭傳〉:「《易》无思也,无爲也,寂然不動,感而遂通天下之故。非天下之至神,其孰能與於此?」而在案語引《禮記》謂:「《禮》云:事欲靜、聲容靜。」黃以周由《周易》之「無思、無爲」與《禮記‧月令》的「事欲靜」、《禮記‧玉藻》的「聲容靜」來說明:「此云无思、无爲者,指《易》言之,非言人心之本體。故曰《易》无思也、无爲也。」(《經訓比義》,頁 264)黃以周反對將人心本體以無思、無爲來說明,而應該是以靜慮工夫來立論才是。可見黃氏將《周易》與《禮記》共述發揮之例。

而黃以周也在〈賁无色解〉中,以《禮記》、《周禮》來解釋、發揮〈賁〉色之理,其謂:

> 《易》之〈賁〉自〈泰〉來,〈泰〉上坤色黃,下乾色元,變而爲〈賁〉,

〔註60〕 黃以周在《儆季雜著‧文鈔‧辨無》也指出:「經傳中曰天心、曰人心、曰盡心存心,未聞言無心者:曰天地之情、曰萬物之情、曰聖人之情,未聞言無情者。」(黃以周:《儆季雜著‧文鈔‧辨無》,文一,頁 12)

〔註61〕 十二月卦分別爲〈復〉、〈臨〉、〈泰〉、〈大壯〉、〈夬〉、〈乾〉、〈姤〉、〈遯〉、〈否〉、〈觀〉、〈剝〉、〈坤〉,又稱爲十二月之主卦或十二辟卦。其中〈坤〉爲十月,爲亥月。詳可見朱伯崑所著《易學哲學史》(臺北:藍燈文化事業,1991 年)的「孟喜的卦氣說」。

柔來文剛，內卦爲離之黃離矣，分剛上而文柔，外卦爲艮之白賁矣。離本赤色，爲中央土，寄王于火，故離又爲黃。艮終萬物、始萬物者也。《禮記》曰：「白受采。」言其始也。〈考工記〉曰：「繪畫之後，後素功。」言其終也。「後素功」謂以後素爲功，近解亦失之。故艮爲白賁。然古者繪繡有一定之法。其相次曰青與白，曰赤與黑，曰元與黃，取相克而有成也。其相繡曰青與赤，謂之文；赤與白，謂之章；白與黑，謂之黼。取其相生而有濟也。若白之於黃，不入繪畫法，故孔子以爲无色矣，是不吉矣。〔註62〕（《儆季雜著·群經說》，頁19～20）

黃以周先以卦變說來表示〈賁〉自〈泰〉來。而「賁」有文飾之意，黃以周引《禮記·禮器》「白受采」之說，說明這是「賁」飾的開始；接著再以《周禮·考工記·畫繢》「繪畫之後，後素功」，說明這是〈賁〉飾的結束。而在〈說卦傳〉曰：「終萬物、始萬物者，莫盛乎艮。」艮卦有終始萬物之質，這與賁飾的開始、結束正相呼應，所以上卦「艮爲白賁」。此外，黃以周進一步以〈考工記〉的繪畫之法說明：以下卦離之黃配上卦艮之白，這在繪畫法中不成禮。因此，《呂氏春秋》才引述孔子言占〈賁〉爲不吉。從上述諸例，皆可看出黃以周善以禮學來發揮《周易》。

〔註62〕 《呂氏春秋·壹行篇》：「孔子卜得〈賁〉，孔子曰：『不吉。』子貢曰：『夫賁亦好矣，何謂不吉乎？』孔子曰：『夫白而白，黑而黑，夫賁又何好乎？』」（《文淵閣四庫全書》，子部十，《呂氏春秋》，卷二十二，頁9）。

第七章 結 論

　　本章就本論文的第四、五、六章關於黃氏父子易學著作的內容作一歸結；再就黃氏父子治《易》方法與清代浙東學術治經方法作一比較；最後提出本研究的限制與發展。

一、黃式三、黃以周父子易學論述歸結

　　在本研究第四章第一節中，知道黃式三在釋《易》方法上，主要用「以傳解經」、「引述考徵」、「史事證易」、「比較分析」等方式來發揮《易》理。經由傳統的《易傳》發揮，切合《易經》，使筮理結合義理，使自然結合人文，在經傳互證互補的論述下，結合發揮深遠《易》道。而再以其它經、史、子、集等聖典古籍，引證申論，使得深遠《易》道得以窺探，也證知《周易》所以歷久彌新的原因，在於各家學說中都受其影響而加以發揚。而歷史除了是點狀學說的呈現外，更有著帶狀層遞的因果關係，黃式三經由史事論述《易》理，使得《周易》人文精神特徵，更能鮮明地發揮。而在經由《易傳》、各家學說、史事發揮後，再回歸到原典文本的探討，將六十四卦各卦各爻之間的關係，作一比較並整合地論述發揮。

　　而第四章第二節「易例發凡」，黃式三指出「凡得〈乾〉之一體者，无不吉，變則有吉有凶；則凡得〈坤〉之一體者，有吉有凶，變之從陽，則无不吉也」，黃式三重視《周易》的變化之理，在本《易》例中，即是說明正面變動的重要性，〈乾〉大象傳曰：「天行健，君子以自強不息。」〈繫辭傳〉：「變而通之以盡利，鼓之舞之以盡神。」（上傳第十二章）在變動不居中，更重要的是以正向來進行，從黃式三此《易》例中，可見此一精神。而在「『往』、『來』

詳析」中，則開展詳析「往」、「來」之義，這也是黃式三重《周易》變通之理的發揮，由於天地、人我可以往來，所以才有生生不息的造化。而在「『應』例詳析」中，則詳盡闡述上下卦相應之理，與明確指出除了陰陽相應外，兩陽也當有相「應」之理，並論述了「應」與「不應」的判準，在於人事的義理判斷。而在「凡言『貞厲』、『貞吝』、『貞凶』者，或位不正而不變之正，或位正而自以為正，遂固守之，則有厲與凶吝也」，此《易》例中，除了直述「貞」字之義外，也闡明了變動之理的重要。當不正之時，本應變正；至於若只知道畫地自限而不與時俱移，也將有「凶」的危險性。而《易》例「凡曰他者，非卦主、非正應」，則是闡明《周易》言「他」者，不是指卦主與正應之爻。雖然黃式三《易釋》主要在於隨文說解或闡發詞意，但還是可以從中紬繹出其所發現或發揮的《易》例。

而在第四章第三節「易理闡發」中，有「陰陽先後」、「釋重卦」、「釋卦變」、「釋筮理」、「天人相貫」五個命題的討論。由「陰陽先後」知道黃式三對於《連山》、《歸藏》、《周易》三者陰陽關係之論述；在「釋重卦」的討論中，可見黃式三有條不紊地將六十四卦生成之理，附以表格的方式，詳加闡述；在「釋卦變」中，可見「卦變」是黃式三易學的一大特色，而黃式三對於「卦變」生成之理，詳加論述，以定其應用理則；在「釋筮理」中，則將「卦變」之理運用在占筮之中，論述其變爻的重要性，並申明玩占應回歸人事的道理；在「天人相貫」中，除了承繼上述占卜筮法與人事義理的合一外，也將《易》道所強調的「天人合一」——君子應發揚仁心，以闡發天道——申述發揮。

在第四章第四節的「易學要點」，發現黃式三有「兼具象數義理以釋易」、「善於發揮易傳」、「善以卦變說易」三種治易趨向。在「兼具象數義理以釋易」中，知道黃式三釋《易》善於兼論象數、義理。在卦爻象數的基礎中，作一義理性闡發；也在義理闡發中，回歸《周易》卦爻象數的陰陽變化之本。而在「善於發揮易傳」中，可知黃式三善以《易傳》來闡述《易經》之理，也藉此知道《易傳》的本源在於《易經》，兩者互補互證，《易》道也由此可以廣大。而在「善以卦變說易」，則承繼第三章第三節黃式三所論述的「卦變」理則，在本節中可以由黃式三易學著作中的卦變之例，明瞭其如何以「卦變」來解釋、闡發《易》理。

在第五章「黃以周易學探析」，第一節「易疏、案語析論」整理出黃以周

對於前代易學家的注說，有以下幾種疏證方式：一、爲易學家作注解；二、梳理各家《易》注說法；三、比較前人《易》注；四、引申前人《易》注加以發揮；五、反駁前人《易》注以申《易》；六、駁舊注並引申前人《易》注以發揮。而在第二節的「博徵釋易探討」，則是就黃以周論述《易》理時，引用各種典籍、著作中，有「博徵群經」、「徵引史書」、「引述諸子」、「廣稽小學」等方式來疏證《周易》，可以知道黃以周學識的淵博，並可以得知其易學的論述與發揮。而第三節「易學內涵」，在「引易闡義」中，可見黃以周善引《周易》來發揮訓解各字義理，經由《易》理，將心、性等義理作一適切地發揮。而在「論消息」中，黃氏將《周易》的「消息說」作一闡發，其中能駁正前家注解，並以君子、小人義理對立論述，以及同卦它爻與它卦之例等，在多方引述論證中，將「消息說」詳盡論述。而在「論卦變」中，可見黃以周「卦變說」的理論脈絡，與其運用卦變說解釋、發揮《易》理之例。

　　而在第六章的「黃式三、黃以周父子易學比較分析」，第一節「黃式三、黃以周父子易學承繼述證」中，探討黃以周直接引述或引申發揮黃式三《易》說的情形。第二節「黃式三、黃以周父子易學『實事求是』探討」，可見黃氏父子能夠兼具「象數」、「義理」兩大注《易》方式，對於漢學家所擅之「象數」與宋學家所長之「義理」，能夠擇善運用以發揮《易》理。而且從對於前代注《易》學說的駁正與引用，也可得知黃氏父子「實事求是」的治學主張。而第三節的「黃式三、黃以周父子卦變釋易探討」，可知黃氏父子同樣都善以卦變說來闡發《易》理，而其中可見黃以周承繼黃式三以卦變釋《易》的學說內容，以及兩者各別的卦變發揮。在第四節的「黃式三、黃以周父子引史述易比較」中，黃氏父子二人皆善引史述《易》，而又同中有異，黃式三善以史事論《易》，而黃以周則善引史傳中的《易》說內容來發揮《易》理。在第五節「黃式三、黃以周父子易禮關係探討」，則可略知黃氏父子禮學的造詣，以及黃以周如何引用禮學來發揮《易》理。

二、黃氏父子治易方法與清代浙東學術治經方法比較論述

　　在上述歸結黃氏父子的易學要點後，黃氏父子治《易》的特色、價值，也可從黃氏父子治《易》方法與清代浙東學者治經學方法的相互比較中得知。詹海雲在〈清代浙東學者的經學特色〉中，歸結出清代浙東學者治經方法有六大要點：1.以經解經：（1）非通諸經，不能通一經、（2）非悟傳注之失，則

不能通經、（3）非以經釋經，無由悟傳注之失；2.從學術史之發展釐清經說中之附會；3.以子書證經文之夾雜；4.以歷史地理學眼光治經書；5.以經世精神治經；6.以時代背景賦予經典新義。〔註63〕筆者就其所歸結的要點，分成「博徵群經古籍」、「廣搜諸注、宗主易傳」、「以經世精神治經」來審視黃氏父子與清代浙東學術治學方法上的關係。

（一）博徵群經古籍

浙東學者的治學特色在於能徵引群經以至各種古籍內容，由此能避免鄉壁虛造、師心自用的流弊。詹海雲在〈清代浙東學者的經學特色〉指出：

> 黃宗羲稱讚萬斯大所著《經學五書》時說：「充宗……湛思諸經，以為非通諸經，不能通一經。非悟傳註之失，則不能通經；非以經釋經，則亦無由悟傳注之失。」（〈萬子充宗墓誌銘〉）全祖望在《經史問答》中，對經書中的地理部分有許多精采的見解，他說這是得力於「漢人所謂治一經必合五經而訓詁之者」（《經史答問》）的教訓。黃宗羲在為閻若璩《古文尚書疏證》作序時，嘉許閻氏說：「中間辨析三代以上之時日、禮儀、地理、刑法、官制、名諱、記事、句讀、字義，因《尚書》以證他經史者，皆足以祛後儒之蔽，如此方可謂之窮經。」（《南雷文定》）由此可見清代浙東學者在治經時所採用之方法是很廣闊的。〔註64〕

以此比較黃氏父子治《易》方法、特色，黃式三在治《易》上，從「以傳解經」、「引述考徵」、「史事證易」、「比較分析」四方面著手，〔註65〕而這也就是浙東學者所強調的旁徵博引方法。而黃以周也能以「博徵群經」、「徵引史書」、「引述諸子」、「廣稽小學」等釋《易》方式，〔註66〕將浙東學者旁徵博引、言之有據的治學特色表現出來。由此可見黃氏父子與清代浙東學術在博徵群經古籍上的相同。

（二）廣搜諸注、宗主易傳

關於學術史的編寫，黃宗羲《明儒學案》將明代各家學術的源流、派別，

〔註63〕 詹海雲：〈清代浙東學者的經學特色〉，收錄於《清代經學國際研討會論文集》（臺北：中央研究院中國文哲研究所籌備處，1994年），頁133～156。
〔註64〕 同上所引，頁147。
〔註65〕 可參考本論文第四章第一節「釋易方法」。
〔註66〕 可參考本論文第五章第二節「博徵釋易探討」。

系統地逐一述說，不但能夠廣搜學說材料，而且對於學術體例也有開創之功。
吳光指出：

> 黃宗羲的〈明儒學案發凡〉，是他編撰《明儒學案》的指導思想和方
> 法論的概括，也是其哲學史觀和研究方法論的注解。他說：「學問之
> 道，以各人自用得著者爲眞。凡倚門傍戶、依樣葫蘆者，非流俗之
> 士，則經生之業也。此編所列，有一偏之見，有相反之論，學者于
> 其不同處正宜著眼理會，所謂一本而萬殊也。以水濟水，豈是學問！」
> 這個「一本萬殊」論，是黃宗羲編撰《明儒學案》的指導思想。雖
> 然他的「本」和「殊」的具體意義，只是「儒者之學」和在儒學範
> 圍的百家之學，是不包括佛老之學的。但這一理論本身具有普遍的
> 意義，它說明眞理是在各種「一偏之見，相反之論」的討論和爭鳴
> 中求得的，各種「一偏之見」、「相反之論」都可能包含著眞理的種
> 子，由此形成人類認識發展的大樹。〔註67〕

可見學問固然要廣博，但也要有本源思想作爲體幹。黃以周《十翼後錄》遵
循其父黃式三指示，自序言：

> 廣搜十翼之注，不拘時代，擇其醇者而錄之，名曰《十翼後錄》，其
> 有先儒彖爻之注，未悖於聖傳，可以兼錄而明其義者，亦必移置聖
> 傳之下，……舊注之兩異或四五異者，於理无悖，必兼錄之，廣異
> 聞也。（《十翼後錄》，頁6～7）

《十翼後錄》不只是搜羅各家《易》注說法，並宗主「聖傳」，再加以闡發。
而之後的《周易故訓訂》與《周易注疏賸本》，則是在《十翼後錄》的基礎上，
擇取善注，加以疏證、發揮而成。可見黃以周在黃氏家學的承繼中，發揮清
代浙東學術的整體學術發展史觀，能搜羅各家注說來闡發《易》理。不僅是
編採羅列，而是以《易傳》爲宗，也就是章學誠所謂「學者不可無宗主，而
必不可有門戶」〔註68〕的精神。黃式三、黃以周父子都是主張經傳應合一觀
之，所以才以《易傳》爲宗，而這也宗於黃宗羲所言的「一本萬殊」，以《易
傳》爲宗，而使各家《易》注各現其貌。

（三）以經世精神治經

〔註67〕 吳光：〈黃宗羲與清代學術〉，收錄於《浙學研究集萃》（上海：上海古籍出版
社，2005年），頁267、268。

〔註68〕 〔清〕章學誠：《文史通義・浙東學術》，頁523。

　　清代浙東學者多用心治史，而治史精神在章學誠「六經皆史」中得到一
歸結，章學誠《文史通義・書教下》謂：

　　　　易曰：「筮之德圓而神，卦之德方以智。」間嘗竊取其義，以概古今
　　　　之載籍。撰述欲其圓而神，記注欲其方以智也。夫「智以藏往，神
　　　　以知來」，記注欲往事之不忘，撰述欲來者之興起，故記注藏往似智，
　　　　而撰述知來擬神也。藏往欲其賅備無遺，故體有一定而其德爲方，
　　　　知來欲其決擇去取，故例不拘常，而其德爲圓。〔註69〕

胡楚生（1936～）對此說明：

　　　　「史學」既然是用以「經世」的，所謂「經世」，所謂「經綸世用」，
　　　　「經緯宇宙」，一方面，史學不僅是以之知古，也當用以知來，不止
　　　　是了解過去，也當是瞻視未來，那才是史學的大用，另一方面，史
　　　　學也是用以「治民」與「教民」的文獻記錄，也是所謂可以「即器
　　　　存道」的「器」，其「即器明道」所明的「道」，則是用之於知來，
　　　　而在這一方面，周代「官師合一」、「政教合一」的已然事實，正好
　　　　爲章氏的「史學」觀念，提供了相互供證的歷史根據和理論根據，
　　　　這種歷史根據上，章氏提出了史學所以「藏往」的作用，另外，從
　　　　「約六經之旨而隨時撰述以究大道」的基礎上，章氏又提出了史學
　　　　所以「知來」的作用。因此，「六經皆史」，不止指陳六經是周代政
　　　　制典章的記錄及「記注」，即器存道，可供「藏往」，亦且可以隨時
　　　　「撰述」，即器明道，據以「知來」，這是章氏心目中「史」的意義，
　　　　也是後世所謂「經爲常道」的意義。〔註70〕

可知清代浙東學者治史，有其「即器明道」的經世之用。而觀乎黃氏父子的
易學著作，是以清代浙東學術所重視的經學、史學能達經世之用來發揮。如
治《易》方法上，黃式三即善以史事、本於人事來發揮《易》理；〔註71〕而
黃以周在治《易》上多引述《禮》學加以發揮，〔註72〕這是將形而上的哲學
思想拉回至人世禮儀制度與禮學精神的經世轉換。可看出黃式三、黃以周父

〔註69〕同上註，頁49。
〔註70〕胡楚生：《清代學術史研究・章實齋「六經皆史說」闡義》（臺北：臺灣學生
　　　　書局，1988年），頁180。
〔註71〕可參考本論文第四章第一節的「三、史事證易」與第六章第四節「黃式三、
　　　　黃以周父子引史述易比較」。
〔註72〕可參考本論文第六章第五節「黃式三、黃以周父子易禮關係探討」。

子二人浙東經世精神的展現。

三、研究限制與發展

　　最後檢討本論文的研究限制與後續發展。本論文主要在探討黃式三、黃以周的易學著作，而從中可再發展更多值得探討的研究方向，然而這必須再深研黃氏父子的其他著作，並觸及易學比較、時代課題與更多資料的掌控，這些都需要更多的學養與時力來投注研究。如對於黃氏父子「實事求是」的治學精神，可就此延伸論述清代重大課題——「漢宋兼采」，此要有清代漢學、宋學門戶分判之見解為基礎，甚而是從漢代到宋、明時期之經學史觀之通貫認識，才能較正確檢視黃氏父子之漢、宋兼采作法。而黃氏父子向來以禮學聞名於世，在本論文中已對黃氏父子的易學成就作一論述，如此可再就黃氏父子禮學與易學的關係，作一深研開展，以此使黃氏父子的《易》、《禮》架構，能有更為完備的體系論述，而這也還需對於黃氏父子的禮學內容有深入研究才可進行。而對於黃氏父子以及清代浙東學術的易學觀以至於整體學術觀，也都可以進一步體系探討，以明整體浙東學術的治學特色與治學方法。

參考書目

一、黃式三、黃以周父子著作

1. 〔清〕黃式三:《易釋》,臺北:成文出版社,《無求備齋易經集成(122)》,據清光緒十年廣雅書局刊本影印,1976 年。

2. 〔清〕黃式三:《周季編略》,臺北:國防研究院、中華大典編印會,1967 年。

3. 〔清〕黃式三:《儆居集》,清道光二十三年刊本,現藏於臺灣大學圖書館。

4. 〔清〕黃式三:《儆居遺書》,清光緒十四年續刊本,現藏於中央研究院傅斯年圖書館。

5. 〔清〕黃以周:《十翼後錄》,上海:上海古籍出版社,《續修四庫全書(36、37)》,1995 年。

6. 〔清〕黃以周:《周易故訓訂》,上海:上海古籍出版社,《續修四庫全書(35)》,1995 年。

7. 〔清〕黃以周:《周易注疏賸本》,上海:上海古籍出版社,《續修四庫全書(35)》,1995 年。

8. 〔清〕黃以周:《禮書通故》,臺北:華世出版社,影印光緒十九年(1893)黃氏試館刊本,1976 年。

9. 〔清〕黃以周:《經訓比義》,臺北:廣文書局,影印光緒二十二年(1896)南菁講舍刻本,1977 年。

10. 〔清〕黃以周輯解:《子思子輯解》,臺北:廣文書局,1975 年。

11. 〔清〕黃以周:《儆季雜著》,清光緒二十年江蘇南菁書院刊本,現藏於中央研究院傅斯年圖書館。

二、古籍（依《四庫全書》分類法排序）

（一）經　類

1. 〔清〕王謨輯：《京房易傳》，臺北：大化書局，景清乾隆五十六年金谿王氏刻八十六種本，《增訂漢魏叢書（一）》，1983 年。
2. （漢）鄭玄著；〔宋〕王應麟輯；〔清〕丁杰後訂；〔清〕張惠言訂正：《周易鄭注》，上海：上海古籍出版社，《續修四庫全書（1）》，1995 年。
3. 〔魏〕王弼、（晉）韓康伯、〔宋〕朱熹著：《周易二種》，臺北：大安出版社，1999 年。
4. 〔唐〕李鼎祚：《周易集解》，臺北：臺灣商務印書館，1996 年。
5. 〔宋〕程頤：《易程傳》，臺北：文津出版社，1987 年。
6. 〔宋〕項安世：《周易玩辭》，臺北：成文出版社，《無求備齋易經集成（110、111）》，據清康熙十九年《通志堂經解》原刊本影印，1976 年。
7. 〔清〕黃宗羲：《易學象數論》，臺北：成文出版社，《無求備齋易經集成（115）》，據清光緒十九年廣雅書局刊本影印，1976 年。
8. 〔清〕李光地：《周易折中》，成都：巴蜀書社，1998 年。
9. 《十三經注疏》，臺北：藝文印書館，〔清〕阮元重刊宋本《十三經注疏》，1998 年。
10. 〔清〕王引之：《經義述聞》，臺北：臺灣商務印書館，1979 年。
11. 〔清〕皮錫瑞：《經學通論》，臺北：學海出版社，1985 年。
12. 〔宋〕朱熹：《四書集注》，臺北：漢京文化事業有限公司，1983 年。
13. （漢）許慎著、〔清〕段玉裁注：《說文解字注》，臺北：書銘出版社，1992 年。
14. 〔魏〕張揖撰；（隋）曹憲音釋；〔清〕王念孫疏證：《廣雅疏證》，臺北：新興書局，1960 年。
15. 〔清〕阮元編纂：《經籍纂詁》，臺北：鳴宇出版社，1979 年。
16. 〔清〕朱駿聲撰、〔清〕朱鏡蓉參訂：《說文通訓定聲》，臺北：世界書局，1956 年。

（二）史　類

1. 《「新校本」二十五史》，臺北：鼎文書局，1975 年。
2. 〔清〕王先謙：《後漢書集解》，北京：中華書局，1991 年。
3. 〔唐〕杜佑：《通典》，杭州：浙江古籍出版社，1988 年。
4. 〔宋〕王溥：《唐會要》，臺北：世界書局，1974 年。
5. 〔清〕永瑢、紀昀等著：《武英殿本四庫全書總目提要》，臺北：臺灣商務印書館，1983 年。

6. 〔清〕章學誠撰、葉瑛校注：《文史通義校注／校讎通義校注》，臺北：頂淵文化事業有限公司，2002 年。

7. 〔清〕史致馴修、〔清〕陳重威纂、〔清〕黃以周纂：《光緒定海廳志》，上海：上海書店，1993 年。

8. 〔清〕繆荃孫纂錄：《續碑傳集》，臺北：文海出版社，1973。

9. 王鍾翰點校：《清史列傳》，北京：中華書局，1987 年。

（三）子　類

1. 〔魏〕王弼原注、袁保新導讀：《老子》，臺北：金楓出版社，1996 年。

2. 〔先秦〕荀況著；〔唐〕楊倞注；〔清〕王先謙集解：《荀子集解》，臺北：世界書局，2000 年。

3. 〔宋〕周敦頤：《周子通書》，臺北：中華書局，四部備要本，1965 年。

4. 〔宋〕程顥、程頤：《二程遺書》，臺北：臺灣商務印書館，1968 年。

5. 〔宋〕朱熹著、〔宋〕黎靖德編：《朱子語類》，臺北：文津出版社，1986 年。

6. 〔宋〕陳淳：《北溪字義》，北京：中華書局，1983 年。

7. 〔清〕戴震：《孟子字義疏證》，臺北：臺灣商務印書館，1968 年。

8. 〔清〕俞樾：《諸子平議》，臺北：臺灣商務印書館，1978 年。

9. 〔清〕李慈銘：《越縵堂讀書記》，臺北：世界書局，1961 年。

10. 〔清〕孫詒讓：《墨子閒詁》，臺北：驚聲文物供應公司，1970 年。

（四）集　類

1. 〔宋〕李昉等人：《太平御覽》，臺北：臺灣商務印書館，1992 年。

2. 〔宋〕朱熹：《朱文公文集》，臺北：臺灣商務印書館，四部叢刊正編，1979 年。

3. 〔宋〕陸九淵：《陸九淵集》，臺北：里仁書局，1981 年。

4. 〔明〕王守仁：《陽明全書》，臺北：中華書局，四部備要本，1966 年。

5. 〔清〕戴震：《戴震集》，臺北：里仁書局，1980 年。

三、現代專著（依作者姓氏筆劃排序）

1. 王逸明：《定海黃式三黃以周年譜稿》，北京：學苑出版社，2000 年。

2. 王俊義、黃愛平：《清代學術文化史論》，臺北：文津出版社，1999 年。

3. 王新春：《周易虞氏學》，臺北：頂淵文化事業有限公司，1999 年。

4. 方祖猷：《清初浙東學派論叢》，臺北：萬卷樓圖書有限公司，1996 年。

5. 支偉成：《清代樸學大師列傳》，臺北：藝文印書館，1970 年。

6. 牟宗三：《中國哲學的特質》，臺北：臺灣學生書局，1994 年。

7. 牟宗三：《牟宗三先生全集·心體與性體》，臺北：聯經出版事業公司，2003 年。

8. 朱伯崑：《易學哲學史》，臺北：藍燈文化事業股份有限公司，1991 年。

9. 朱伯崑主編；李申、王德有副主編：《周易知識通覽》，濟南：齊魯書社，1993 年。

10. 李肇翔編輯：《續修四庫全書總目提要》，北京：中華書局，1993 年。

11. 何冠彪：《明末清初學術思想研究》，臺北：臺灣學生書局，1991 年。

12. 汪學群：《清初易學》，北京：商務印書館，2004 年。

13. 沈雲龍：《近代中國史料叢刊》，臺北：文海出版社，1973 年。

14. 屈萬里：《讀易三種》，臺北：聯經出版事業公司，1983 年。

15. 屈萬里：《先秦漢魏易例述評》，臺北：聯經出版事業公司，1984 年。

16. 屈萬里：《書傭論學集》，臺北：聯經出版事業公司，1984 年。

17. 林尹等著：《易經研究論集》，臺北：黎明文化事業股份有限公司，1981 年。

18. 林慶彰、張壽安主編：《乾嘉學者的義理學》，臺北：中央研究院中國文哲研究所，2003 年。

19. 松川健二編、林慶彰等合譯：《論語思想史》，臺北：萬卷樓圖書有限公司，2006 年。

20. 胡玉縉撰、吳格整理：《續四庫提要三種》，上海：世紀出版集團、上海書店出版社，2002 年。

21. 胡適口述、唐德剛譯註：《胡適口述自傳》，臺北：遠流出版事業股份有限公司，2005 年。

22. 胡楚生：《清代學術史研究》，臺北：臺灣學生書局，1988 年。

23. 唐文治：《茹經堂文集》，收錄於《近代中國史料叢刊續編（第四輯）》，臺北：文海出版社，1973 年。

24. 唐君毅：《哲學概論》，臺北：臺灣學生書局，1985 年。

25. 唐鑑：《清儒學案小識》，收於周駿富輯：《清代傳記叢刊·學林類》，臺北：明文書局，1985 年。

26. 高明：《群經述要》，臺北：黎明文化事業公司，1979 年。

27. 高懷民：《兩漢易學史》，臺北：臺灣商務印書館，1970 年。

28. 高懷民：《先秦易學史》，臺北：臺灣商務印書館，1975 年。

29. 徐芹庭：《兩漢十六家易注闡微》，臺北：五洲出版社，1975 年。

30. 徐芹庭：《易學源流》，臺北：國立編譯館，1987 年。

31. 徐世昌：《清儒學案》，臺北：國防研究院、中華大典編印會，1967 年。

32. 徐志銳：《周易大傳新注》，臺北：里仁書局，1994 年。

33. 陸寶千：《清代思想史》，臺北：廣文書局，1983。

34. 麥仲貴：《明清儒學家著述生卒年表》，臺北：臺灣學生書局，1977 年。

35. 清史稿校註編纂小組編纂：《清史稿校註》，臺北：國史館，1990 年。

36. 張善文：《象數與義理》，臺北：洪葉文化事業有限公司，1997 年。

37. 張舜徽：《清人文集別錄》，臺北：明文書局，1982 年。

38. 張舜徽：《清儒學記》，濟南：齊魯書社，1991 年。

39. 張壽安：《以禮代理——凌廷堪與清中葉儒學思想之轉變》，石家莊：河北教育出版社，2001 年。

40. 張麗珠：《清代義理學新貌》，臺北：里仁書局，1999 年。

41. 張麗珠：《清代新義理學》，臺北：里仁書局，2003 年。

42. 章炳麟：《太炎文錄》，上海：上海書店，1992 年。

43. 章炳麟撰、徐復注：《訄書詳注》，上海：上海古籍出版社，2000 年。

44. 陳訓正、馬瀛等纂修：《定海縣志》，臺北：成文出版社，《中國方志叢書》，1970 年。

45. 陳祖武主編：《明清浙東學術文化研究》，北京：中國社會科學出版社、寧波出版社，2004 年。

46. 陳谷嘉、鄧洪波主編：《中國書院史資料》，杭州：浙江教育出版社，1998 年。

47. 梁啟超：《中國近三百學術史（附《清代學術概論》）》，臺北：里仁書局，2000 年。

48. 黃慶萱：《周易讀本》，臺北：三民書局，1992 年。

49. 黃慶萱：《周易縱橫談》，臺北：三民書局，1995 年。

50. 黃沛榮編：《易學論著選集》，臺北：長安出版社，1985 年。

51. 黃沛榮：《周易彖象傳義理探微》，臺北：萬卷樓圖書股份有限公司，2001 年。

52. 黃壽祺著、張善文點校：《易學群書平議》，北京：北京師範大學出版社，1988 年。

53. 黃忠天：《周易程傳註評》，高雄：高雄復文圖書出版社，2000 年。

54. 黃進興：《歷史主義與歷史理論》，臺北：允晨文化實業股份有限公司，1992 年。

55. 曾春海：《朱熹易學研究》，臺北：輔仁大學出版社，1983 年。

56. 萬斌主編：《浙學研究集萃》，上海：上海古籍出版社，2005 年。

57. 楊蔭深：《細說萬物由來》，北京：九州出版社，2005 年。

58. 熊十力：《讀經示要》，臺北：明文書局，1984 年。

59. 鄭吉雄：《易圖象與易詮釋》，臺北：臺大出版中心，2004 年。

60. 劉瀚平：《宋象數易學研究》，臺北：五南圖書出版有限公司，1994 年。

61. 劉玉建：《兩漢象數易學研究》，南寧：廣西教育出版社，1996 年。

62. 劉永翔、王培軍：《家學淵源》，上海：上海人民出版社，2002 年。

63. 蔡仁厚：《宋明理學‧北宋篇》，臺北：臺灣學生書局，1977 年。

64. 蔡仁厚：《宋明理學‧南宋篇》，臺北：臺灣學生書局，1983 年。

65. 蔡冠洛編纂：《清代七百名人傳》，收於周駿富輯：《清代傳記叢刊‧綜錄類》九，臺北：明文書局，1985 年。

66. 潘雨廷：《讀易提要》，上海：上海古籍出版社，2006 年。

67. 賴師貴三：《焦循雕菰樓易學研究》，臺北：里仁書局，1994 年。

68. 賴師貴三：《臺灣易學史》，臺北：里仁書局，2005 年。

69. 盧松安：《易盧易學書目》，濟南：齊魯書社，1999 年。

70. 戴璉璋：《易傳之形成及其思想》，臺北：文津出版社，1989 年。

71. 嚴文郁：《清儒傳略》，臺北：臺灣商務印書館，1990 年。

四、期刊論文（依作者姓氏筆劃排序）

1. 方祖猷：〈陳訓慈論浙東學術及其精神〉，《寧波黨校學報》，2000 年第 4 期，頁 59～61。

2. 方祖猷：〈浙東學術在哲學、經學、史學、自然科學和佛學上的貢獻〉，《寧波黨校學報》，2003 年第 4 期，頁 83～88。

3. 史革新：〈略論晚清漢學的興衰與變化〉，《史學月刊》，2003 年第 3 期，頁 86～95。

4. 汪林茂：〈從傳統到近代——晚清浙江學術的變遷〉，《浙江大學學報人文社會科學版》，2004 年 9 月，頁 44～53。

5. 李紹戶：〈黃式三論語後案釋例〉，《建設》，1976 年 5 月，頁 33～37。

6. 林忠軍：〈鄭玄易與兩漢易學思潮〉，《象數易學研究》第三輯，2003 年 3 月，頁 80～93。

7. 孫善根：〈論清代浙東派的歷史地位〉，《浙江學刊》，1996 年第 2 期，頁 103～109。

8. 孫運君、楊振姣：〈從書院祭主變化看晚清學術思想之轉圜——以詁經、南菁兩書爲爲例〉，《船山學刊》，2006 年第 2 期，頁 80～81。

9. 陳居淵：〈清代的家學與經學——兼論乾嘉漢學的成因〉，《漢學研究》，16 卷 2 期，1998 年 12 月，頁 197～224。

10. 黃海嘯：〈禮理之辯與黃式三、以周父子對清代禮學的總結〉，《蘭州大學學報（社會科學版）》，第 34 卷第 5 期，2006 年 9 月，頁 93～99。

11. 董建和、盧香霄：〈南宋浙東學派的「家學」源與流〉，《浙江師大學報（社會科學版）》，1994 年第 3 期，頁 80～84。

12. 董建和、陳培敏：〈明清浙東經、史「家學」〉，《浙江師大學報（社會科學版）》，1995 年第 6 期，頁 29～33。

13. 楊太辛：〈浙東學派的涵義及浙東學術精神〉，《浙江社會科學》，1996 年第 1 期，頁 90～95。

14. 楊儒賓：〈水月與紀籍──理學家如何詮釋經典〉，《中央大學人文學報》，第 20、21 期合刊，1999 年 12 月、2000 年 6 月，頁 99～131。

15. 蔡克驕：〈「浙東史學」再認識〉，《史學理論研究》，2002 年 3 期，頁 43～54。

16. 諸煥燦：〈清代浙東學術概說〉，《寧波教育學院學報》，第 1 卷第 1 期，1999 年 9 月，頁 55～59。

17. 魏永生：〈黃式三學術思想評議〉，《東方論壇》，2000 年第 3 期，頁 31～35。

五、論文集論文（依作者姓氏筆劃排序）

1. 何佑森：〈清代經學思潮〉，《清代經學國際研討會論文集》，臺北：中央研究院中國文哲研究所，1994 年，頁 15～29。

2. 周積明：〈清代浙東學派學術譜系的構建〉，《明清浙東學術文化研究》，北京：中國社會科學出版社、寧波出版社，2004 年，頁 105～118。

3. 陳祖武：〈晚清七十年之思想與學術〉，《清代學術論叢第三輯》（國立中山大學清代學術研究中心編輯），臺北：文津出版社，2002 年，頁 1～21。

4. 張壽安：〈黃式三對戴震思想之回應〉，《清代學術論叢第三輯》（國立中山大學清代學術研究中心編輯），臺北：文津出版社，2002 年，頁 253～281。

5. 詹海雲：〈清代浙東學者的經學特色〉，《清代經學國際研討會論文集》，臺北：中央研究院中國文哲研究所，1994 年，頁 133～157。

6. 鄭吉雄：〈浙東學術名義檢討──兼論浙東學術與東亞儒學〉，《明清浙東學術文化研究》，北京：中國社會科學出版社、寧波出版社，2004 年，頁 6～37。

六、學位論文（依作者姓氏筆劃排序）

（一）博士論文

1. 林存陽：《清初三禮學》，中國社會科學院研究生院博士學位論文，2000 年。

2. 胡自逢：《周易鄭氏學》，臺灣師範大學國文研究所博士論文，1969 年。

3. 徐芹庭：《漢易闡微》，臺灣師範大學歷史研究所博士論文，1974 年。

4. 黃忠天：《宋代史事易學研究》，高雄師範大學國文研究所博士論文，1995 年。

5. 賴師貴三：《焦循雕菰樓易學研究》，臺灣師範大學國文研究所博士論文，1994 年。

6. 羅家祥：《北宋黨爭研究》，北京大學歷史研究所博士論文，1989 年。

（二）碩士論文

1. 江弘毅：《朱子易學研究》，臺灣師範大學國文研究所碩士論文，1985 年。

2. 江超平：《伊川易學研究》，臺灣師範大學國文研究所碩士論文，1986 年。

3. 江弘遠：《惠棟易例研究》，臺灣師範大學國文研究所碩士論文，1988 年。

4. 侯秋東：《王弼易學之研究》，政治大學中文研究所碩士論文，1970 年。

5. 徐芹庭：《易來氏學》，臺灣師範大學國文研究所碩士論文，1968 年。

6. 陳正榮：《張載易學之研究》，臺灣師範大學國文研究所碩士論文，1979 年。

7. 黃忠天：《楊萬里易學之研究》，高雄師範大學國文研究所碩士論文，1988 年。

8. 賴師貴三：《項安世《周易玩辭》研究》，臺灣師範大學國文研究所碩士論文，1990 年。

七、會議論文（依作者姓氏筆劃排序）

1. 曹美秀：〈黃式三《尚書啓蒙》平議〉，臺北：中央研究院中國文哲研究所主辦，浙江學者的經學研究第二次學術研討會，2005 年 12 月 8、9 日。

2. 程克雅：〈黃以周〈論書院〉與「學校禮」考述〉，臺北：中央研究院中國文哲研究所主辦，浙江學者的經學研究第一次學術研討會，2005 年 6 月 23、24 日。

3. 程克雅：〈晚清浙學與「漢學」知識系譜——以俞樾、黃以周、孫詒讓爲主軸的探究〉，臺北：中央研究院中國文哲研究所主辦，浙江學者的經學研究第二次學術研討會，2005 年 12 月 8、9 日。

4. 陳東輝：〈詁經精舍與清代中後期浙江漢學〉，臺北：中央研究院中國文哲研究所主辦，浙江學者的經學研究第二次學術研討會，2005 年 12 月 8、9 日。

5. 商瑈：〈黃式三對戴震「理氣」思想之繼承與轉化〉，桃園：中央大學中國文學系主辦，第十三屆全國中文研究所學術論文研討會，2006 年 11 月 25 日）。

6. 商瑈：〈求是與經世——黃式三的《論語》學〉，臺中：中興大學中國文學系主辦，2006 經學與文化學術研討會，2006 年 12 月 8 日。

7. 張　涅：〈關於定海黃氏著作的研究資料〉，寧波：浙江寧波大學，發表於 2005 年 10 月 29 日。

8. 賴師貴三：〈黃式三、黃以周父子《易》學初探〉，臺北：中央研究院中國文哲研究所主辦，浙江學者的經學研究第二次學術研討會，2005 年 12 月 8、9 日。

八、數位資源

1. 文淵閣四庫全書電子版：迪志文化出版有限公司授權臺灣師範大學圖書館資料庫使用。

2. 故宮【寒泉】古典文獻全文檢索資料庫 http://libnt. npm. gov. tw/s25/

3. 中央研究院漢籍電子文獻 http://www. sinica. edu. tw/～tdbproj/handy1/